段力 著

研究生导学

外功在右
内功在左

上海交通大学 出版社

SHANGHAI JIAO TONG UNIVERSITY PRESS

内容提要

本书主要介绍了读研的意义,研究生培养初衷,以及作者本人读研与导研的亲身体验,以研究生能力培养为主线把一些相关的碎片化知识"串起来",从研究生读研视角阐述研究生应该具备哪些能力,这些具体的能力又应该如何培育。

本书主要适合本科生备读研究生,以及在读研究生学习参考。

图书在版编目(CIP)数据

研究生导学 / 段力著. -- 上海 : 上海交通大学出版社,2023.3
ISBN 978-7-313-27450-2

Ⅰ. ①研... Ⅱ. ①段... Ⅲ. ①研究生教育—研究
Ⅳ. ①G643

中国版本图书馆 CIP 数据核字(2022)第 170527 号

研究生导学

YANJIUSHENG DAOXUE

著　　者:段　力
出版发行:上海交通大学出版社　　　地　　址:上海市番禺路 951 号
邮政编码:200030　　　　　　　　　电　　话:021-64071208
印　　制:苏州市古得堡数码印刷有限公司　经　　销:全国新华书店
开　　本:710mm×1000mm　1/16　　印　　张:13.75
字　　数:259 千字
版　　次:2023 年 3 月第 1 版　　　　　印　　次:2023 年 3 月第 1 次印刷
书　　号:ISBN 978-7-313-27450-2
定　　价:49.99 元

前　　言

近年来,考研的人越来越多了,20 世纪 80 年代初只有几万人,2020 年已经有 340 多万。研究生占比也越来越大,在中国排名前几位的大学中,研究生人数已经超过本科生。产生这种现象有其必然性:从外因上看,研究生在找工作时更有优势,不仅体现在录用率上,而且也在工作质量、薪资待遇上。从内因上看,研究生跟本科生相比有质的差别:本科生以"学"为主,研究生以"做"为主;本科生倾向"答题",而研究生倾向"开题"和"解题"。研究生也更能适应职场需求,其教育方式与职场运作颇为类似,因此研究生毕业之后可以很快融入工作当中去。

研究生人数越来越多,而研究生导师资源相对匮乏,研究生人数与导师资源供需差异和矛盾日显突出。解决这个供需矛盾有两个主要思路:一是研究生学会怎么读,二是研究生导师知道怎么导。前者是从研究生层面解决问题——如果研究生懂得如何读研,就可以让导师省去很多心力;后者是从导师的层面考虑,如果导师懂得如何有效指导研究生,不仅可以大大缓解这个矛盾,同时也有利于提升研究生培养质量,而本书的撰写就出于这些原因。

目前,也有一些关于研究生教育的书籍和论文,但其大多是从管理、教育的角度出发,具体操作性不够强。另一方面,网络上会经常晒出研究生和导师们彼此分享的一些心得,但是这些资料零零散散、缺乏系统性。本书基于这些背景,整合了读研意义、研究生培养初衷以及作者本人读研与近几年导研的亲身体验心得,以研究生能力培养为主线把一些相关的碎片化的知识"串起来",从研究生读研视角阐述研究生应该具备哪些能力? 这些具体的能力又如何培育? 通过具体操作过程,如利用关键词再挖掘进行开题,利用精读成精的方法剖析其科技论文标题摘要,通过对构思过程和案例的具体分析帮助研究生体会培育这些能力的关键节点。

本书的脉络如下:前言部分讨论了为什么要读研的话题,主体部分讨论了怎样读研,毕业后的选择与应对,研究生内功,附录部分是一些其他话题,如考研、研究生导师、研究生生活等。本书主要内容放在研究生怎么读,其间会牵扯到很多具体操作性的细节内容,比如"默会知识""传帮带链条"理论;如何充分利用图书馆和网络资源进行开题? 如何和导师沟通、与同事相处? 如何写小论文、大论文,审稿人和答辩委员会怎么审视你? 这些都是研究生应该具备的技能和本领。本书还会进一步探讨研究生要"研究"的是什么? 研究生和本科生的区别在哪里? 如何充分利用读研来提升自己上一个台阶？笔者以为，读研究生要面临毕业、找工作、"内功"三大项内容：①达到毕业的基本要求，即完成开题、做论文、写论文和答辩；②找到一份心仪的工作，这包括制作自己的简历和面试，以及学会应对职场；③"内功"是相比于"外功"（如毕业、论文、答辩）而言的，是研究生需要培养的内在素质，属于里面的功夫，内功是外人拿不走的。每个研究生的"内功"都有其个人的特色，它们是态度与激情、梦想与坚持、研究生与导师的相处之道等。

本书导读：建议先看开头与目录，再看结尾与索引。此外就是通过书尾的二维码下载具体的、翔实的第一手案例、模板、视频和故事。

研究生不是目的、研究生是一个手段，研究生是从学习知识到创造知识的过渡。本书旨在帮助研究生充分把握在研光阴，不仅得到学位收获果实，而且培育好"内功"，更好地融入祖国与世界的广阔天地。

作者自知才疏学浅，书中错误之处在所难免。以期抛砖引玉，给读者（研究生、导师等）以启迪，亦请同行专家批评指正，不吝赐教。在本书撰写中，权振华同学作为上海交通大学法律系的本科生，我的研究生刘思晴和李小翠同学对于本书的成型和讨论、考研经验的分享、近年来考研数据的搜集做出了很大贡献；上海交通大学韩正之教授、上海交通大学出版社倪华与张勇编辑都非常认真负责，以独到的眼光，对本书的出版提供了非常有建设性的意见，本人对于他们的协作不仅有深切的谢意，也有着由衷的赞赏。编写过程中引用了许多前辈的资料、言行、文献，在此向所有原作者（施一公、颜宁、郑强、刘媛媛、钱颖一、江雷等）表示衷心的感谢，期望我们共同的教育理念和理想，对下一代起到启迪和帮扶的作用。作者感谢编辑部的同志们、同事们、同学们所给予的鼓励和帮助，是他们给了我写作此书的动机，他们是这本书的缘起。作者感谢几位编辑为本书出版所付出的辛勤努力。

作　者

2021 年 8 月 10 日

目　　录

上篇　走进读研

下篇　研究生之道

上篇　走进读研

第一章　为什么读研

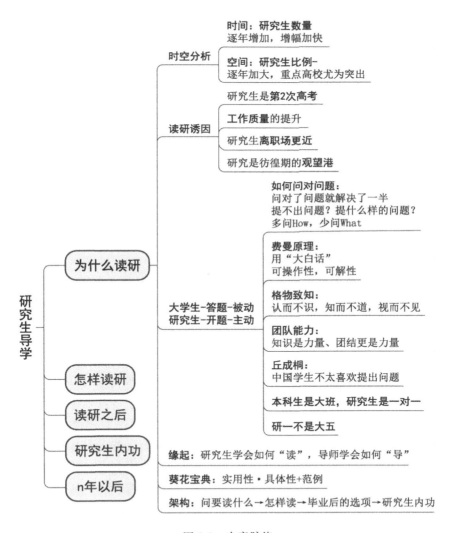

图 1-1　本章脉络

我们首先分析研究生人数为什么会逐年增多,它的内因和外因是什么? 研究生与本科生的根本区别在哪里? 为什么用人单位在招聘时更偏爱录用研究生?

首先对中国的教育历史做一个回顾。中国的研究生教育可以追溯到 20 世纪初。1918 年,北京大学设立研究所,发布了《北京大学研究所总章》,正式招收研究生,这应是研究生教育的真正开始。1925 年,北京大学成立国学研究院,开始招收研究生。北京大学的研究生教育起初仿效的是当时世界上通行的两种模式,即德国的学徒式与美国的专业式,重视学生自由独立的研究活动,重视科学研究在研究生培养过程中的作用,强调培养研究生对科学的探知能力。1953 年,教育部发布了《高等学校培养研究生暂行办法(草案)》,明确规定:"研究生学习年限为 2～3 年,研究生毕业后应能讲授所学专业的一两门课程并具有一定的科学研究能力。"该草案是新中国成立以来第一个关于研究生教育的专门文件。1980 年,中华人民共和国第五届全国人民代表大会通过了《中华人民共和国学位条例》,这是新中国成立以来颁布的第一个学位条例,规定硕、博士学位获得者要有从事或独立从事科学研究工作的能力。1998 年 8 月,第九届全国人大常委会第四次会议表决通过了《中华人民共和国高等教育法》,明确提出:"硕士研究生教育应当使学生掌握本学科坚实的基础理论、系统的专业知识,掌握相应的技能、方法和相关知识,具有从事本学科实际工作和科学研究工作的能力。博士研究生教育应当使学生掌握本学科坚实宽广的基础理论、系统深入的专业知识、相应的技能和方法,具有独立从事本学科创造性科学研究工作和实际工作的能力。"[1]

中国的教育体系在鸦片战争之前属于私塾教育及进士举人制度,自 1840 年之后受西方教育体系启发,中国成立了京师大学堂、南洋公学等大学教育体系,而研究生的教育也起源于这些大学体系的建立,它是近代中国"西学东进"的产物。

在我国,研究生教育的蓬勃发展应该是在十一届三中全会之后,1978 年 10 月,"我们党召开了具有重大历史意义的十一届三中全会,从那时起,中国人民的面貌、社会主义中国的面貌、中国共产党的面貌,发生了历史性的变化"[2]。1977 年,停滞 10 年的高考制度恢复,交大林忠钦校长、姜斯宪书记就是那个时候的第 1 批高考生。那年的高考生集聚 10 年的老三届知青与应届高中生,牵涉到足足几千万人,年龄跨越 18 到 30 多岁,有些考生还是青葱岁月,而有些已经成家立业。最终有 570 多万人参加了高考,高考也延迟了将近半年,是在 1977 年的 12 月份开始的,最终有 20 多万名考生被录取进入高校,录取率不到 5%,而 2019 年的录取率已经是 70% 左右了。40 多年前的改革开放启动了中国大学教育新纪元,大学生数目

---

① 孟洁. 中国研究生招生制度变革研究[D]. 北京:中国政法大学,2010.

② 中国共产党第十七次全国代表大会报告。

逐年增加,研究生教育的规模也得到很大的发展。下面对我国研究生教育的发展状况做一个大致的梳理。

第一节　时空分析

一、时间:研究生数量逐年增多

(一)逐年增加,增幅加快

历年来,研究生数目在逐年增加,越是重点高校越突出。1949 年,我国研究生人数仅为 629 人,到 2020 年这一数字突破 300 万,增加了近百万倍。图 1-2 是我国人口增长与国民经济增长趋势以及本科生、研究生历年招生人数与占比(动态增长速率视频见附录 3 Link1)。这张图很有意思,它体现了新中国自成立以来的发展历程。1949 年是我们中华民族一个重要节点,在这之前是旧的中国、旧的时代。从 1949 年开始,中国人民站起来了;从 1978 年开始改革开放,中国人民开始富起来了;从现在开始,中国人民开始强起来了。1949 与 1978 是两个重要的时间节点。我们国家的人口一直是在稳定地线性增长,大概每 10 年多 1 亿人口。从国民经济增长上看,新中国刚刚站起来的时候,我们还没有站稳,初期增长速度偏低。1978 年改革开放以后,我们国家开始进入正轨,国民经济呈指数增长,并且走势非常稳定。从这个曲线上预测,到了 2029 年,也就是 2030 年的时候,中国的总人口数可能是 15 亿。从本科生和研究生的增长速率可以粗略地观察到,本科生的报录比一直比较高,录取的人数也一直在增加,而研究生每年的报考人数在快速地增加,但录取的人数增长相对缓慢,从而导致其报录比下降。

为了进一步看清楚这张图,我们做了一些简单的比较运算(图 1-3)。

我们看到,研究生的增长速度大于本科生的增长速度,而两者的增长速度又远远大于人口增长率,这反映了我们国家整个民族教育的发展速度比人口增长速度要快,并且要快出很多,是民族崛起和腾飞的象征,事实上我们国家从 1949 年以来,文盲率从 85% 减少到 7%,整个国民的教育水平提升速度在整个世界都是最快的。

上面是从时间线上分析我们国家研究生教育的发展,而这又是与我们国家的国情发展密切相关的。1976 年之后,本科教育也才刚刚起步。从图 1-2 中也可以看出,初期大学录取率非常低,研究生录取率更低,因为我们国家整体师资力量没有跟上。1989 年之后,研究生考生人数和录取比例才开始稳步上升。据教育部统计,1999 年至 2004 年,我国研究生的招生人数从 9.22 万增长到 32.63 万,增长率连续 5 年超过 25%,从那个时候开始,我国硕士研究生报名人数持续地屡创新高,2020 年达到 341 万。其结果是研究生录取人数与报考人数差别越来越大,研究生招生规模受教育资源限制不能同步提高,这是未来研究生高等教育必须要面对的一个瓶颈问题。

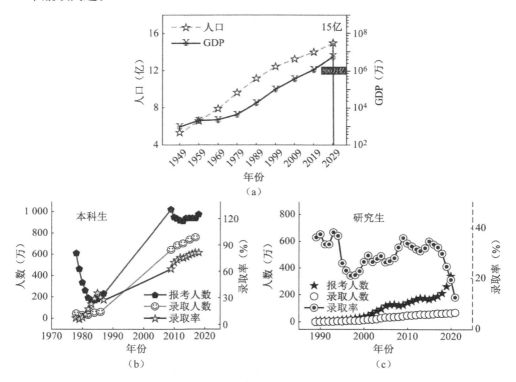

图 1-2　新中国成立以来本科生与研究生人数变化①
(a) 中国的人口与 GDP 增长率　(b) 历年本科生报考人数与录取比率
(c) 历年研究生报考人数与录取比率

① 根据教育部官网消息,2020 年全国硕士研究生招生考试于 12 月 21 日至 23 日举行,报考人数 341 万人。这一数字比 2019 年度考研报名人数增长了 50 余万人,增幅超过 17%,再创历史新高。从教育部官方公布的数据来看,从 2015 年到 2019 年,考研人数从 165 万人递增到了 290 万人,但研究生录取人数才从 57 万增长到 70 万。http://www.chinakaoyan.com/info/article/id/77817.shtml,2021-5-30.

	人口 （亿）	本科生 （万）	研究生 （万）
1985	10	20	1
1990	11	100	5
2000	12	300	25
2010	13	600	125
2020	14	700	300

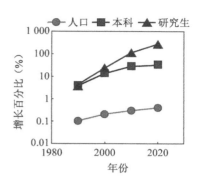

图 1-3　中国人口与本科生、研究生的增长比较

（二）未来研究生教育应助力于应用交叉导向

在图 1-2 中我们也看到了中国天天向上的趋势线。中国历史几千年，从春秋战国以来，就是"分久必合、合久必分"，起因主要有两个：第 1 是因为穷，因为穷才会造反、才会铤而走险，才会有内战、才会有朝代的更迭；第 2 是领导层制度延续的劣根性，古代的皇权制，国家第一领导人的候选人只有几个皇子，国家的管理体制"不优化"，最长的宋代也不过 300 年。直至 1840 年的鸦片战争，中华民族一直处于被外国列强欺负的状态。直到 1949 年，中华人民共和国成立，之后，中国经历了20 多年转型期进行改革开放，经过了这巨变的 40 年，中国脱贫了，国力也强了，新的时代到来了。对比几千年旧的中国，新中国的巨大特点是和贫穷说"byebye"。古代改朝换代的起因就是"穷"。穷则思"变"，这里的变就是战争，这是个不好的东西。"衣食住行"前面三项，是个人生存的基本需要，而后一项是交通，是管理国家的致要。年景不好遭了灾，加之民不聊生，又无法有效救济，是朝代更迭、内战起因的基本因素。有了足够的粮食保障，加之有效的"行"，可以有效地保障供给，就保障了国泰民安。中国与"合久必分"也将会说"byebye"，因为当今的中国国力可以有效地保证全中国人民的衣食住行，这很不容易，主要是基于新中国的三项大工程：农业工程、水利工程、高铁工程。

1. 农业工程

没有粮食，危及人的生存基点，战争危机在所难免。粮食产量得到巨大提升的背后，袁隆平功绩可圈可点。杂交水稻技术的研发，加上农业智能化、加之国家农业政策的有力举措，中国的粮食现在"够吃了"。

2. 水利工程

历朝历代黄河发大水等自然灾害，没有进行及时的营救，加剧人民生存的危机，是"合久必分"的内因之一，1949 年后，我国有效合理地解决了自大禹治水以来几千年华夏水灾问题,建筑了三峡等一系列重要水利设施,从根本上根除了中华民族由于洪水带来的隐患。

3．高铁工程

这是一项惠及后代子孙的伟大工程,是中国的骄傲,高铁工程极大程度地解决了中华民族"行"的问题,它不仅是一项伟大的技术工程(包括高铁机车工程和铁路建筑工程两大项),而且是一项需要克服巨大传统体制惯性的创新工程。

提到高铁,不仅要讲到高铁给中华民族带来的巨大深远利益。

首先,高铁放大了人们的时空观,长假变短、短假变长,优化了中国人的假期观。以前春节放假时间往往拉得过长,假期后半段会变得很无聊,人也变得懒散;而十一假期偏短,只有 1 到 3 天,得不到充分的休息和游历。现在,春节假期大大地缩短了,"十一"的假期也变成了七天,国人利用这段长短适中的假期游历祖国山河,高铁极大地活化了中华民族之间的交流。同时,高铁也刺激了经济的发展、增加了就业机会,增强了中国与世界的互动。

其次,高铁是一项中国骄傲!是必要性和可行性的完美组合。

从必要性上分析,高铁适合中国的国情和地理。中国国土面积和美国差不多,但人口却多出几倍,并且地理形貌更多样化,飞机和汽车对中国交通不是一个优化的选择,高铁、公交、共享单车更为可行,并且更环保和更接地气。高铁树立了一个中国第一的品牌,而且这个"第一",比第二、第三要超出很多,比如中国高铁线路总长度占世界 60%,超过了全世界所有国家高铁总长度之和;高铁线路覆盖广度与难度也是世界第一,青藏川藏高铁俯视下来,壮观不已,但难度超乎想象,是一项只有中国人才可以成就的工程。高铁工程是一项世界第一的、带有中国国情特色的中国骄傲。

从可行性上分析,高铁是两个工程的有机叠加,是高铁机车与铁路的交叉工程。前者是电气与机械、后者是地理地质与土木工程。高铁已经不叫火车了,因为是电驱动,所以一开始叫动车,因为驱动"车头"不止一个,各个车厢"团结起来"同步加速、同步刹车,加速快、刹车稳。2010 年 7 月,铁道部推出了动车组 CRH380,是世界上最快的火车,这就是"和谐号":先跑起来,先"和谐"起来;在短短的 7 年,高铁动车技术实现国产化和自主产权,2017 年,复兴号开始运营,国产化的高铁列车叫"复兴号",代表中华民族伟大复兴。

农业、水利、高铁三大工程是中华复兴的"硬件工程",而"淘宝、微信"则是"软件工程"。淘宝、微信充分利用中华民族的人力资源,极大程度地激活了我们中华民族几亿人口的就业市场。借助高铁和物流快递业务实现了物联网交通,天地交通才有了"泰"的吉象,才启动中华活力,一个国家活血通畅,才能天天向上。

而以上这些"软硬件工程"都是以社会重大需求为重点,以创新创业为引领的最好范例,它们都以学科交叉与应用为导向,而不是以传统学科和学术为导向,这就是未来研究生培养的思路,这与总书记关于研究生教育的指示不谋而合,即:①以社会重大需求为重点增设一批硕博专业类别;②研究生教育瞄准创新人才、实践能力与创新能力。所以利用研究生教育培养创新型复合人才对中国未来发展具有重大现实意义。

(三)党中央(2020 年)的决策

2020 年 10 月 1 日是新中国 71 岁华诞,那一天正好是中秋,双节同庆、家国同心! 这一天的新闻联播报道了一则好消息:教育部公布,以国家重大战略关键领域和社会重大需求为重点,我国将增设一批硕士博士专业学位类别,到 2025 年硕博专业学位研究生招生规模将扩大 2/3。这条信息的意义在于:其一,这些新的学位类别是应用导向而不是专业导向,突出了研究生教育为国举才的目标导向性;其二(见图 1-2),研究生招生数量将从 2020 年的 66 万人增长到 2025 年的 110 万人,符合中国社会发展对研究生需求不断增长的大背景。

"到 2025 年专业学位研究生招生规模要扩大",它突出了未来研究生教育的目的性和方向性,它是以重大战略与重大需求为引导的,并且研究生培养数目呈显著增加的趋势,体现了高等教育与研究生教育从学科引领到科技引领、然后又过渡到应用引领的发展方向。

由学科与科技引领到应用与平台①引领是未来研究生教育发展的趋势,前者是一种社会责任,而后者只是科学技术的研发工作,而目前的传统高等教育的基本体系已经不能满足应用与社会导向的未来需求。党中央的这一系列指示就是对高校教育予以引导,尤其是对研究生教育,要培养创新性的、引领性的平台型人才,要承担社会责任。

研究生教育是培养平台型创新人才的主要途径,在 2020 年 7 月 28、29 日连续两天的新闻联播②③中,中央就研究生教育作出重要指示,各级党委和政府应高度重视研究生教育,强调:研究生教育要着重培养创新人才、提高创新能力、瞄准科技

---

① 我们未来的公司有一种叫平台公司,它是一要承担社会责任的社会基础设施。平台公司的含义就是很多人要依赖这个平台得以生存,如果这个平台不稳,社会生活就会出现动荡。比如淘宝和支付宝就是平台公司,它关系到人的温饱、人的生存,如果淘宝出了问题,很多人会失去工作。失去收入,社会就会开始动荡。平台公司类似于国企的高铁和电力公司。难以想象,如果现在没有了高铁,中国人的生活会变成什么样子? 如果上海市电力停摆一天,那会造成什么样的影响?

② 2020 年 07 月 28 日(新闻联播)。

③ 2020 年 07 月 29 日(新闻联播)。

前沿和关键领域,着力增强研究生实践能力与创新能力。全国研究生教育会议随即于 29 日在北京以视频会议形式召开。党中央的重视为我们国家研究生教育提供了"天时与地利"的有利条件。

有了"天时和地利",我们还要在"人和"上"做足功课",即从研究生、导师和学校的角度,应对研究生数量越来越多,而研究生导师相对匮乏的局面。从图 1-2(c) 上我们已经观察到研究生报考人数日趋增多,而研究生的录取人数增加不大,导致了研究生的录取率比高考要低很多。这里边一个非常重要的原因就是:研究生和导师基本是 1∶1,而本科生则是一个老师对一个班,所以以导师资源是一个突出的瓶颈问题。所以,在国家政策的具体执行上,为了扩大研究生教育的规模,必须鼓励和扶持更多的高校、更多的老师加入研究生导师队伍当中去,增加高校研究生导师的师资力量投入,这样才能提高研究生的录取比例。从另一个层面,必须有效地提高研究生教育的效率,让研究生知道怎么读、导师怎么导,从研究生如何提高自身能力和导师如何有效指导这两个具体操作层面入手,探讨应对方略,从而有效地打开研究生教育资源受限的瓶颈,也有助于有质量地提高研究生的录取人数。

二、空间:研究生比例逐年加大

(一)研究生招生人数逐年加大,重点高校尤为突出

1981 年,本科生与研究生比例是 56∶1,到了 2018 年,全国本科生总规模约 4 000 万人,在学研究生 280 多万人,本科生与研究生数量比值约为 14∶1。但这只是整体比例,我们必须要注意到:重点大学研究生人数已经超过本科生人数,排名越靠前的高校越突出!这一数据揭示了考研如同是第二次高考的含义。表 1-1 展示了 2019 年排名前四位的重点高校研究生和本科生人数,可以看到,无论是在新生招录还是在总体人数上研究生都超过了本科生。

表 1-1 2019 年四所重点高校研究生与本科生数量统计

	本科生新生	研究生新生	总　计	本科生新生	研究生新生	总　计
清华大学	3 825	9 446	13 271	15 707	33 032	48 739
北京大学	2 972	9 675	12 647	15 628	27 027	42 655
上海交通大学	4 161	9 248	13 049	16 129	22 321	38 450
复旦大学	3 815	9 000	12 815	13 623	22 610	36 233

数据来源:四所高校的官方网站。

在新生录取方面,北京大学 2019 年的研究生招生数量已经达到本科生的三倍,而清华大学、上海交通大学和复旦大学的研究生招生人数都是本科生的二倍以上。由此可见,研究生已然成为重点高校在校生的核心群体。就在校总人数而论,以 2018 年上海交通大学学生总数估算,上海交通大学这一年有 4 000 名本科和 1 万名研究生入学,按本科生在校 4 年、研究生在校 3 年估算,应该约有 1.6 万名本科生和 3 万名研究生,研究生和本科生的比例接近 2∶1。

这些数据都表明,研究生教育在大学、尤其是在重点大学占有非常重要的地位,研/本比例逐年增加,越重点(排名靠前)比例越大。研究生数目增加对高校研究生教育提出更高要求,尤其是建设导师队伍方面,如何增加导师的数量同时还要提高导师的质量,已经被提到重点高校高层管理日程上来。在本书中,对如何做研究生导师也做了一些初步探讨,详见本书最后一章"研究生导师"一节,供研究生导师及高校研究生管理层参考。

(二)高校辐射力

这里面的内在原因是:对于高校而言,研究生数目的增加可以加强学校对社会的辐射力,所以不仅重点高校在扩展研究生的比例,其他的院校也在与时俱进,这已经成了未来高校发展的必然趋势:提高研究生的比例,就提升了大学学科优质率,学科优质率越高证明学科整体水平越强。中国研究生教育排名是学校作为提升整体名望的一个重要指标。我国大学的办学类型分为 4 类:研究型、专业型、应用型和技术型,研究型大学排在第 1 位。在美国,高等教育有 7 000 多所大学和学院,其中大约有 125 所是研究型大学[①],而美国的研究型大学占据了大部分世界名校的位置,盛产着世界上大部分的学术研究成果,提供了世界上最有质量的教育。各国对于研究型大学的界定并不一致,在美国,研究型大学是指在很多学科领域可以授予博士学位的高校,在我国研究型大学定义为"提供全面的学士学位计划、致力于硕士研究生到博士研究生教育的大学"。所以研究生几乎变成了研究型大学的同义词,几乎所有的重点名校都是研究型大学。

研究生是提升研究型大学排名的必要条件,而研究生的培养能力为学科评估与学科建设提供了具体的参照点,以利于教育部学位与研究生教育发展中心评估学科水平。根据 2015 年中国大学排行榜评价指标及权重[②],评价的标准有"人才培养、科学研究和社会影响"三个一级指标,其中科学研究这一项接近 40%,非常

---

① 游振声.2016 年美国国家教育统计中心数据:美国研究型大学学术创业模式研究[R].重庆:重庆大学出版社,2017.

② 冯用军,等.中国大学评价研究报告(2015)[J].北京:科学出版社,2015.

接近于人才培养的 48％。教学、科研、师资是大学的最基本元素、是高校实力的集中反映,增加研究生的数目有利于促进大学学科优质率的提高,从这个角度上也促成了整体研究生数目的逐年增加,越是名校越突出。从学科评估、学科建设、增加教育内涵与水平的角度看,提升排名名次必须要通过研究生"研究"的不懈努力而达成。因此提高研究生的教育能力,是高校教学管理发展策略的重点之一。

中国研究生的教育排行榜是按行业和学科排名的[①](表见 1-2)。据 2015 年的数据统计,一共有 74 个学科,大致分为六大行业:文、理、工、商、医、用。文科(比如哲学与文学);理科(如数学和物理),"工"和"用"门类的学科则是科学在重大项目及领域中的具体应用,门类最多。比如清华大学擅长工科基础学科,上海交通大学擅长船舶与海洋及与之密切相关的工科基础学科,北航擅长航空航天,西南交大擅长铁道交通,北理工擅长兵器工业和技术,等等。这些学校在我国都处于行业第一的地位,这是基于它们长期的历史积淀。比如上海交通大学是我国高校中的"船老大",改革开放初期,香港船王包玉刚先生来华交流时,要资助内地高校的图书馆建设,首选的就是上海交通大学。上海交通大学早期的船舶海洋专业已经位居全国首位,所以"船老大"的地位是一个历史和文化的积淀。这项原则对于北理工、北航也是一样的,这两所学校在行业的排名 20 多年都没怎么变。中国科学院作为研究机构,其研究生的理学排名是全国第一,清华大学工学排名也是全国第一,北大在人文和医学方面都是全国排名第一。这样的状况已经维持了很多年了,说明中国高校和研究生教育的排名和历史积淀有关。此外在排名方面,第 1 名和第 2 名的差异也不尽相同,交大在船工专业排名第一,积分 100,而第 2 名是 67;北航在航空航天排名第 1 名,积分 100,第 2 名才 54。但是在有些行业第 1 名和第 2 名却非常接近,比如说核科学与技术,清华排名第 1,积分 100;中科院排名第 2,积分 90,他们的相差区别就不大,所以排名不完全等于差别,也要看具体的一些数据。

> 毕业论文,硕士论文评语简单讲就是 3＋4。
> - "3"是指开题具有现实意义并兼顾学术性,选题难易适中、工作量饱满,课题进展顺畅。
> - "4"是学术调研充分系统,研究思路具体清晰,实验设计合理可行,结果明晰分析明了。
> - 3＋4＝目标＋内容,即 what＋how。

---

① 邱均平. 中国研究生教育评价报告[J]. 北京:科学出版社,2006,2011.

表 1-2　中国研究生行业(院系)类别一览表

类别	学　科
文	哲学,法学,政治学,社会学,民族学,教育学,心理学,体育学,中国语言文学,外国语言文学,新闻传播学,艺术学,历史学
理	数学,物理学,化学,天文学,地理学,生物学,系统科学,科学技术史
工	机械工程,光学工程,材料科学与工程,冶金工程,动力工程及工程热物理,电气工程,电子科学与技术,信息与通信工程控制科学与工程,计算机科学与技术,建筑学,土木工程,水利工程,测绘科学与技术,化学工程与技术,地质资源与地质工程,矿业工程,轻工技术与工程,交通运输工程
商	理论经济学,应用经济学
医	生物医学工程,兽医学,基础医学,临床医学,口腔医学,公共卫生与预防医学,中医学,中西医结合,药学
用	船舶与海洋工程,航空宇航科学与技术,兵器科学与技术,核科学与技术,仪器科学与技术,土木工程,水利工程,地质资源与地质工程,矿业工程,石油与天然气工程,纺织科学与工程,环境科学与工程,生物医学工程,食品科学与工程,作物学,园艺学,农业资源利用,植物保护,畜牧学,林学,水产

要提高研究生报录比、要提升大学排名,都要求增加研究生数量、提升研究生质量,同步要求增加导师资源,所以要鼓励大学老师加入研究行列。没有研究就没有活力、没有后劲儿,而没有教学也会让科研变得失去方向感、缺乏"清晰度"。上海交通大学刘西拉老师曾经这样说:

教学和科研是教师的双翼,缺一不可。长期搞科研的人员从事教学是很必要的,可以把长期紊乱的思路缕清,对下一步继续科研极有益处。长期不搞科研的教学会失去活力,不但会把活生生的内容教死,还会把原来"立体"的启示教成"平面"的教条。一个教师不脱离教学和科研,就是不脱离"第一线",那整个生活和工作就会变得踏实。

第二节　从大学生到研究生

研究生不是大学五年级,从本科生到研究生是上了一个台阶,这一节我们就谈谈本科生与研究生的本质差异,先从一段故事讲起。

自 2020 年开始,一些重点高校开始了本科生入学强基计划,这类似于前期的自主招生计划,两者都是出于同一种目的:即除了考量字面分数之外,还要对考生的综合素质进行一个综合考评，比如激情、理想、知识拓展面、情商。强基面试的过程是：选取一定比例的考生，由三位老师面试九个学生，每个学生 20 分钟。面试内容是老师根据学生提交的一份自我简历和在前一天进行的简短测验答卷，进行一些关于智商和情商方面的提问，比如说学习能力、应变能力等。

参加了强基面试之后，老师们感触良多，总的感觉是强基面试对提高生源质量有好处，很有必要，同时对强基面试内容也做了一些建言。比如不能单纯以参加过多少竞赛、会不会弹钢琴这类能力项目作为综合素质判定依据，尤其要考虑到来自农村或者贫困家庭的考生，不能因为他们缺乏这种资源而无力参与就给他们打低分。"德智体美劳"五个方面中更应该侧重于面试学生对"劳"的体验。比如，考察来自农村学生的坚韧度。

以下是面试老师一些具体的体会。9 名考生的综合考量，其 A、B、C 档次非常清晰，从学生写的简历、问答与表述方面可以非常明显分出高下，并且三位老师判断基本一致。其中得 A 的三位同学，有两位都有了清晰的未来定位，比如一个想学医，在中学时就参与了医学生物方面竞赛并拿到省级一等奖，他爷爷就是中医、有家庭的传承，从面试的角度，这是他在"激情"方面的加分；一个立志想学环境生物医学，她在一个暑期的实践当中进行了非常具体的调研，并且在简历当中做了详准的报告①，在与面试老师的对答当中也有精准的回复，这些是在她能力方面的加分项。这些品质有些研究生都还不具备，可是他们仅仅还是没有上大学的高中生而已。这样的判断，三个面试老师的考量也非常接近，面试结果比较客观。

其实这个故事讲的是研究生教育的"提前"，研究生的基本素质在高中与本科生教育阶段就可能予以培育，而不一定要等到研究生阶段才开始。在大学阶段就可以培育一些"内功"，在主流本科教育还没有跟进之前，个体教育意识谁提前越多，谁就更具优势：考研也好、工作也罢，本科生具备自主学习和研发的能力，在将来留学、考研和工作中，会具有一种优越感。本科生与研究生的差别就是：

> 本科生是以学习知识为主，而研究生以**创造知识**为主；
> 学习知识的过程比较被动，而创造知识是一个**主动**的过程；
> 学习知识时多注重结果，而创造知识的教育重在**过程**。

----

① 作为一个高中生，这个报告和其他考生相比高下非常明显，报告的翔实性和层次性非常好，不亚于某些研究生做的研究报告。为了判定真伪，之后在面试中有了一些相关的质疑和提问。

大学可以是一个过渡态：大学生可以停留在获取知识阶段，但是再往前走一小步，就可以进入到创造知识的阶段。比如在上海交大，就有了本科生参与科研项目的 PRP 计划、大创计划等等，这些都是研究生计划的提前。

图 1-4 列出了研究生与本科生的区别：研究生是提出问题→找出思路→解决问题这么一个过程；而本科生仅仅是解出老师提的问题：老师出题，我来答题。读研更接近教育的终极目标：从学习知识到创造知识，从认识世界到改变世界。

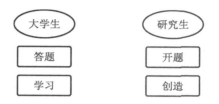

图 1-4　大学生会解题，研究生要学会问问题

会答题和会问问题，是本科生和研究生的巨大区别，这里边使用"巨大"两个字，意在突出本科生到研究生存在一个飞跃性的台阶：大学生会解题，会思辨、会辨析、会挑毛病；研究生要学会问问题、学会建立必要性和可行性之间的平衡点、会构想思路、要学会利用资源和寻求帮助。教育的本质在于培育人才，为社会和世界创造福祉。纯粹的质疑与思辨、探究宇宙真相固然会培养出优秀的学术型科学家，但这也只是教育目的之一。而上面提到的研究生培养思路，其普适性更广。

要完成从学习到创造的转变，必须要从解题的习惯变为善于问问题的习惯，并且要考虑问题的必要性与可行性，要问出有意义的、有可解性的问题。下边首先从"大学生会解题，研究生会开题"讲起，谈谈如何能问出正确的问题。

一、研究生要学会问问题

习近平总书记在 2020 年 9 月 11 日科学家座谈会上，首先指出"提问题"的重要性：

"坚持需求导向和问题导向。科研选题是科技工作首先需要解决的问题。我多次讲，研究方向的选择要坚持需求导向，从国家急迫需要和长远需求出发，真正解决实际问题。"①

这里面提到的科研选题就是开题的本领，这项本领和我们的教育体系密切相关，就是要改善传统的教育方法和教育理念，要鼓励学生敢于试错，多鼓励少批评，多示范少建议，要鼓励学生问问题。曾经有一位老师统计，小学的时候大家还经常

---

① 习近平总书记在科学家座谈会上的讲话，2020 年 9 月 11 日。

提问题,到了中学就越来越少,到了大学几乎就不问了,比较让人担心的是:他们根本就没有问题可问,而不是不敢问。

（一）提不出问题的研究生

"同学们,还有什么问题? 你们尽管提问。"台下鸦雀无声。这样的场景对于授课老师、研究生导师再熟悉不过。让研究生参加学术会议,很少有人提问质疑;在论文答辩现场,导师鼓励学生提问,没有人应答;日常的课堂,每次任课教师提问底下总是一片静悄悄。近年来,研究生的论文写作能力、数据分析能力、作图能力都有所提高,但是最根本的提出问题、分析问题的能力却非常缺失。这跟我们以往的教育体系有关:从小学到高中再到本科,都是以教师为主导的学习模式,学生的思维早已形成"惯性停滞"。所以我们才讲,从大学生到研究生应该实现一个台阶式的飞跃,就是从提不出问题到能够提出有用、有效的问题,这也是本书要讲的重点内容之一。①

1. 提什么样的问题

如何问对问题呢? 我们从一个故事讲起。

孩子问妈妈,"水为什么会流动呢?"

妈妈说,"你爸爸是物理老师,问他。"

这个孩子就去问爸爸,"爸爸,为什么水会流动呢?"

过了一会儿,孩子跑到妈妈那边,兴高采烈地说,"爸爸回答我了:因为水是液体,所以才会流动。"

你觉得这个答案怎么样啊?

爸爸把"水为什么会流动"这个问题,抛给了"物理学"。可是一个幼儿园的孩子,他会知道"液体"是什么意思吗?"水是液体"是一句高大上的答案,这个答案一点毛病没有,它带来的问题可能就是:这个回答是一句正确的废话。从这个答案中只是学到了一个名词,但却不知其意;就像我们认得一个字,但是我们并不识得这个字,即不了解这个字是什么意思。

> 知道,不过不了解。

"水是液体,所以才会流动",对于一个孩子而言,这是一个没有意义的正确答案。正确答案满足了好奇心,也无懈可击地交了差、交了卷,也可以炫耀一下。但回答像没有回答一样,没有转变成自己的能力。长此以往会有"知识消化不良症"。这种高大上的、不接地气的教育方式可能会一直带到大学,而研究生就是要转变这

---

① 温才妃. 为何我们的研究生提不出问题[W]. 中国科学报,2020-08-18.

种方式,所以研究生是很有必要读的! 研究生要比大学生多上一个台阶、而不是只走一个上坡。钱学森、杨振宁先生以前都是在美国留学多年的,他们曾经比较过美国教育和中国教育,他们都指出中国学生成绩很好,但是不善于问问题,创造力不如美国学生,其中一个原因也许就跟问问题有关系。我们常常注重 what 和 why,而美国学生则注重 how①。前者可以多获得知识、陷入思考;后者倾向提出问题、解决问题、多了一份行动力。

2. 多问 How,少问 What

以前面的问题举例,也许更好提问方式是:

"水是怎么流动的呢?"

也许比较好的回答方式,应该是一种引导:

"是啊,爸爸也很好奇:为什么水可以流动呢? 为什么石头不能流动呢? 沙子可以流动吗? 水为什么只往低处流呢? 水可以往高处流吗?"

这些都是一些正确的提问方式、积极的引导方法,促进学习、促进思考。

> 少问是"什么?""为什么",多问是"如何"与"怎么"。
> 少问 what & why,多问"how it happens(怎么发生的)"和"how to do(如何应对的)"②。

前者是在追求答案,而后者在培养能力;答案会带来炫耀,而能力会培育创造;前者是知识、后者是能力。

(二) 费曼原理

1951 年费曼在巴西访问讲学时,他惊讶地发现巴西学生"什么都背得很熟,但完全不理解自己在背什么"。例如他发现学生们能够背出布儒斯特角的定义③,但叫他们通过偏振滤片看海水,发现从海水反射出的光是偏振的时候,他们却惊呆了——他们在书本上学习的知识和真正的世界是隔绝的。

"知道某事物的名字"和"理解某件事物"是完全不同的两件事;第一种知识的

---

① 为 5W1H 中的关键条目。5W1H 具体是 what(是什么),why(为什么),when(什么时候),where(在哪里),who(谁做和为谁做的),how(怎么)五个单词第一个字母。

② how 包括:怎么发生的(How it happens)? 如何应对的(How to do)。

③ 这个定义告诉你,当光从海面上反射后变偏振了。

重点是"知道名称",即知道它被称是为什么;第二种知识的重点是"理解含义",即知道它实质上代表了什么。费曼这种理念大概和他小时候父亲的教导密切相关,费曼很小的时候,他的父亲就告诉他:知道一个东西叫什么,和理解这个东西的本质,完全是两码事!

费曼由此认为,人们通过考试,然后又去教别人怎样通过考试,谁也不管怎样理解物理知识的实质。低水平的物理教师、枯燥呆板的教材、"动机不纯"的学生,三者的结合必然是一种应付考试的教育模式,没有愉快可言,学习成了痛苦和焦虑,很多中国大学的一二年级学生就常被大学物理课程搞得情绪低落、毫无兴趣。所以费曼建议,证明你是否真正理解一个知识的方法是:不要使用术语,只使用最简单的语言,可以教会"门外汉"理解这个知识的本质。以下是费曼的原话。

A lot of people tend to use complicated vocabulary and jargon to mask when they don't understand something. The problem is we only fool ourselves because we don't know that we don't understand. In addition, using jargon conceals our misunderstanding from those around us.

很多人当他们不理解某个事物的时候,就喜欢使用复杂的词汇和术语来掩饰。这么做的问题是,我们只是在欺骗自己,因为我们不知道"我们不明白",使用术语掩盖了我们是否真正理解它。

费曼随后也提到为什么"科学"越来越让大部分人觉得"无聊"(boring),因为科学脱离了生活,除非我们把科学当成一种职业,不然我们怎么会关注它呢?它跟我们有什么关系呢?很多的孩子不想学习,就是因为我们学的功课跟我们的生活不相关,这种不感兴趣是合乎逻辑的、合乎人性的,和我们没有关系的东西,我为什么要有兴趣去学呢?费曼教学的方法就是把科学和你的生活拉得近一点,费曼提出用自己熟悉的语言去描述和理解一个科学概念,这个就叫"费曼技巧"。

费曼技巧就是把复杂的观点用简单的语言表述出来①。其要点是不需要对教科书照本宣科,而是按自己的需要重构一个解释系统。类比是一个能够增进自己理解的好方法,在引入一个全新概念的时候,把之前的某一个知识点与之相关联,建立一个类比关系。类比是一个有机化的过程,把知识有机化是学习知识的有效方法。关于费曼技巧在教育学方面的一些具体案例与例证,请参见附录3 Link2。

---

① 这个简单的语言是你的思维方式可以接受的语言、你喜欢用的语言,它不一定没有漏洞、它带有一定的主观性、它不一定被每一个人都接受。但是如果能够帮助你理解这个概念,就建议你使用它们。

1．知识就是力量？

"知识就是力量"这句话可能会起误导的作用,如果知识仅仅是在"认"的层面上,而不是在"识"的层面,它不一定是力量,而仅仅是一种可以炫耀的本钱。对做研究的人来说,一个仅仅懂得"知道"的人,他的深度与创造力是不足的。记得杨振宁举过这样一个例子①。

> 我们学校里有好几个非常年轻聪明的学生,其中有一位请求我们进研究院。那时他才 15 岁的样子,我跟他谈话之后,对于他的发展前途觉得不是那么乐观。比如说我问他几个量子力学的问题,他都会回答,但我问,这些量子力学问题,哪一个你觉得是美妙的,然而他却讲不出来。对他而言整个量子力学就像是茫茫一片,我对他的看法是尽管他吸收了很多知识,但是他没有发展成一个"品味"(taste)。因为学一个东西不只是要学到一些知识,学到一些技术上面特别的方法,更重要的是要对它的意义有一些了解、有一些欣赏,假如一个人在学了量子力学以后,他不觉得其中有的东西是重要的,有的东西是美妙的,有的东西是值得跟人辩论、面红耳赤而不放手的,那我觉得他对这个东西并没有学进去,他只是学了很多可以参加考试获得很好分数的知识,这并不是真正做学问的精神。

2．认而不识,看而不见

"认"是看第一眼,比如认个门儿;"识"则是第 n② 眼,代表了熟悉;陌生的为"认",熟知的为"识"。看到一个新的词也是一样,不能只看而不见,俗称"视而不见",这个"见"代表了一种思考、见地和见识。

中华人民共和国成立前,文盲率是 85% 以上;之后,中华民族的教育水平有了巨大提升,2017 年两会数据说明,文盲率只有 8.72% 了。但是这个数据指的是认字、而不是识字。我们的痛点是只会认字,而没有识字。这就像是隔壁老王,你跟他住在一个小区,你对他只"认"而不"识":你知道他长什么样,知道他叫什么,但除此之外的其他一切,你一概不知,比如:他是哪里人、他家庭的情况、他的脾性、他喜欢什么、不喜欢什么,等等。如今许多人,只知道汉字的引申义,而不知其本来含义。中国古代有一句话叫咬文嚼字,它比喻要识这个字需要用牙去咬、用舌头来品,而不是囫囵吞枣。比如中国汉字中的"人"字,你认得这个字,但是你识这个字了吗? 中国汉字的"人"字,写得很"干净"(比较世界各族语言文字"人"字的写法(比如:human(英语),'Η(古希腊语),व्यक्ति(梵文),مرد(波斯)),只有二笔:一个

---

① 杨振宁. 人间重晚晴:杨振宁翁帆访谈录［M］. 北京:科学出版社,2007.

② n 和几看上去是不是很相像? 一、二、三和Ⅰ、Ⅱ、Ⅲ是不是很像? 所以说"中西合璧"。

撇加一个捺①。

（1）人字的撇，代表做好自己，要"自强不息"，所谓自己，就是修齐治平②当中的修身，它不是指车子与房子、也不是指物质化的自己。"人不为己，天诛地灭"，这句话听起来像贬义，其实不是，这个"己"，指的就是"做自己"。

（2）人字的捺，对待别人要"厚德载物"，和人相处之道，就是"仁义礼智信"里的"仁"字。仁字的构成，是人字旁加二，是二个人，对待别人要仁义与仁慈。从为人的角度上看，就是"做人要厚道"。

（3）人字是"上一下二"，人由"一"而来，即从道而来③；人降到世间就变成了"二"，二就是"阴阳"、做人要学会中庸，中庸就是平衡阴与阳。

（4）为什么"人"字和"入"字这么像？为什么"人"字是撇在上边，"入"字是捺在上边？关于这个答案的思考，留给读者来思考。

"认与识"就是我们上面讲到的：只知道一些高大上的概念与词汇，却并不了解和体会他们真正的意义，就是只认而不识。要做到"识"，我们要多问一些怎么做的、怎么来的（how）？而不光是要问叫什么名字（who）？是什么（what）？

（三）可操作性与可解性

问问题应该考虑到问题的可操作性和可解性，这一点对于研究生的开题尤为重要。比如我们在中学学习"平行线"这个概念，大家还记得是怎么定义的吗？平行线定义为：在同一平面内相交于无限远的两条直线为平行线。这也是一句正确的废话，谁能跑到无限呢，既然你不能证明，那就让它继续正确吧。这种传统的定义方式是在追求数学上一种真理性的完美，对于解题是没有什么帮助的、没有可执行性的。如果换一个方式定义平行线，就有了可执行性。如果你这样说：拿2块3角板啊，把它们这两个斜边贴好，沿着另一条直角的边画一条线，然后沿着斜边平移再画一条线，这两条线就是平行的。

你看，如果你这么定义平行线的话，可操作性就很强：平行线的证明方式就是画一条线和它们相交，并且有相同的交角。这些语言很"土"，但是可以听得懂、也"管用"，这大概就是费曼技巧吧，用自己的语言来重新定义问题，它看上去没有那

---

① 这也是作者本人的理解，仁者见仁，智者见智，仅供参考。

② 修齐治平，语出《礼记·大学》，西汉礼学家戴圣所编。"古之欲明德于天下者，先治其国；欲治其国者，先齐其家；欲齐其家者，先修其身；欲修其身者，先正其心；欲正其心者，先诚其意；欲诚其意者，先致其知，致知在格物。物格而后知至，知至而后意诚，意诚而后心正，心正而后身修，身修而后家齐，家齐而后国治，国治而后天下平。"

③ 老子《道德经》，道生一、一生二、二生三、三生万物。

么阳春白雪,但是很实用。

从本质上说,很多传统教育的问答与提问方式在追求没有意义的正确答案,它没有可解性,也没有可执行性、可应用性。问问题的方式决定了解决问题的方案,问题如果问得不好,会给你带入迷宫,所以问对问题等于解决问题的一半! 本科生和研究生区别在于本科生只会解题并且是解出老师们已经验证过的、有解的题,而研究生是要自己找问题去解,这个问题不一定有解,或者它的解会"种瓜得豆"、会"此处有惊喜"①。要培育这种能力,就要容许犯错甚至鼓励去"试错",善于容忍错误和学会利用错误。比如有些问题很有启发性,尽管问法有瑕疵、有漏洞;比如有一种书启发性很强,但是错误和漏洞却很多;比如有一些人非常有趣,可以启发你的思路,但是看起来很"可恨"。它们都是有用的人、物、事,要感恩它们的存在,它们让你的生活更多彩。

[**伯乐相马的故事**]

秦穆公请伯乐找一匹千里马,伯乐请九方皋帮忙,过了三个月他回来报告说:"已经得到一匹好马啦,在沙丘那边。"穆公问:"是什么样的马?"他回答:"是一匹黄色的母马。"穆公派人去沙丘取马,却是一匹黑色的公马。穆公很不高兴,把伯乐召来,对他说:"你介绍的那位找马人,连马的黄黑、雌雄都分辨不清,又怎能鉴别马的好坏呢?"伯乐叹了一口气,说:"竟到了这种地步了啊! 这正是他比我高明不止千万倍的地方呵! 九方皋所看到的是马的内在神机:观察到它内在的精粹而忽略它的表面现象,洞察它的实质而忘记它的外表;只看他所应看的东西,不看他所不必看的东西;只注意他所应注意的内容,而忽略他所不必注意的形式。"后来马送到了,果然是一匹天下少有的骏马。

伯乐忽略了九方皋的"表面错误",而只重视他"本质上的正确",又何尝不是重复了九方皋的特质呢:专心于内在,而忘掉表面!

1. Why 和 How

是做科研还是做研发? 是科学家还是工程师? 用下面这个小故事来对这两种人思维与思路的差异予以说明。

看一下这个运算过程,我们会发现一个有趣的问题,结论是"至今无人回答",也就是我们找不出为什么会这样。

当我们看到这个问题的时候,我们会有两种反应,见图1-6:

第1种:我们会问"为什么会这样呢",我们会反复琢磨。这种人可能适合于做科学;

---

① 指的是科研当中实验结果不是预期的结果,以为是失败的结果。但仔细分析,却有了新的科学发现。

我手里有 100 元

花去		剩余
买 A	40 元	60 元
买 B	30 元	30 元
买蔬菜	18 元	12 元
买调料	12 元	0 元
总计 100 元		**总计 102 元**

至今无人解答

图 1-5 一个"不解"的问题

第 2 种,我们会忽略这个为什么,在确定无误、但又解释不清的情况下,选择继续前行,我们继续搞了一个算法,改变了一下花销次序,由大到小和由小到大,结果我们发现:

投资 1:100 元变成了 102 元

	花了	剩了
	40	60
	30	30
	18	12
调料	12	0
总额	100	**102**
利率		**2%**

投资 2:100 元变成了 170 元

	花了	剩了
调料	12	60
	18	70
	30	40
	40	0
总额	100	**170**
利率		**70%**

（a）

段:很有意思,一种很好的投资方法,2% 的收益。

杨:你先买调料,再试(偷笑)。

段:又试了一次,收益变成 70%。

然后我们进一步推广:

投资 100 元

	花了	剩了
	1	99
	2	97
	3	94
	4	90
	5	85
	6	89
	7	72
	8	85
	9	55
	10	45
	11	34
	14	20
	20	0
sum	100	**380**
利率		**280%**

投资 15 元

	花了	剩了
	0.1	99.9
	0.2	99.7
	0.3	99.4
	0.4	99
	0.5	98.5
	0.6	98.9
	0.7	97.2
	0.8	98.5
	0.9	95.5
	1	94.5
	2	92.5
	3	89.5
	4.5	85
sum	15	**398**
利率		**2 553%**

（b）

段:仿真实验证明(见图):

· 钱花得越少,投资收益越多。

· 花 15 块就能挣 398 块。

我的发财梦就要实现了。

(呲牙)

图 1-6 两种不同的结果

（a）第 1 种反应 （b）第 2 种反应

　　这可能只是一个玩笑,我们用它来解释科研的两种思路:一种是比较偏科学,另一种偏重工程;一种是科学家的思维,另外一种是工程师的思维;一个是研究科学原理,另一个是在做研发创新。在实际的科研过程当中,我们也有过一个具体案例:

　　研究生做实验的时候发现,高温炉升温到 900℃时,热电偶电压就往下降,这是一种不正常的现象,但又解释不清楚为什么会这样。即使重复了 n 次之后得到的还是同样的结果,说明这是一个可重复的结果,但是做实验的研究者还是无法解释,怎么办呢?

　　思路一:我们可以去追究这个为什么,一直卡在解答这个为什么,停在这个地方。

　　思路二:寻找另外的路径去做实验。比如不用这个马弗炉来做这个高温试验,而用另外的高温系统来做。

　　采用第二种思路,结果我们发现使用另外一种进口马弗炉就没有发现这个异常的现象,热电偶的热电压符合我们理论预估结果,实验结果很满意、很漂亮;同时,使用另外一种国产高温炉也发现前面的现象。我们当然相信产生这个现象必有原因,我们也对比了国产和进口两个高温炉的差别,我们发现炉子的内腔大小差异很大,但是这个差异也不足以解释这个异常的现象,所以还是没有解答"为什么"的问题,但是如果我们的"初心"是要得到预期的特性,做出结果,那么用第 2 种思路我们就已经达成了我们的目的,我们可以暂时忽略掉第 1 个问题。这个具体的案例和我们上面的那个"玩笑"就非常类似,也就是我们是要选择追究"为什么"还是选择"继续前行",我们选择了"一直往前走而不往两边看",是因为我们的"初心"毕竟不是要追究"why",而是要追求"how",怎么才能把我们的结果做出来。

　　2. 丘成桐:近期中国学者的问题在于问不出高质量问题①

　　在 2020 年线上 ZOOM 讲座当中,丘先生指出:

　　因为我觉得一个学科能够很活泼地前进,能够提问题是一个很重要的环节。假如一个研究者不能够提出一些重要问题的话,他就不能够成为一个好的数学家。所以我鼓励我们年轻的学生们要注意一点点,要研究怎么提出重要的问题。从今天往 4 年前看,我们还是觉得中国学者始终以解题为主,高考或者奥数的考核形式主要是解题,我提的问题是研究数学重要的一步⋯⋯

　　3. 问对问题就解决了一半

　　下面通过一个真实的故事,来进一步理解"问出了正确的问题就是问题已经解

---

　　①　2020 年 8 月 4 日世界著名数学家哈佛大学教授丘成桐先生 zoom 线上课堂,给大家介绍了公元 2000 年之前的数学研究进展简史,旨在启发中国数学的原创性思维。在这次报告中丘先生强调:提出问题比解决问题更具有创新意义。

决了一半",这是一个发生在美国通用汽车客户与客服之间的故事。

有一天美国通用汽车公司的庞帝雅克(Pontiac)部门收到一封客户抱怨信,上面是这样写的:

这是我为了同一件事第二次写信给你,我不会怪你们为什么没有回信给我,因为我也觉得这样别人会认为我疯了,但这的确是一个事实。我们家有一个传统的习惯,就是我们每天在吃完晚餐后,都会以冰淇淋来当我们的饭后甜点。由于冰淇淋的口味很多,所以我们家每天在饭后投票决定要吃哪一种口味,等大家决定后我就会开车去买。但自从最近我买了一部新的庞帝雅克后,在我去买冰淇淋的这段路上,问题就发生了。你知道吗? 每当我买的冰淇淋是香草口味时,我从店里出来车子就发不动。但如果我买的是其他的口味,车子发动就顺得很。我要让你知道,我对这件事情是非常认真的,尽管这个问题听起来很猪头。为什么这部庞帝雅克当我买了香草冰淇淋它就秀逗,而我买其他口味的冰淇淋,它就一尾活龙? 为什么? 为什么?

事实上庞帝雅克总经理对这封信还真的心存怀疑,但他还是派了一位工程师去查看究竟。当工程师去找这位仁兄时,很惊讶地发现这封信是一位事业有成、乐观,且受过高等教育的人写的。工程师安排与这位仁兄的见面时间刚好是在用完晚餐之后,两人于是一个箭步跃上车,往冰淇淋店开去。那个晚上投票结果是香草口味,当买好香草冰淇淋回到车上后,车子又秀逗了。

这位工程师之后又依约来了三个晚上。

第一晚,巧克力冰淇淋,车子没事;

第二晚,草莓冰淇淋,车子也没事;

第三晚,香草冰淇淋,车子"秀逗"。

这位思考有逻辑的工程师,到目前还是死不相信这位仁兄的车子对香草过敏。因此,他仍然不放弃继续安排相同的行程,希望能够将这个问题解决。工程师记下从开始到现在所发生的种种详细数据,如时间、车子使用油的种类、车子开出及开回的时间……根据数据显示他有了一个结论,这位仁兄买香草冰淇淋所花的时间比其他口味的要少。

为什么呢? 原因是出在这家冰淇淋店内部设置,因为香草冰淇淋是所有冰淇淋口味中最畅销的口味,店家为了让顾客每次都能很快地取拿,将香草口味特别分开陈列在单独的冰柜,并将冰柜放置在店的前端;至于其他口味则放置在距离收银台较远的后端。

现在,工程师所要知道的是,为什么这部车会因为从熄火到重新启动的时间较短时就会秀逗? 原因很清楚,绝对不是因为香草冰淇淋的关系,工程师很快地想到答案应该是"蒸气锁"。

因为当这位仁兄买其他口味时,由于时间较久,引擎有足够的时间散热,重新发动时就没有太大的问题。但是买香草口味时,由于花的时间较短,引擎太热以至于还无法让"蒸气锁"有足够的散热时间。

这个故事就是讲"问对正确问题"的重要性!客户提出的是一个似乎有"迷信色彩"的问题,让"凡夫"觉得无从下手,这就是"问题的不可操作性",在日常工作中这种问题不乏频频出现,问题提得没有错,但是提法会形成误导。在这个例子中,这个工程师的问题是从工程学的角度提出的,问题就有了可操作性,两种问法得到完全不同的结果:一个是一头雾水、一个则引出解决方案:

• 用户问的问题:你知道吗?每当我买的冰淇淋是香草口味时,我从店里出来车子就发不动。但如果我买的是其他口味,车子发动就顺得很。

• 工程师问的问题:为什么这部车会因为从熄火到重新启动的时间较短时就会"秀逗"?因为当这位仁兄买其他口味冰淇淋的时间较久,但是买香草口味时,由于花的时间较短。

引擎太热,这就是问题所在!因为引擎太热,没有足够的散热时间,"蒸气琐"打不开,汽车就发动不了。

所以,对待同一个问题用不同的方式去问,结果是不一样的,怎么去问这个问题非常关键!

这个故事也隐含了一个"实事求是"的道理。"实事求是"这四个字我们似乎已经耳熟能详,但是如果要真正体会其内在含义,必须要经历"实事"才能体会到"求是"。在这个故事当中,"实事求是"就是:完整地从事情始末亲自走一遍,而不要相信道听途说,因为在"实事求是"过程当中包含了主观和客观的互动,而对于不同的执行者,这个"主观"是不同的,主观与客观的互动结果也不尽相同。如果没有这种亲自调查的第一手资料,这个问题也是无从查起的。

> 研究生导师的作用:帮助研究生问出正确的问题!

二、读研新认知

(一)本科生是大班,研究生是一对一

本科生的基本单位是班级,而研究生是导师和学生1对1的关系。导师和研究生为一个共同的研究目标而努力,在这个研究过程当中进行不断的互动,讨论实验方案、根据实验结果反馈调整输入条件、调整实验偏差,对一系列的结果进行分析和比对,所有的这些经历都与本科生不同(本科生是老师出题、学生答题,然后根据标准答案比对题目、判定分数)。研究生经历这一系列过程也是研究生的意义所

在,所以读研很有必要!

研究生和导师 1 对 1 的关系,既是学术上、需求上的对接,也是理想、理念上的一种契合。老师和学生之间能够脾性相合、互相欣赏、互相促进,如果增加了这样一种情分,又会使研究生的整个生涯更有意境。

(二)研一不是大五

研究生不是本科的延续,它不是在爬一个坡,而是上了一个台阶;从本科到研究生是一个台阶式的飞跃,它是一种状态的转变。但是由于我们国家当前研究生数量与资源之间的不平衡,仍然存在研究生像大五①的现象。有一位北京某名牌大学一年级的研究生,说自己感觉是在上大五:

"相对于本科,我现在不过多读了几本书、拓宽了知识面,但学习方法、思维方式、研究能力没有质的改变。很多同学都在质疑:如果在研究生阶段,我们还要忍受老师讲、学生记的灌输式教育,读这个研究生还有什么意义?研究生不是上大五。"②

也有研究生撰文"真不好意思,我是研究生",云:

"一周的课上下来,感觉又回到本科时代,在读研之前,我对自己的研究生生活满怀憧憬:即将就读的学校和学科在国内很有名气,拥有一流的专家学者队伍,研究生的学习非常自由,我可以大量选修自己感兴趣的课程,拓展知识结构,可以彻底摆脱记笔记、背笔记、考笔记那种学习模式的折磨,和讨厌的考试、分数说拜拜。一开学,拿到培养计划,我就晕了……一上课,原来还是老师讲、学生记的老套路。看着老师在讲台上讲得口干舌燥,下面的同学低着头匆匆记录,我感觉又回到了本科时代。我开始怀疑读研到底有什么价值。③"

这可能属于个别案例,不能代表全局,但是不得不承认在我国研究生数目的剧增与研究生教育资源不平衡之间的矛盾,研究生教育缺乏规范化与系统化,这是研究生数目与研究生教育资源之间的一道沟。但是作为研究生,与其抱怨环境,不如调整自己的三观、去改变自己适应环境。从研究生的角度,我们更加需要关心的是如何不把研究生过成大学五年级。虽然从外在环境看改变不大,但是如果我们懂得如何改变内在,深切了解研究生与本科生的本质区别及研究生需要的"内功",我们就会主动而有目的地予以培育,从而达成这个台阶式的飞跃,这才是读研的目的,如何帮助同学调整自己的读研思路,也是本书的目的所在。

---

① 大部分大学都是四年制,"大五"是戏称,指大学五年级。

② 来自:新浪教育考研频道。

③ 吴苾雯.真不好意思,我是研究生[J].东西南北(大学生),2006(4).

第三节 读研外因

读研究生的外在驱动在于：相对于本科生而言，用人单位更偏爱录用研究生，这是第一个原因。此外就是，很多本科生在毕业之际不知道未来向何处去，对未来有一种迷茫，所以把研究生当成一个观望的港湾。而对于越来越多有理想抱负的本科生来说，他们想通过考研更上一个台阶，比如想考入一个更好的学校，所以读研提供了第 2 次高考的机会。

一、考研是第二次高考

在读大学之前，学生的原始背景是不尽相同的。一个穷人家的孩子，从表面看是缺钱，从教育的层面还有更深层次的缺失，一是教育资源不足，二是信息量不对称，三是欠缺眼界与格局。而一旦进入到大学，每个人都有了相等的机会来补齐这三块短板。只要你够努力，你还是有第 2 次机会考入你所钟爱的大学。比如北大、交大这些学校每年的研究生，都会有很大比例来自其他院校。而这些学校也希望增加外来研究生比例，"海纳百川"可以增强学校的活力。相比于本校生，这些通过第 2 次高考录用进来的研究生，他们更有渴望心、更怀感恩和珍惜。北京、上海的学校外校录取人数最多，主要原因是知名院校资源比较集中，北京共有 26 所 211、8 所 985 院校、30 多所双一流，北大清华都在那儿；上海有上交、复旦、同济、上财、上外等知名院校；江苏、浙江等也是国内教育资源集中省份，知名的浙江大学、南京大学、中南大学、武汉大学等排名前十的学校都集中在这几个省。

（一）考研等同于第二次高考

很多农村来的孩子从乡村来到了大学，很珍惜这里的环境，很早就开始了准备考研的工作，北大的刘媛媛①就是这样一个例子。刘媛媛 15 岁的时候看了一本书，那本书就讲了一个家境贫寒的小女孩，17 岁通过自己的努力考入牛津大学。她当时就有了这样一个念头，我也想这样、我想去北大。以前她是一个不太用功的孩子，年级排名倒数。但她从 15 岁开始记日记、每天都记，激励自己：我就想这样、我想学。于是在一学期内就从倒数排名一跃成了第五名，但是后来高三的时候出现心理障碍问题，心态不好了。一个人不可能永远考第 1 名，你总是会退步的。过

---

① 积极力与集中力，《刘媛媛的逆袭课 精准努力》湖南文艺出版社于 2019 年 10 月出版.

度专注、遭遇挫折、又没有办法消化它，人又是在逆反期，在这个高考关键点上，又没有人为你疏导，你就会错过机会，所以刘媛媛本科没有考上北大。等到她考上对外经贸大学之后，大学给了她更多时间进行深度思考，她发现直到大学，才开始思考：我是个什么样的人、我想做什么样的事情、我将来要去哪？之前高中生活里面，你一天什么都不用想，一天的时间都被你的老师安排满满的。大学期间给了她足够的时间思考，她又想起了 15 岁的北大梦，所以她就准备考北大法律系研究生，这是一个跨专业的选择，过程很艰辛，但是最后她成功了。

刘媛媛在"超级演说家"第二季冠军赛的演说"寒门再难出贵子"①里，这样描述一个农村学子的心境：

我一直也不会拿自己跟那些，比如家庭富裕的小孩儿去做计较我们之间会有什么不同，或者有什么不平等，但是我们必须承认这个世界是有一些不平等的，他们有很多优越的条件，我们都没有，他们有很多的捷径我们也没有，可是我们不能抱怨，每一个人的人生都是不尽相同的，有些人出生就含着金钥匙，有些人出生连爸妈都没有。

人生和人生是没有可比性的，我们的人生是怎么样，完全取决于自己的感受，你一辈子都在感受抱怨，那你的一生就是抱怨的一生；你一辈子都在感受感动，那你的一生就是感动的一生；你一辈子都立志于改变这个社会，那你的一生就是一个斗士的一生。

我们大部分人都不是出自豪门的，我们都要靠自己，所以你要相信：命运给你一个比别人低的起点，是想告诉你，让你用你的一生去奋斗出一个绝地反击的故事。这个故事关于独立，关于梦想，关于勇气，关于坚忍，它不是一个水到渠成的童话没有一点人间疾苦。**这个故事是有志者事竟成，破釜沉舟，百二秦关终属楚；这个故事是苦心人天不负，卧薪尝胆，三千越甲可吞吴。**

把考研比作第 2 次高考，也就是考研为梦想的选择提供了第 2 次机会，这次机会比起高考更具理性、更成熟。这个第 2 次高考可以有很强的针对性，俗话说考大学选名校、考研究生选导师，就是这个道理；前者选择的是学校的文化和气质，后者是选择将来适合自己和自己喜欢的方向。经历了 4 年的本科学习，通过知识的补充、学科的分析、以及对自性的感悟，会对自己未来专业方向有一个比较理性的判断，结合自己的喜好做一个既有必要性又有可行性的选择。所以考研作为第 2 次高考比第 1 次高考质量要高。

对于研究生来说，如果对于某一专业非常有兴趣、有一种热爱，期望能够通过研究生生涯在这方面有所建树，那么从一开始就要做好相应的功课。对某一个行

---

① 百度：超级演说家 20140711.

业有着深切的激情,这是很难得的,是研究生本人必须要珍惜的。而要让梦想成为现实,必须要对中国研究生教育排行榜有所了解,比如你喜欢船,那么从学科门类排名上看,上海交大船舶与海洋工程排第 1 位,早在 1983 年交大专业类别还不多的时候,船舶海洋专业就已经在全国排第 1 位了,交大"船老大"的地位是一个历史和文化的积淀,如果对船有一种热爱,那就应该选择来交大的船院。

（二）梦在前方,路在脚下,我在路上

"梦在前方",这是你的激情所在,要珍惜她,比如你喜欢船和海洋、交大就是你的梦想;然后就是要"路在脚下",对如何考入交大船院开始关心、开始调研,关心一下船院的网站、了解他们考研的要求;还要做到"我在路上",要有所行动、有所努力。有志考研的同学,在大学第 1 年就要开始准备,首先是精通学业,争取保研资格,其次是有意识地在这方面补充知识,为未来的考研积累基础。

二、工作质量的提升

考研的另外一个外因就是为了更有质量的工作。

（一）工作带来安全感

我们国家的人口多,就业问题由来已久。全民的就业率和就业质量关系到整个社会的心态:人在没有工作的情况下会衍生忧虑、忧郁和不安全感,产生社会的负能量。在 1980 年的时候,知识青年返城热潮加之应届高中生停止上山下乡,就形成了我们国家就业一个巨大压力,在当年这个巨大挑战下,就产生了个体户商品经济这个新生事物,解决了我们国家国营企业消化就业问题的瓶颈。当今,阿里巴巴的淘宝对我们国家的就业也做出了一个巨大的贡献,淘宝和支付宝极大程度地增加了我们中华民族几亿人口的就业机会,它可以让中国任何层次的老百姓结合自身具体情况、具体场景、具体优势,利用网络平台建立一种全民市场,让每一个人都成为一个职业经理。阿里巴巴极大衍生了物流和快递业务,这又带来了大量的工作机会。人人有工作,人人都有安全感,人人都有成就感,就有了正能量。社会的正能量集聚了国家的正能量、民族的正能量,我们的民族、我们的国家才更有奔头。

（二）工资收入与满意度

那么现今毕业生就业问题也是出于同样的一种考虑:就业机会的增加,对工作的满意度会增强毕业生就业的正能量。而高科技领域、国企与管理层等高端企事业单位更偏重录用研究生。因为最近这些年社会变化很快,40 年前读过高中的算是高学历了,而现在高中毕业生,如果你不继续升学读书,虽然可以生存,但会丧失选择工作的权利。复旦大学社会科学数据研究中心发布的一个数据,说明了收入与受教育水平的关系,从图 1-7 中可以看出,研究生学历的人有 80% 可以获得高收入,小学毕业的近 80% 是低收入,当然不止学历,一般院校和 985 院校毕业生收入的差距也很大。

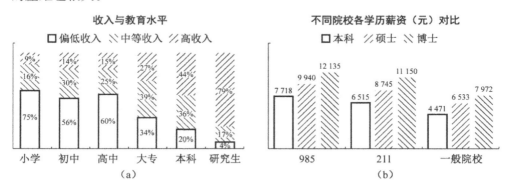

图 1-7　收入与教育水平的关系,985、211 和其他院校本硕博收入的比较

高等教育从精英化阶段进入到大众化阶段,大学毕业生就业问题也显得格外突出①。第三方社会调查机构麦可思研究院近日在北京发布的《2019 年中国大学生就业报告》中显示,研究生与本科生都能保持相对较高的就业率②。尽管如此,简单地比较本科和研究生就业率存在误导,与其简单比较就业率,不如比较就业稳定率和就业质量。从数据上体现,学历越高就业稳定性也越高。刚毕业的本科生初入职场往往流动性较大,有时在一个单位工作了几天就离开,又加入到找工作的大军当中,这种情况非常普遍,而研究生择业起点要比本科生高,眼界也宽,心理也成熟一些,选择行业与专业的相关性要高一些,其就业稳定率也高于本科生。

学历不能证明能力,这是老生常谈的话题。但学历的确能决定人生第一份职业的质量和人生未来的发展轨迹。一些好的企业不仅仅满足于录用研究生,还要求其背景是 985、211,一个普通的本科毕业生,如何能在一家门槛高的公司应聘不落榜呢?也许有人会质疑"研究生就比本科生有能力吗?"但能够进入公司是以后成功的第 1 步,首先要看的就是学历这个敲门砖。所以,追求更高的工作质量是研究生数量增加主要外因,它源于社会对研究生的"市场需求"。

① 胡恩立. 大学生就业指导[M]. 北京:高等教育出版社,2021.
② 李培林. 中国社会巨变和治理[M]. 北京:中国社会科学出版社,2014.

(三)社会需求:精英教育与大众化教育

精英教育就是研究生的教育,是为社会培养创新型人才,培养引领作用的产学研带头人;而大众化教育就是大学本科教育、专科教育、大专教育,它的主要目的在于培养一种"跟随型人才",这是一种跟从与服从类型的人才,"你叫我做什么我就做什么"这样一类的工作。需要说明的是,这两种工作没有高低贵贱之分,它是一种社会的分工和一种个人的喜好与选择。对于社会分工而言,我们需要多种层次的人才,像唐僧师徒 4 人团队取经一样,不仅需要唐僧的老黄牛,"不忘初心"、有坚定的信念和意志,也需要像沙僧这样的孺子牛,勤奋、勤劳、埋头苦干,还需要孙悟空"拓荒牛"的能力、而猪八戒的"有血有肉"给取经生活也带来一些乐趣,文武之道,一张一弛。而作为一种人性化的管理,社会分工必须尊重个人的喜好与专长,比如有一类人就是喜欢做简单和重复性的工作,不喜欢做过分脑力和复杂性的工作,他就喜欢当兵、不喜欢当官。当兵有当兵的简单快乐,做官有做官的辛劳责任。这里需要指出的是精英教育不完全代表是领袖型教育,本科毕业甚至没有大学毕业都可以是领导型人才,说研究生是精英教育,不排除存在这样一些"黑马"。

这里把研究生比作为精英式的教育是相比于高中阶段的贵族教育,父母亲有足够的财力和资源能够把他们的子女送入国外学校接受这种特殊的教育方式,这种教育机会的获得是基于家境的起点。而研究生则更体现了教育的公平性,也就是说一个贫农家的、一个贫困家庭出来的孩子一样可以得到精英教育的机会,这些贫困生与其他学生在大学当中所处的环境是公平对等的,那么在这个公平的环境下,他们能够在考研中脱颖而出,就体现了他们自主学习的能力和主观能动性,依靠这种智商加情商的努力,他们把考研当成了第二次高考,他们成了研究生。像高考一样,这种研究生的达成是通过公平竞争得到的,它更体现了一种教育资源的公平性。

三、研究生与找工作

相比本科生而言,研究生更容易找到工作,研究生也更容易适应工作。我们知道,"学习态"与"工作态"是人生中两种截然不同的状态:人在受教育这一段的期间,也就是说从幼儿园到大学,是人生中的一段红利,在这个"学习态"当中,学生是受惠者,老师家长学校都是为我们服务而存在的,我们是不怎么能够体会"责任与担当"这两个词的真正含义的,而在"工作态"当中我们就要对自己负全责,我们也是家庭的承担者,我们是社会的责任人。研究生是一个过渡态,在研究生教育的实践当中,我们很大程度上模仿了职场运作的模式,研究生也应该主动地、有意识地培养职场工作的方式方法,不仅有利于找到工作,而且有利于更好地融入未来的职场生活。

在与导师、与师兄师弟们朝夕相处共同完成课题的科研工作当中，一个成功的研究生可以完美达成这个必要性和可行性的完美结合。不要把读研和找工作看成是两件事，这两者有着非常多的共通之处，不过分地说，研究生是一种高级职场人。实际上读研的过程，就是学习职场工作的起步过程。研究生需要掌握的很多本领，都是基本的职场技能，比如说怎么与导师沟通、怎么从发现一个问题入手，正确地形成一个问题，构思解决问题的思路和方案，如何分工和并行，即处理好工作的分时性和同时性的关系等等。

研究生不是终点，研究生是迈向职场的起点，而本科生的毕业更像是一个终点。本科的毕业标志着"学习态"的结束，而研究生学习的结束标志着"工作态"的开始。学习态和工作态的区别还是很大的，本科生是一个老师面对 30 个学生，而工作的环境则是一个员工面对一个老板和面对一个五六个人的团队。研究生状态接近于职场状态，也是一个导师面对一个学生及其他的师兄师弟师姐师妹，研究生为职场提供了就业前的培训，从这个意义上说，用人单位更倾向于录用研究生。

本书把研究生的目的概括成三大项：能毕业、找工作、育内功。说研究生目的之一是为了找工作，听起来似乎有些功利。可能有一些导师会想：研究生就应该把论文做好，不应该天天想着找工作、影响做科研。天天想着找工作是不对的，但是不去想这件事也是不客观的。从研究生的角度，找工作就是他们的一件大事。这件大事没有解决好，论文也做不踏实。所以，我们应该从研究生的角度去理解这个问题。另一方面，做不好论文不仅毕不了业，面试单位也通不过，因为毕业论文是研究生的本职工作，如果连本职工作都做不好，用人单位怎么可能会录用？从这个角度上说，做好论文是基本条件，所以导师不必担心研究生为了找工作做不好科研。硕士生的生涯一般是两年半，找工作这件事情一般都在最后一年，在此之前，学生可以专心地做好论文，做论文和找工作是两不耽误的、是不矛盾的。而研究生做论文的过程就是培养工作能力的过程，如果一个研究生可以从这个角度上考虑问题，那么他做论文的过程，就是他准备找工作的过程。我们也注意到用人单位在面试过程当中、在实习当中所在意的不是专业是否对口，其实根据我们以往的经验，在研究生找工作当中，研究生要找的工作其专业与研究生的科研工作几乎不相干，但是他们还是成功的找到了心仪的工作，那为什么用人单位还是喜欢录用研究生，尤其是名牌大学的研究生呢？显然他们看中的不是你学的知识，而是你在做学问当中所培养的能力。这个能力是"万金油"，抹在哪里都好使。这一点在本书后面找工作的章节会予以比较详尽的描述，职场关系和研究生与老师/课题组的关系非常类似，能够利用读研期间培育上下级和团队的合作能力，也是研究生本人及其导师需要关注的问题。

四、研究生是彷徨期的观望港

有些同学可能还没有想好以后要做什么,会有一种焦虑感。迷茫是每个年轻人都要体验的一个过程,寻找梦想的路是每一个年轻人都必须要走过的,而寻梦的路会有徘徊期、观望期、迷茫期,下面引用施一公寻找他自己梦想的一段历程和体会①,希望对大家有所启迪。这里边有两个关键点:一要砥砺前行,二要遵循社会需要。

(迷茫)……其实我想讲的是当我在你们这个年龄的时候,也就是二十几年前,我也没有想好,也非常迷茫。这种迷茫一直到 1995 年,博士后完成之后才隐约知道自己要做什么,才下定了决心。当时的迷茫来自很多方面,其中就包括大学选择专业。我不像在座的一些人,大学入学时就知道自己想学什么专业,想学经管、建筑、生命、化学、工程,等等。我当时保送大学,报名的第一专业可能大家想不到,是机械系(掌声)。在报机械系之前还报名了北大的物理系。直到 85 年 5 月份老师来招生时对我说,生物化学是 21 世纪的科学(掌声)。我当时是第一次把生物和化学连接在一起,当时突然觉得豁然开朗——原来生物化学是 21 世纪的科学! 于是阴差阳错地上了生命科学这条船。所以说,我选专业第一不是凭兴趣、第二不是凭专长,而是凭老师的一句话(笑声)。当然这是一句玩笑了。

(你的未来就是为人民服务)那选专业应该凭啥? 我告诉学生,凭未来世界的需求。这个世界的发展不以在座的某一个人的意志为转移,也不以媒体宣传为转移,更不以毕业之后能否找到工作为转移。

施一公经历了一次一次的探索和尝试,最后他说:

其实我对专业、对研究曾经非常迷茫,也走了不少弯路,但我觉得我还是走过来了。我也劝在座的同学,当你有迷茫的时候,我建议你们,不要觉得只有把你的迷茫、把你所有问题解决了才能走下一步,我很不认可。我认可一点:不要给自己理由——当你觉得兴趣不足、没有坚定信心、家里出了事情、需要克服心理阴影、面对痛苦往前走的时候,不论家庭、个人生活、兴趣爱好等方面出现什么状况,你应该全力以赴,应该处理好自己的生活,往前走。不要给自己理由。因为你一旦掉队了以后,你的心态会改变,很难把心态纠正过来。

大学毕业之后、研究生期间和研究生毕业以后,都可能会处在这种观望期与迷茫期,利用研究生这个期间充分思考"我是谁","我要到哪里去"这样的问题,是非常合乎时宜的,毕竟,这段时间身上的责任和负担还没有那么重,学习资源和时间也相对充分。这本书的目的之一,也是希望能够在研究生的寻梦道路上可以提供

---

① 大学教授施一公在 2015 年研究生开学典礼上的致辞,"少年壮志不言愁"。

一些启迪,关于这一部分的内容,请参照本书的"内功"这一章节,"梦在前方,路在脚下,我在路上。"

第四节　本书的缘起与特点

一、缘起

针对研究生数目越来越多,导师数目相对匮乏的新形势和新任务,具有个性化教育色彩的研究生高等教育面临新的挑战和新的机遇:研究生人数增多必然促进导师人数增多,促进高等教育个性化的增长,增加整个研究生"市场"的活力,这是机遇;在这个过程中,需要在培养目标、培养内容和培养方案方面建立一定的规范,形成一定的培养思路和方法,从研究生的角度、从导师的角度思考读研的问题,使得研究生学会怎么读研、导师如何做好指导的工作。从研究生的角度有三个重点,就是能毕业找工作和修内功,从导师的角度有两部分任务,科研工作与研究生教育。本书的重点是在论述研究生的这三个重点,对于导师的工作而言,使得研究生学会怎么读研、导师怎么指导,这就是为了有效地应对挑战。从研究生的角度、从导师的角度思考读研的问题,从学生的角度有三个重点,就是能毕业、找工作和内功;从导师的角度有两部分任务,科研工作与研究生教育。大部分导师做研究是一把好手,而教育学和培养学是软肋。他们做事能力强、自控力强,但表达能力、EQ能力弱。要了解教学和科研是老师的双翼:只忙于科研的人会缺失科研的简明性和方向性;长期不搞科研的教学会失去活力。科研＋教学,整个生活和工作就会变得更踏实。导师应该意识到自己不仅有科研的责任,也有育人的责任,在应对科研压力的同时,也认识到育人对自我的提升作用,研究生不仅是帮手,而且是对手、是朋友、是挑战者,我们是地位平等的、我们是要双赢的。

研究生教育是一种个性化很强的教育,"私人定制的味道很浓",导师需要结合研究生具体特点制定培养目标与计划,导师的目标在于"导",导引学生找到他们自己的梦想,达成由实用性目标到发展性目标的转变,由强调人力教育到人性化教育、树立人文立场的转向,将学生综合发展作为基本指向。要坚守两大原则:满足个人发展与社会发展的辩证统一,满足当下发展与未来发展的统一。在导师和研究生几年的互动当中,需要凸显人性培育和个性化教育,使得研究生真正做到学有所得,这也是研究生教育的魅力所在,是研究生教育较之于本科教育最显著的区别之一。

二、本书的特色

本书的撰写比较接近"地气",主要是体现在它的实用性和具体性;重在一个"how"字,侧重研究生学习和研究的细节。比如如何利用图书馆和网络进行开题,如何有效地与导师、与师兄师姐师弟师妹沟通。当前,在图书馆书库中搜寻"研究生"一词,会看到很多关于研究生的书籍。这些书籍主要是两类,一类是研究生的教育现状、理论研究和统计数据;另一类就是从方针上、大的层面上谈研究生教学与教育。但是很少有看到关于怎么读研究生、从细节之处讲述读研的具体内容、具体细节、具体心得、具体方法、具体案例,从研究生的角度怎么看待读研这件事儿、怎么去操作。另外一方面,在网络上经常会看到一些研究生、导师们分享的一些心得和看法,有些经验很实用,但是这些信息过于碎片化、不够系统。这本书针对研究生教育的初衷,结合这几年研究生导师的教导经验,整合了这些碎片状的心得,用一条主线把它们链接起来,形成一部书。作者把这条主线形象地画成一棵树(如图 1-8 所示)。

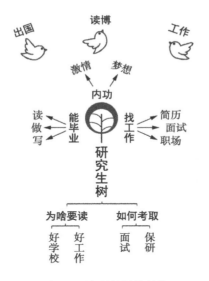

图 1-8　读研的树状结构

这棵研究生树有两簇树根,三个大的树枝和三只鸟儿,主干是研究生,三个大的树枝是"能毕业、找工作、育内功"。这两个树根,一个是"为什么要读研"、一个是"怎样能考上研究生",这棵树上有三只鸟:它们是研究生未来的选项:攻读博士、出国深造、参加工作,这棵树就是这本书编撰的主干和基本目录。"能毕业"是读研需要满足的基本条件,包含了研究生的选题和开题、研究生做论文的过程(默会知识、和导师的沟通和互动)、写论文和答辩,为了便于记忆,笔者把这个过程简称为读、做、写。在这个过程当中,结合了具体的案例来体会读研的过程,这个"读做写"是这本书的重点内容。

目前的出版物当中,已经有了一些相当不错的书籍在讲述研究生教育学的问题,如《高等教育学》[①]《研究生教育学》[②]《高等教育管理学》[③],它们是按理论体系、科学方法论而撰写的专著,着重教育学的整体观念、研究生教育的整体情况,主要是从政府、从学校教育的角度来讲述研究生教育管理学。这三本专著有理论深度,对高等教育实践当中提出的哲学问题进行了探讨,提供了一些高等教育研究问题的方法论,采用了传统的教育体系,比如德育论、课程论、科研论、学位论、导师论等等,对于研究生的教育提出了一些指导性的方针和思路。与之相比,我们这本书讲述的是具体操作方法,以实际的案例讲解、体会做研究的过程,学会和时间做研究的实际技能与方法。两者的侧重点是不同的。

> 从今天开始的每一天
> 美好的正能量环绕着我
> 我的精力充沛,神清气爽
> 我都会接受到宇宙的丰盛
> 我的身体越来越健康
> 我的意志力越来越坚强

本书的基本架构是:首先谈一谈为什么要读研,从内外因两个方面谈起,读研动机更多是基于外在就业市场的需求,企业、公司、高校、公务员各领域都倾向于录用研究生,这是外因。而从内因方面,研究生与本科生存在巨大区别,研一不是大五,研究生不是仅仅会答题、更重要的是会出题,即"开题",这个"题"不仅要有意思、还得有解。这个开题的本领就是创新力。第二部分就是讲"怎样读研",主要分为"读、做、写"三大部分,"读"就是选题入题和开题,"做"就是 IPO、默会知识与团队精神,"写"就是小论文、大论文和答辩。第三部分讲的是读研之后的选项,读博、工作、公务员,还是出国?对很多研究生,读研动机就是"避风港",在没想好航向时停一下、看一看。所以这部分内容对于很多研究生是非常关键的。

---

① 潘懋元. 新编高等教育学[M]. 北京:北京师范大学出版社,1996.
② 薛天祥. 研究生教育学[M]. 桂林:广西师范大学出版社,2001.
③ 杨德广. 高等教育管理学[M]. 武汉:华中理工大学出版社,2000.

本章小结与思考

（1）研究生人数为什么越来越多？为什么 985,211 高校的研究生占比越来越大？各列出不少于三项原因。

（2）什么样的问题有利于有效的学习，有利于创造创新？根据本书内容及其你的思考，写出你的看法。

（3）哪些问题是知识性的问题，哪些问题是能力性的问题？根据你以前的学习、研究、生活经历和经验，各举出三个例子。

（4）根据你以前的经验，或者是上网调研，或者通过你所读的书或所见所闻，举一个具体的实例并作具体的分析，为什么问对了问题就等于解决了一半？

（5）根据你的理解，谈一谈"研究生"三个字研究的含义。可以从这三个字的历史渊源、它的中英文词义、国情与社会发展多个层次和方面来解读这个问题。

（6）读研的内因和外因是什么？各举出两个原因。

（7）这本书的特点有哪些？列出不少于三项。

（8）这本书的"听众"可能是谁？列出不少于三种人。

第二章　怎样读研:开题与做题

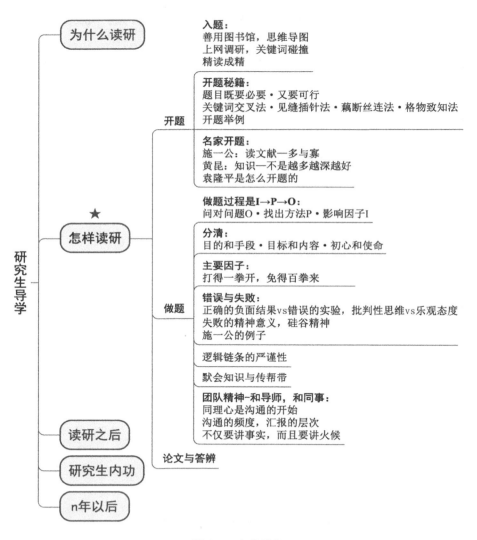

研究生导学

- 为什么读研
- ★ 怎样读研
  - 开题
    - 入题：
      善用图书馆，思维导图
      上网调研，关键词碰撞
      精读成精
    - 开题秘籍：
      题目既要必要・又要可行
      关键词交叉法・见缝插针法・藕断丝连法・格物致知法
      开题举例
    - 名家开题：
      施一公：读文献一多与寡
      黄昆：知识一不是越多越深越好
      袁隆平是怎么开题的
  - 做题
    - 做题过程是I→P→O：
      问对问题O・找出方法P・影响因子I
    - 分清：
      目的和手段・目标和内容・初心和使命
    - 主要因子：
      打得一拳开，免得百拳来
    - 错误与失败：
      正确的负面结果vs错误的实验，批判性思维vs乐观态度
      失败的精神意义，硅谷精神
      施一公的例子
    - 逻辑链条的严谨性
    - 默会知识与传帮带
    - 团队精神-和导师，和同事：
      同理心是沟通的开始
      沟通的频度，汇报的层次
      不仅要讲事实，而且要讲火候
    - 论文与答辨
- 读研之后
- 研究生内功
- n年以后

图 2-1　本章脉络

在第二章和第三章,我们与读者聊一下"能毕业"的那些事儿。比如怎么开题、怎么培养默会知识,如何与导师有效地互动沟通,怎么写小论文和大论文,编辑、答辩委员会怎么看你的"作业"等细致关节,在这里会通过一些具体实例来讲解。

"能毕业"这个目标看起来似乎很"天经地义",但近年来确实有越来越多研究生被退学的案例,也的确有更多的研究生到了毕业季有手脚忙乱的窘态,担心达不到学校毕业标准而毕不了业。所以,"知己知彼,百战不殆",还是赶早不赶晚,要早些了解研究生能毕业的基本要求。

读研的终极目的是获得学位①。研究生毕业之际会被授予一个硕士或博士学位证书。学位是评价学术水平的一种尺度,是授予个人学术成就终身有效的称号,其核心意义在于为将来的职业岗位设立审核标准。从获得毕业资格的具体要求上看,研究生有学分要求、毕业论文(大论文)、科技论文(小论文)、答辩几大项;从过程上看,有开题、做题、写论文和答辩几大项;就研究生培养意义而言,研究生读研的经历和体验比仅仅拿到一个学位更大:学会如何精准努力和培育"内功",才是读研最值得的收获。如何快速进入一个全新的领域、如何利用多种手段(图书馆、百度、现场调研)找出课题、倒背如流与知识树的关系、与导师相处与沟通之道等等。有句成语叫"水到渠成",拿到学位是"业精于勤"的必然结果,只要研究生足够精准努力,就一定能顺利毕业的。

关于选课与学分,本书不做重点论述,研究生课程本意在于"短平快"地补一下本科与专业之间的距离,但研究生的重点不应放在学、而应该侧重于行。研究生实践这部分与导师、课题组项目密切相关,有一位做科研的老师,用一张形象的图(图2-2)来自嘲自己的科研工作,这个对子其实概括了"研究"的主要内容,"有数据"代表要实干,"出新意"是要多思考,"发文章"是要善于表达,"中基金"是项目要有意义,而"不问西东"则代表了一往无前的科学精神,科研是一个清寒门,要坐得住冷板凳,但是"书中自有黄金屋,书中自有颜如玉",选择自己的热爱,是难得的人生幸运!

本章主要讲怎么开题、如何做事儿,见图2-1。开题的要点就是学会"读",研究生的"读"有以下几个含义:

(1)读有两个目的,一个是为了开题,一个是为了写作。

(2)读有两种渠道,一种是图书馆,一种是网络。

(3)读有两套思维,一是背,另一个是知识树。

研究生"读"的含义有两个:内容和技法,前者是为了做课题,后者是为了写论文;不做课题就没有东西可写;而不阅读就不会写作。这一章讲的"读"的目的,是

① 刘晖,侯春山. 中国研究生教育和学位制度[M]. 北京:教育科学出版社,1988.

图 2-2　科研的内容

第一种,即为了"开题"。在这里,"读"的重点在于内容不在于写作,其意义在于汲取营养来"滋养"你的科研工作,为了写作技法展开的阅读在下面"写论文"的章节中予以讲述。

开题对于研究生培养是非常关键的一步,对于研究生而言,所谓的"开题"实际上分为两步:选题和开题。

第一节　选题和开题

选题也应该是入题,顾名思义,要选择就必须要先有材料,这除了研究生在读本科时的积累之外,还需要根据导师的课题补充一些新知识、新信息、新材料,也就是通过读书上网读文献,和导师沟通与调研等方式学会进入到一个新的领域当中来。在这个领域当中学习前人获得的成果,收集资料、搜集和消化关键词。而开题则是在搜集的关键词资料当中,利用格物致知、关键词碰撞、见缝插针等方式,形成一个新的题目。选题主要是一种学习力,信息聚集与收集、积累的能力;而开题是一个形成问题的过程,它需要一些深度思考,"形成问题"是一种研究生需要培养的一种创新力,这也是研究生和本科生存在的巨大区别之一。研究生做课题首先是要学会走进一个全新的领域,这就是入题,然后要在这个领域中找对一个问题研究,抓到一个具体的点,这就是开题。

首先是入题,研究生做课题首先是要学会走进一个全新的领域,入题也称为选题,选题是在某个专业当中划定相对狭小的范围,比如对于微纳电子学,选择微纳制造,就是界定了一个选题的范围,"微纳制造"就是这个选题的关键字,之所以划定这个范围,一来是基于研究生自身的兴趣,二是基于导师本身的研究背景,前者是必要性、你得喜欢,后者是可行性、要能做得到。一旦确定选题之后,就要学习在这个范围之内的一些知识,这就是一种学习力,选题是一个学习知识和整理知识的过程,选题是开题的基础和"地基"。选题一定要和老师商量好,这里边可行性非常重要,研究生本人的兴趣点固然重要,但是研究生只有 2～3 年的时间,如果不能预期达成目标,当前的读研就没有意义了。选题的方法是在导师划定的界定范围内,网络通过图书馆查找相应的书籍和文献,这个当中也可以和师兄师姐们进行咨询和调研,首先是找到好书、找到好文章,进行精读,对于其他的书与文章进行泛读。这些用于精读的好书与好文章要精不要多,最好不要超过三个。

然后是开题,选题是学习力,而开题是创新力,是一种使用知识的过程,比如使用关键词交叉碰撞的方法进行交叉思考形成新的点子。入题是学会如何步入到一个新的领域,而开题是在该领域当中"小题大做",找出一个具体的点进行研究。开题的基础是在界定领域内进行广泛的阅读和深度的精读,"精读成精"是这里面的精髓。在精读成精这个词当中,第一个"精"是仔细和重复,是一种高强度、高集中力、高重复的学习,那这第二个"精"有妖精的味道,妖精虽然不是一个褒义词,但是妖精是"修炼"出来的,妖精的精神可嘉,只是初心有误,这个"修"就是不断的重复和修改,这个"练"代表了一种质变与升华,代表成了"精"。"成精"就像是在太阳底下的聚光镜,将平行的太阳光汇聚成极亮之光,最后达到了"火"的化学质变,火已经不是光了,从物理学上讲,光与火是两种物质,从光变到火是一种升华,是一种"成精"。

一、选题

选题就是学习和选择的过程,当今这个时代知识爆炸,必须要对知识进行选择和过滤,去粗取精,去伪存真,尤其要注意对于同一课题的不同观点、或是相互冲突的意见,要对这个点进行甄别,很多的开题点就是在这个甄别的基础上衍生出来的。对于知识进行过滤,也是为了大脑省一些"内存",腾出一定的存储空间进行深度思考,这一节首先讲搜集资料、初探知识的方法,比如图书馆和上网,其次是利用知识树等方法来整理和系统化你学到的知识,不仅要学到知识,而且学会利用这些知识的能力。

(一)研究生的选题有两种

一种是导师自己有重大项目在身,根据他项目的要求给研究生选定了一个题目,有人会把这种题目误会成"给导师打工",其实不是这样的,一个成功的、合格的研究生总是可以把个人兴趣和导师的任务有机结合在一块,在这个过程当中建立自己的内功、学到自己的能力,达成双赢,这两者是没有矛盾的。很多导师都有自己的科研项目,所以这种选题偏多。

还有一种选题就是"大撒把"式的选题,导师只是给一个大的方向而没有具体的点。前面说过,开题是一个形成问题的过程,需要做很多深度思考,有些导师把这种思考留给了学生,学生在这个大的方向当中找出自己的研究点,这种研究生和老师的关系一般都比较松散,平时互动可能也没有那么多。

这两种开题对应了两个关键词,"适应"或"选择",前者是题目的确定性很强,因为导师有自己的眼光和视野,确保了课题的必要性与可行性,但是它存在一个研究生本人是否喜欢、是否接受、是否认可的问题。后者的优点是自己有一定自由度选择自己喜欢的题目,而缺点是对于项目未来是否可行存在一定的不确定性。无论是哪一种,它都是基于一种现实,即导师的固有特质及其特定的指导环境,它是无法改变的,而作为一个研究生就是要学会培养一种素质,那就是根据具体的环境和情况学会自我调整,学会适应这两种导师开题的方式,一方面不要逆反心理很强,一定要选择自己喜欢做的事情而不顾环境具体情况,另外一方面也不要无所适从漫无目的,对未来课题充满迷茫。其实我们下面讲到的开题过程对于这两种指导方式也都是通用的。

（二）步入新的领域

我们大部分的研究生在本科学习的主要是基础课和专业基础课,而往往我们做的研究生课题需要更深入的专业知识。况且,很多课题都是应用导向,需要对相关的交叉学科做知识补充。研究生课程固然可以弥补一些,但是很难做到足够细致。举个具体的例子,微纳电子学的研究生课程有一门"微纳科学与微细加工技术",它可以补充一些微纳制造方面的知识。但课程覆盖面比较宽,而研究生的课程也只有几周,对某一个特定的微纳制造工艺无法进行深入探究。比如曲面光刻工艺是一项特殊的微纳制造方法,如果研究生的课题必须要使用这项工艺,就必须要通过细致的阅读深入到曲面光刻这个专项领域当中去。所以光靠研究生课程可能不够,还是需要按上面谈过的方法走入这个新领域,学会在一个大的层面上把握整个曲面光刻工艺的来龙去脉,并且还要了解相关技术细节。

（三）搜集资料的方法

1. 善用图书馆

21 世纪的研究生教育不同于 20 世纪,研究生所研究的题目往往都是交叉学科项目，往往都是应用导向、而不是学科导向，也就是说以前在本科阶段学的专业知识往往和课题差距很大，甚至是一个全新的领域，对于跨校读研的研究生可能更是如此，所以研究生必须要学会快速进入到一个全新领域的方法，这是每一个研究生的基本功。这项技能对于将来找工作就业也是一项非常重要的技能，因为研究生毕业之后所从事的工作也不一定跟自己的论文相关（用人单位之所以倾向于录用研究生的原因不一定在于研究生读研的专业，而在于读研过程中培育出来的能力，这些能力对于各个行业都是相通的）。研究生不能局限于在自己熟悉的领域打转转，必须要学会快速学习的方法，快速进入到另一个领域、一个完全陌生的领域。下面介绍如何利用图书馆来达成这项目的。

首先通过和导师交谈、通过对课题的初步了解，知道了几个基本的关键词。然后通过这些关键词在图书馆网站上寻找相应图书、找到编号，然后转到书架处去浏览，在这里不仅可以看到我们搜出来的书，而且在我们的视野当中可以同时浏览到很多本同类的书，这些同类的书可能会被冠以其他的关键词出现在书面或目录中，这种"博览群书"不仅有利于我们快速学习、还可以帮助我们进行筛选要精读的图书，这就是利用图书馆选书的方法。当我们刚刚进入到一个全新领域的时候，我们会缺乏必要的词汇与知识积累，就可以利用这个方法找出一些基础的教研书进行拓展，步入到一个全新的领域当中去。在这个过程当中一定要注意，你选择的教科书、要精读的书籍必须要结合你导师研究的领域，也就是必须要结合课题研究的可行性，而不能天马行空由着性子来、想做什么就做什么，研究生做课题时间有限，选题必须是必要性和可行性的有机结合，两者缺一不可。

图书馆应该是研究生常去的地方，它有两个作用，第一是博览群书，第二是选出一本好书做精读。第 1 种读法是泛读，拓展知识面，也有利于学科交叉，拓宽开题思路，浏览的要点在于不必读每一本书，可是要知道有哪些书，可以定期在相关的书廊当中快速浏览书名，感兴趣就拿下来浏览一下。第 2 种功夫在于选出一本好书，好书是要反复读、读上好几遍的，俗话说"读书破万卷、下笔如有神"，其实这万卷不一定是一万本书，它可能是只有 100 本，而每本书读了 100 遍！这 100 本书就是要进行精读的好书，下面介绍怎么去找精读书籍。

评价一本好书有两个标准。

第一种就是层次结构都非常好，书写得非常严谨、非常漂亮，这种书值得精读、值得效尤（优），主要是这样几点：①整体编排；②内容取舍；③阐述重点。对于这种书，它的内容、专业性、新颖性可能不是很重要，但是却值得读很多遍，甚至值得用笔去做抄录，在细心抄写的过程中，体会好的文章是怎么写出来的、严谨的态度和思维的逻辑是如何形成的，让你学到怎么去写文章、怎么去写一本书、怎么去勾画思路，这是基础性的"内功"训练。

第二种书就是结构和编写不很严谨、发散甚至混乱,但是内容非常具有启发性,每每读来会经常激发你的联想,书中甚至会有一些错误和一些质疑点,每次读起来都会激发你"挑毛病"。和第一种书的严谨性不同,这种书有利于你"创新",启发你的灵感,经常拿来翻看,就会每次得到一些启示。古典名著、一些经典的文哲类的书就属于这一类。读一些古代的经典著作,每次读起来都会不一样,你会发觉书中内容会伴随你的成长而产生新意,会有一种读到一本新书的感觉,在你不同人生时间点会有不同的主观感受、产生不一样的灵感,这种书值得收藏、多读重读。

关于具体如何使用图书馆进行有效的阅读和查阅,如何进行泛读和展开精读,请参照附录 3 *Link3*。

2．上网调研

网络搜寻让我们的生活变得非常便捷,网络寻迹的空间比图书馆要大很多,实效性也更强。网络当然也是一个快速熟悉一个领域的方法,可以帮助我们通过一两个关键词进行关键词的拓展。但是比较前面的用图书馆学习进入一个新领域的过程略有不同,因为网络搜信息有两个特点,第一是它的可信度不够成熟,第二是它的深度不够,所以光靠网络来进入到一个新领域进行学习是不够的。我们利用网络主要是利用它的搜寻功能来获知关于某一个具体领域的研究状况,下面主要是介绍如何在网络上进行学术调研,这些学术调研的方法很专业,也非常实用,不光对理工科适用用,也适合文科。就研究生做论文而言,有两个专门的地方是为科学研究而打造的,那就是百度学术和谷歌学术,他们是按照科学研究的规则而建立的,比如说论文的引用方式、引用规则、引用规范,具体有如下三个方面:

（1）搜寻工具。如百度学术①和谷歌学术②等。其中有三个关键的点:①网站;②关键词;③排序方式。关键词的界定必须与导师所在领域的可行性相结合才是完美的。从文章的引用量进行排序,就可以大致看到这个领域目前的热点在哪里,便于对这个领域有一个宏观的把握。

（2）下载参考文献。点击相关的文章,就可以进入到下载的界面,对文献进行细致的阅读。

（3）引用参考文献。利用百度学术进行规范化的参考文献引用。

关于搜寻工具、网站,关键词搜寻、参考文献细化、科技文章的阅读与调研过程,可以用具体的例子做进一步的说明,请参见附录 3 *Link4*。

论文引用的树状结构、论文的水平评估、影响因子、1 区 2 区则在这两个网站

---

① "百度学术"（http：// xueshu. baidu. com/）。

② "谷歌学术"（scholar. google. com. cn）。

当中①②。

（四）学习知识的方法

1. 背·知识树·思维力

（1）背。我们在思考的时候,需要触类旁通,需要把很多的数据联想起来,因为我们思考的速度很快,所以我们需要很快取用这些数据。背是为了进行聚焦思考,对于开题至关重要,因为开题是一种创新,是通过对很多相关信息进行联合思考取得的结果。关于背的原理,钱学森这样解释③。

……要能做到这一步,我们必须首先做一些预备工作,收集有关研究题目的资料,特别是实验数据和现场观察的数据,把这些资料印入脑中,记住它,为做下一阶段工作的准备,下一个阶段就是真正创造的工作了。

创造的过程是运用自然科学的规律为摸索道路的指南针,在资料的森林里,找出一条道路来,这条道路代表了我们对所研究的问题的认识,对现象机理的了解,也正如在密林中找道路一样,道路决难顺利地一找就找到,中间很可能要被不对头的踪迹所误,引入迷途,常常要走回头路。

因为这个工作是最紧张的,需要集中全部思考力,所以最好不要为了查资料而打断了思考过程,最好能把全部有关资料记在脑中。

这就是钱学森理解的"背"的含义:要把相关的素材和内容背下来,在大脑中有足够的内存储量来提高思考的速度,形成创新的看法。"背"的重点有两个,第一是要选对准确的"背"料,第二就是要真正把它背起来,要有重复性地背,其联想迅捷度就像你背99乘法表一样。这样才能在深度的联想过程当中不会产生断点。

（2）知识树。知识树是长期记忆与索引的方法,长期的记忆是为了将来的查找,所谓"查"隐含了一部分"背"的含义,只不过不需要背那么多而已:只需要背下来"去哪里查、查什么东西"就可以了,这个索引的过程就是知识树,就是整体性的学习方式。通过整体性学习能够很快地整合新知识,尤其重要的是,这样学到的知识很牢靠,是真正地"获得"了知识,对知识的理解也更为深远,而不仅限于书本。知识树的构建和积累,对于撰写最后的大论文和小论文有非常重要的意义。

（3）思维力。思维力的范围很广,这里主要指两项能力:第一项是信息重组能力,把一些零零散散的新知识整理成一棵知识树,第二项就是联想力,把新知识和原有的知识结构进行挂钩,让自己的知识体系形成一个有机的树状结构,便于记

---

① Web of Science http://webofknowledge.com/.

② 中文核心期刊 https://www.cnki.net/.

③ 钱学森. 论技术科学[J]. 科学通报,1957,02(3):290-300.

忆、便于联想。关于背、知识树、思维力这方面的操作细节,详细请参读《工程导学》①和附录 3 *Link5*。

2. 泛读与入门

《如何阅读一本书》②这本书中谈到如何通过泛读的方法来选对好书。泛读也称之为粗读(skim,pre-read),过程如下:

(1)先看书名页,特别要注意书的副标题,然后再读一下序,在完成这个步骤以后,你对这本书的主题已经有概念了。

(2)研究目录页,对这本书的基本架构做概括性的理解,就像出发旅行之前要先看地图、先做规划一样。

(3)然后就是整本书快速翻读一遍,如果发现某个兴趣点,就先把它折起来然后继续,而不要停在那边进行深入的阅读。第一次阅读一本难读的书,不要企图了解每一个字句,这是最重要的一个原则,否则你就做不完整个略读的过程。

在任何一个领域,都会找到几篇为数不多但是值得精读的书籍与精华论文,略读的过程就是找出这样的书与论文。此外,就是要利用略读过滤掉"垃圾论文"。"找出精华排除垃圾"本身就是一种研究能力的重要体现,按照现在流行的说法叫做"大数据挖掘",这种能力在知识爆炸的时代会显得越来越重要。而对于选择要精读的书籍而言,则具有一定的主观色彩,一本好书"好"在哪儿,要结合你的个人体验来进行判断,比如说它是一本公认的名著或经典著作,但是你不喜欢、读不下去,这样也不行。你必须要能够接受它、要喜欢它,包括它的风格、作者、品味等等。这两者合在一起,这本书才算是好书。后者可能更为重要,"好之者不如乐之者",如果你不喜欢读,你学习的效率、吸收的效果就会降低。尽管书很好,但是不适合你,这也不行,就像鞋和脚的关系一样,不仅鞋要好看,而且必须要合脚。好在,在多数科学研究的情况下,这样的好书一般都会有几本供你选择。并且,有时候值得精读的书籍可能不止一本,精华内容不一定集中在一本书中。

3. research = re + search

英文把"研究"翻译为 research,这个词的本意就是 re 加上 search,在英语当中,词的前缀 re 代表重复,而 search 是寻找,re 加上 search 就是在寻找中再寻找,在研究中再研究,这就是科研的含义。从学习的角度,这个过程就是精读成精。

"精读成精"中的第一个"精"指的是重复、反复琢磨,最后达到一种质变的升华,从而修炼成"精"。它需要高强度、高集中力、高重复的学习过程。精读成精就

---

① 段力.工程导学[M].上海:上海交通大学出版社,2019:50-54.

② 莫提默·J.艾德勒,查尔斯·范多伦.如何阅读一本书(How to Read a Book)[M].北京:商务印书馆,2004.

是 2013 年高考语文得 148 分的状元孙婧妍所说的"道",文以载道,文不是最重要的,道才是最重要的,这个"道"就是"精",更多阅读请见附录 3 *Link5*。

精读有两个目的:为了写作的精读和为了开题的精读。精读的具体方法和细节,请参阅云盘相关的内容,*Link9*。这里边有几个重点如下:

(1)"照葫芦画瓢"。抄写,如有必要可出声朗读,这是一个较好的学习和练习方法。

(2)构建自己的知识树。建立起该领域研究的框架,也便于各个枝节的交叉。

(3)高亮关键的文字。用标注笔在重要的词句上做醒目的记号,如果是采用电脑的话,利用截图的方式把标注的这一段截成一个图,并且把它们集中在同一个 PPT 当中,进行分类整理和积累,这对于以后写论文积累素材非常有好处,便于后来写作当中的引用。

4. 由下至上和由上到下

读文献的时候要学会"由上到下"和"由下到上"两种方法,由下到上是"知识",也就是从积累关键词、基本概念、基础理论开始、由点到面;由上到下是"能力",也就是说把几个知识点串在一起,这个串联是有机的而不是无机的,它会形成一个看法、形成一个题目,这就是开题。

以前,高考老师出难题的时候要把几个知识点连在一起,这种知识点综合题往往具有一定难度。这相当于研究生开题的时候也需要把几个点组合到一块儿形成一个新的论点。开题之后还要研究解题的思路,并且予以实践证明,这就是研究生做题的过程。这也就是高考老师出考题的过程:高考的老师不仅要出题,而且要亲自验证有没有解,有没有漏洞,如果有问题,就要对考题进行调整,而研究生做题的过程就是要体验高考老师出题的艰辛与责任,如果实验证明没有达到预期效果,就要调整解题的思路和输入条件,这就是研究生"研究"二字的含义(具体的由上到下和由下至上的方法,请参读本书"考研"一节)。

(五)专家们谈精读知识

1. 施一公:读文献多与寡

施一公在普林斯顿的导师 Nikola Pavletich 博学多才,施一公曾经认为他一定读过很多文章,经常去听讲座,结果他发现并不是。1996 年下半年,一位鼎鼎大名的诺贝尔奖获得者来访,邀请导师进行 1 小时的一对一学术交流,导师却让秘书回复他那天恰好出差不在。其实讲座那天,导师把自己关在办公室里分析结构,写文章。施一公当时非常疑惑,按照中国人的习惯,这样的人来了,你为什么不去"套磁"?你还不去表现一把?于是他问导师,像这样的人来了,你为什么不和他交流?导师的回答非常简单,他说我没有时间。施一公当时大胆地问:"你读文章有时间吗?"他说我不读文章。于是他就问:"如果你不怎么读 papers,又不怎么去听讲座,你怎么还能做一个如此出色的科学家?"他回答说:"我的时间有限,每天约有 10 小时在实验室,权衡利弊之后,我只能把我的有限时间用在我认为最重要的事情上,如解析结构、分析结构、与学生讨论课题、写文章。如果没有足够的时间,我只能少读文章、少听讲座了。"

Nikola 的回答表述了一个简单的道理:一个人必须对他做的事情做些取舍,不可能面面俱到。无论是科研文献的阅读还是学术讲座的听取,都是为了借鉴相关经验、更好地服务于自己的科研课题。

更多内容,请参见附录 3 *Link7*。

2. 黄昆:知识不是越多越深越好

黄昆在中国科学院半导体做所长的时候对于学习知识和创造知识归纳出这样几条①:

"学习知识不是越多越好,越深越好,而是要服从于应用,应当与自己驾驭知识的能力相匹配。"

"对于创造知识,就是要在科研工作中有所作为,真正做出点有价值的研究成果。为此,要做到三个'善于',即:要善于发现和提出问题,尤其是要提出在科学上有意义的问题;要善于提出模型或方法去解决问题,因为只提出问题而不去解决问题,所提问题就失去实际意义;还要善于作出最重要、最有意义的结论。"

对于科学研究,他有这样的体会:

黄昆每研究一个问题,都喜欢"从第一原理出发",许多理论物理学家都不喜欢看别人的论文,其中最出名的要数费恩曼,杨振宁同样也不喜欢读别人的理论文章,认为大多数理论文章是没有什么价值的。黄昆同样持有这种保守的怀疑态度:即便阅读很少一些论文时,基本上也是以批判的眼光来读,以读实验论文为主。他说:

"最和你感想相同的是,我也发现做研究多半的时间是做 routine(重复性繁杂的劳作)。我在有一天似乎突然觉悟,理论物理和实验物理原来如此之平行。以前总以为做实验的,自然许多时间都是在安这样、装那样,但是理论物理则全倚绝顶聪明。那天才突然体会做理论工作一样得把大半时间用在 work out detail(一些非常具体的、细节性的工作)上。许多思想还是靠在一面 work out detail 时慢慢ripen(成熟的果实)起来……在翻着眼睛向上看,造成我们人格的阶段中,我们也未必能培养成欣赏这设计能给予的 calmer(平和的安然的)的享受②。"

---

① 黄昆,世界著名物理学家、中国固体和半导体物理学奠基人之一、早年曾就读于著名的西南联大。文自:中科院院士朱邦芬,《纪念黄昆先生 90 诞辰的讲话》。

② 黄昆. 我的治学之路[J]. 中国科技奖励,2002,000(002):4-7.

二、开题

(一) 小题大做

开题就是"小题大做",就是在这个领域中找一个具体的课题进行细致研究,要找对一个"点"去研究,南怀瑾先生曾经这样说过:

我说写博士论文很简单,两个要点:大题小做,小题大做。你研究什么? 我研究中国历史之演变。那么多! 你读得完吗? 研究三年当中的演变就够了! 大题就小做,小题要大做①。

黄昆先生也不喜欢做大的题目,对于他的研究生,他曾开玩笑地说:

"年纪越小,学历越低,往往想要研究的问题越大。"

他认为,"有些题目看起来确实很小,但深入研究下去,就可以从中发现很大的问题。这就如同看到一个细小的洞口,下决心钻进去,会发现里面存在广阔的天地。"

关于大问题与小问题,白岩松也有过一段非常有意思的论述。有一年白岩松来上海交通大学讲座,曹可凡主持和学生座谈,在学生提问的环节,白岩松在回答了几个问题之后这样说:

"问题可不可以提得小一点?"

他说小问题更不好回答,也更有实际意义,这也许是很多从高校出来的大学生一个普遍的弱点:他们提出的问题非常富丽堂皇,但是往往不具备可操作性,问题很"虚",不接地气。在此给大家出一道"大题小做,小题大做"的练习题:

研究生小练习:在你这个研究领域当中找出两篇论文:综述类的文章和"小题大做"的文章。

(1) 综述类文章就是本领域的一个大咖对本行业一个综合性的论述,包括发展历史、主要成就和未来趋势。在阅读这样的文章的时候,要学会用思维导图②,整理这个领域的架构,帮助自己理解这个领域的主要热点、来龙去脉。

(2) 小题大做的文章就是专题研究论文,有论点有论据,有结果有过程有数据,练习的主旨在于找出这篇文章最中心的亮点,也就是这篇文章的主要(重要)结论,及其支持这个论点的最主要的依据,也就是论点和论据。之所谓"红花要有绿叶扶",虽然一篇论文可能篇幅很长,但是最重要的可能就几句话、几段话,这就是红花。比如一篇科技论文,一定有一个重要的结论,并且有一条重要的曲线支撑这个结论,在诸多曲线当中有一条是表达中心思想的,把它找出来。

---

① 南怀瑾先生说过,"要学会大题小做,小题大做。"(南怀瑾《论语别裁》)

② MindMaster,XMind or Mind Manager 等思维导图软件。

具体的案例请参见附录 3 *Link8*。

小题大做里的"小题"必须要有可执行性，并且一定要具体到一个点上。比如"利用干膜曲面光刻的方式，在航空发动机的涡轮叶片表面制作薄膜传感器"，这就是一个可以操作的"小问题"。所以"小题大做"是开题的重点所在，要问对正确的问题，这个"问对"，不仅有可操作性、有知识"点"的特质，而且要同时考虑必要性与可行性。

（二）开题注意事项

1. 必要性与可行性

必要性就是指问题的价值、研究意义。有些课题是先具备了必要性，然后找它的可行性；而有些的开题则是先有可行性，再寻找它的意义和必要性。下面举两个关于必要性和可行性开题的例子。

（1）有必要性但缺乏可行性的例子：用青霉素频谱代替真实的青霉素。

这种情况市面上非常多，最明显的例子就是广告：讲了一大堆作用，用了几个貌似科学的理论术语，但细细追究起来，就会发现里面有很多逻辑链断层。这里边举一个比较有意思的科研案例，张凌昇博士关于青霉素频谱的开题与实验①。

故事是这样的。张博士用一杯经过电磁方法处理的水达到了青霉素的药效。显然这个开题必要性很突出：我们可以用非化学方法治疗疾病，避免了药物的副作用；拓而广之，我们也可以复制一个温暖家庭的能量场，然后利用电磁波辐射的方法重构这个温暖气氛，使人产生一种很想回家的感觉。张博士对青霉素频谱的项目研究意义很充分，对未来也做了足够的畅想，这就是这个题目的必要性。但是可行性呢？前面的论证听起来是很有道理的，但是作为一个学术论文应该具有足够的严谨性，也必须要在正规的学术刊物上刊有正规的论文，而非仅仅凭借 PPT 上的一条曲线就够了。（相关细节请参见附录 3 *Link9*）如果作者投过稿而没有被录用，说明这个论文的严谨性有漏洞。实际上这样的一条科学曲线需要有非常细致和严谨的论证，比如这条曲线的重复性（有没有对同一种青霉素做重复性的实验，对比不同厂家的青霉素频谱是否吻合），他们共同的谐振频率位置有哪些，做实验的具体过程等等，这些问题都是一个科研人必须要问的问题，也必然是编辑和审稿人要关注的问题——科研人重在创作、而审稿人则重在质疑。

（2）具备可行性但是缺乏必要性的例子：中华铸铁锅与微纳科技。

_____

① 张教授是台湾成功大学教授，科研网页：https：// www. ee. ncku. edu. tw/teacher/index2. php?teacher_id＝148，他做了很多人体康愈的项目和产品，实用意义很强。

项目的缘起:一口优秀的中华铸铁锅不会粘锅、不会生锈,多年使用之后仍然历久弥新,因此每一位大厨都将手中的中华铸铁锅视若珍宝。中华铸铁锅在使用之前要经历一套充满宗教意味的"开锅"仪式,成功开锅的中华铸铁锅"亲油疏水",这也是江湖中传言"不粘锅不如大铁锅做菜好吃"的奥妙所在。把具有中国传统的、具有宗教感的一个物件变成一个科学项目,这就是研究生的开题。对于一个研究微纳科技的老师来说,这个开题的点子源于一个基本假设:就是说疏水、亲油跟微纳相关,然后又要找对科研的切入点,也就是锅与水(油)微纳结构的接触角。魏子栋、李存璞基于这项开题,经过非常细致的科学与逻辑论证,把它变成一篇优秀的科技论文,从纳米科学角度揭示了"开锅"过程中的微观真相。整个论证过程逻辑严谨,在业界这是一篇非常漂亮的开题和论文,像作者在结论当中说的:

We uncovered the nanoscience behind the "Kitchen God's blessing" of Chinese iron pans.(我们发现了中华铸铁锅"灶神保佑"背后的纳米科学原理。)

这篇论文(详细请参见附录 3 Link10)的科学性非常美,也就是说达成了开题的可行性。但是它的必要性呢? 我们说"有一些、但是有限",尤其是从国际意义和国计民生的角度。大家可以想想看,中华铸铁锅对谁有实际意义呢? 当然是对中国人,但是从整个科学的层次上看,无法进行更广的拓展和外延,也就是开题的必要性会成为一项限制条件。

即便如此,以上中华铸铁锅的科研也会带来一定的产业化意义,作者对它的产业化构思如下。

中华铸铁锅的制造过程与开锅过程的整合:用中华铸铁锅＋开锅来替代特氟龙不粘锅。中华铸铁锅如果变成电磁炉的商用锅,就是一个新的商机。对比市面上的特氟龙锅,中华铸铁锅的优点是疏水不疏油,不仅不粘锅,而且炒出的菜好吃。相比于特氟龙锅[1],中华铸铁锅经历了几千年中华文明的"验证实验",化学成分可靠安全。但是,目前市面上的中华铸铁锅需要用户把锅买回来自己开锅,而这个开锅方式的非标准化造成了以后使用质量很大的差异。有些用户就反映,中华铸铁锅没有像说的那么好,会生锈、会有粘锅的现象,影响了中华铸铁锅的声誉。那么为什么不在铸铁锅出厂的时候就利用上面这个科学原理进行科学化的系统开锅呢[2]? 也就是把开锅作为一个生产步骤,出厂后的中华铸铁锅直接可以像特氟龙不粘锅那样拿来用,直接可以看到预期的结果,就不存在客户反馈的争议了。

---

[1]　尽管全氟骨架的不粘锅已经畅销至全世界,但人们对其在生产与使用中所产生的环境与安全等问题产生了越来越多的顾虑和质疑。

[2]　比如有人用视频展示用电烤箱进行开锅的方法,可以将批量开锅标准化,详见本书公众号。

2. 学会形成问题和定义问题

想要有效地发现问题、解决问题,首先要学会定义问题。一位学者做了这样一首诗:

Before you try. ……

在你尝试之前……

Before you try to solve a problem,define it.

在你试图解决一个问题之前,先定义它。

Before you try to control a process,understand it.

在你试图控制一个流程之前,请先了解它。

Before trying to control everything,find out what is important.

在你试图控制一切之前,找出什么是重要的。

而定义问题、形成问题的关键点在于让它能够可见,越具体越好、看得越清晰越好。比较有效的办法就是用书写的方式、用图示的方法,从多维度、多渠道来描述、来问同一个问题,越清楚、越清晰、越明白,我们就越能看到"解决点"。另外一点就是要尽可能具体化,比如一个实验过程,就要尽可能详细地描述每一个关节;有了实验结果之后,要仔细地分析每一个细节。要写下来、要可视化,才会看出缺陷与不足,才会有新的发现。通常我们会犯的毛病是:导师跟研究生讨论,同学会常常用简单的判断句,"这个实验是错误的,那个结果是失败的",汇报的话语里都是主观判断而缺乏具体细节,无从判断过程当中的漏洞(参阅本书后面"研究生导师一章节",学会具体的沟通)。实验结果本身没有失败或成功之分,失败与成功这两个词都是主观判断的结果,而不是第一手材料。如果结果没有达到预期,我们称之为失败,但通过分析这个所谓没有达到预期的实验结果,一来可以找出问题,二来可能会发现新的现象、产生新的科学发现。"结果"其实是中性的,只要实验过程没有问题,它是一个客观事实,它就是我们常说的"失败是成功之母"。

3. 不要问错了问题

在开题的过程中和开始做实验的时候,我们可能会问错问题,也就是找错了敌人,在错误的道路上越走越远。这里面有两个坏处:一个就是错误越来越大,另外一个就是,不能按期完成任务。这两个还都是指它的客观方面,主观方面就是你浪费了资源(包括金钱、时间和人力资源)。问错问题还是比提不出问题要强,也比不去问问题要好,这里值得表扬的是他有主动精神,而不是缺乏好奇心、懒惰、无所事事。所以老师要善于鼓励、而不是批评。而作为研究生,就是多和老师与专家讨论、主动与老师交流。

什么是问错了问题呢,大家可以从下面这段话获得一些体会。

中国现在根本就不在乎军事落后多少年,现在有说 30 年,也有说 50 年的,但是这个确实已经不重要了,中国这些年闷头发大财,已经达到了自己的目的。中国发展军备的最大目标就是避免战争,只有力量达到了,别人才不敢轻易来犯,这才是中国的目标,并不是为了打败谁,想要打败谁必须真要打起来才可以,但是对双方代价都太大,况且鹬蚌相争,渔翁得利,这没有任何意义。至于这几十年的军事实力差距,完全不影响中国的任何计划,现在中国也是想做什么就做什么。**我们要问的正确问题是"如何一直继续往前走,毋须往两边看"**(来自网络)。

注意黑体字,这些才是我们要问的问题,如果有人误导我们去问其他问题,那就是问错了问题。以上这段话,问错问题和"声东击西"的意思差不多,其目的就是主动引导你问错问题,浪费你的资源又偏离正题,这是一种"障眼法",它和我们开题"问错问题"用意不同,但其结果都相同。在研究生初期,偏离初心是常犯的毛病,应该有意识地把我们的心拉回来,要经常和导师互动沟通,从而可以避免一些偏离的努力而浪费了我们的精力和时间。

还有一种是"问不到点子上",这是因为我们的深度不够。比如前边举的Pontiac汽车的例子,我们缺乏技术基础,就问不出专业的工程师能够达到的有层次的问题,这些就和我们的专业基础、经验积累有关了。"从第一原理出发"的理念非常重要,关于这一点,下边的开题方法当中还会提到。

问错问题,或者被问题误导主要体现在开题中,但同时也在做题过程中,因为在做题实践时会经常碰到新问题,而对待这些问题的态度与方法对于整个研究进程至关重要:有些问题并不重要、有些问题并不需要、有些问题可以绕开、有些问题可以往后拖一下,重要的是不要因为问题而停滞不前。思考问题的同时也不要浪费时间,可以把该做的事情先做了,也不要因为问题而迷失自己。在下边"做题"一节当中,我们会谈到目的和手段的问题,关于"被问题误导的例子"在那里会谈到。

(三)开题方法谈

选一个题目,首先要考虑到前面所讲的必要性和可行性、可执行性与可操作性,在方法和思路方面有以下几点:关键词碰撞交叉、见缝插针和藕断丝连、从第一原理出发。

1. 关键词交叉法

(1)关键词的挖掘。当我们刚开始进入到一个新领域的时候,最初的问题就是脑袋里面没有"词儿",所以搜罗"关键词"是第一个关键。这里介绍一个利用搜索引擎细化关键词的方法。以微纳科技领域为例,"微纳技术、MEMS"是我们从导师那儿拿到的两个关键词,我们利用百度学术或谷歌学术搜索这2个关键词,通过搜寻结果的标题浏览和内容简介,发现了更多的"新词儿",比如"可穿戴传感","赵正平"这两个新关键词,我们再用这两个关键词做细致搜索,以此类推,这就是关词的再挖掘。这个过程就是 re＋search，在搜寻当中不断的继续搜寻、搜寻、再搜寻。re＋search 是一个很细致的过程，鉴于篇幅所限，详细的过程包括一些截图和视频，请参见附录 3 Link11。

这里面所说的关键词就是科研的专业术语，它们是科研概念和成果的浓缩，比如在微纳科技当中 MEMS 一词，它里边就包含了 4 个字和 4 层意思，Micro electro mechanical system，这第 1 层的意思就是微小、第 2 层的意思就是电、第 3 层的意思就是机械、第 4 层的意思就是系统，把这四层意思凝聚成一个词，便于专业人士彼此之间的交流，但是却也不能忘却它当初的含义，尤其是研究生在学习的初期，更是如此。在研究生开题之初，不仅要积累关键词的"量"，同时还要追求关键词的"质"，也就是要真正了解这个关键词代表的、浓缩的意义。不仅要认字，还要识字。必要的时候可以运用上一章讲过的费曼原理，用自己的语言和符号去表述这些关键词。

（2）关键词的交叉。通过上面的调研，积累了很多关键词。我们头脑中有了这么多的信息、这么多词的时候，就可以开始进行有效的联想、思考，碰撞出新的想法。最好是把它们写下来，一遍不够就两遍，然后看着它们、分类它们、交叉它们、思考它们、重组它们，关键词的再联想可以萌发出新的点子，这里边举个容易理解的例子。

我曾经讲过一门课，叫《集成电路工艺技术基础》，刚开学的时候很想记住每一位学生的名字。这个班三十多人，记起来并不是很容易的。首先采用的是最笨的方法，就是一个名字、一个名字地抄。抄了第 1 遍之后就是左边的样子。以后就发现其实这个班同学的名字是很有意思的：它们存在 1 对 1 的对仗关系：比如姚思远和姚修远，一个是想、一个是行；孔镇和许峰，一个是山下、一个是山上；李智和伍聪，陈立言与吕成章，都存在一定的对仗关系。于是在抄第 2 遍的时候就有意识地按这个规律进行了重组，如图 2-3 所示，我们看到按照右边的排列方式来记忆人名就容易一些了。

这个例子诠释的就是研究生关键词的碰撞思路：也就是先找关键词、学习关键词，然后进行排列、然后重组。至于组合的方式则有一定的个人特色、也会要遵循一定的规律、一定的主题、一定的思想，以我上面记学生名字的思路为例，就是 1 对 1 的对仗关系，所以与其一个一个地记名字，不如 1 对 1 地做对子，这样记忆量就减了一半。我把这个体会讲给学生听，也顺便教学生一个整理记忆的思路，因为重组工艺的思路对于集成电路制造流程也有着非常重要的意义。顺便让学生做了一个练习，把全班的名字做一个联想对比，可以按照自己喜欢的思路来。

图 2-4 是一个同学按照自己的思路把全班名字画了一幅画，这也是一个很有创意的联想方式。

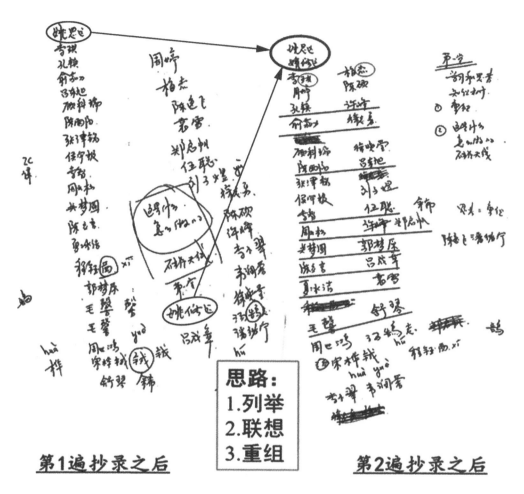

图 2-3 全班的人名再联想的过程
(左边是第 1 遍抄录,是按照学号顺序抄的,右面是第 2 遍抄录,是按照联想的方式归类的)

需要指出的是,这是他个人的联想方式,可能只对他管用,别人可能却不以为然。但是我们研究生开题,哪一个又不是为自己开题的呢? 开完题是自己要做的呀,所以适合自己的才是最好的,能开出题来就行,有用、有效果就行,当然,在答辩时要把你的想法表达清楚。总之,学习一门新知识必须和我们前边学过的东西和我们个人的经历挂钩,就像一棵树上的果实一样,橘子不能挂在苹果树上,如果跟前边的课程完全没有关系就挂不上去,我们必须要联想出这种联系,才能记得住新知识。否则就是无源之水、无根之木,学到的知识恐怕也是要忘却的。

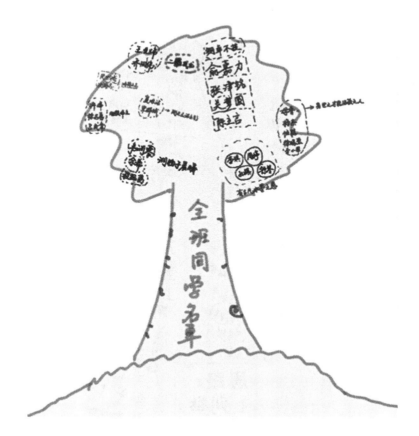

图 2-4 以班级同学的人名作为联想而形成的一棵记忆树

2. 关键词交叉法有两个步骤

（1）罗列。也就是通过学习、调研，对相关的信息进行搜集，把这些信息形成关键词或是要点。最好是用手写的方式将关键词、要点，用你比较善于理解和运用的语言简洁地写在纸面上，这里需要注意两个词，"用你比较能够运用的语言"和"简洁地"，前者与本书讲过的费曼技巧类似，也就是说不一定要用教科书里的，或是老师教给你的话来描述一个概念，而是要用你的话，你的语言包含了你对这个概念的理解，而不仅仅是一个术语。而"简洁"的含义在于思考与联想信息点太多会增加联想的难度，必须要缩短信息点的长度。此外就是有些关键词到后来发现不够关键，我们在经过进一步阅读之后应该加以净化删减，以缩小思考量。

（2）组合。把这一堆信息有机地连接起来，按照一定规则和思路组合在一起，这个过程才是比较难的。钱学森曾经说过，需要把这些要点、关键词反反复复地在头脑当中翻来滚去，因为这个工作需要集中全部思考力，中间不要为了查资料而打断思考过程,要把所有的信息点都熟记于心。就像我们小时候做乘法时背 99 表一样,当我们算 $7×8$ 等于几的时候,我们要脱口而出。我们当然也可以用查 99 表的方式,每一位乘法都查一次,最后也能算出来,但是人保持精力的时间是有限的,如果我们要做一个 9 位数乘以 9 位数的乘法,用查表的方式时间太长了。这个原理在这里同样适用,用关键词和关键点的罗列和重组合去形成新题目、新思想、新思路,联想速度要快,真得要背下来才行。

关键词交叉法有很多同义词:多学科交叉、他山之石可以攻玉、斜杠青年、触类旁通等等,在交叉学科的边界去发现问题会碰撞出很多火花。通过不同学科的关键词碰撞产生交叉,这就是他山之石,可以攻玉。

3. 格物致知法

还有一种开题的方法就是格物致知。"格物致知"原本是中国古代儒家思想中的一个重要概念,上千年来,对于这个词的概念,不同的人、不同的时段、在不同的场合都有着很多种理解与解释的方式,可谓是仁者见仁,智者见智。而笔者对于这个词的理解是,要学会把一件物分成格,当这个"格"足够细致的时候就会达到"知"。比如在显微镜没有发明之前,我们看一块光滑的玻璃觉得它表面是非常光滑的,但是在我们有了显微镜之后,在显微镜下就可以看到很多缝,我们用微型的纳米针可以测到玻璃表面的粗糙度 Ra[①],即便这个 Ra 只在纳米级。格物致知可以在肉眼看不见的"光滑表面"发现微细的"孔、隙",细致到科研里,就有了我们最近发现的莲花效应(Lotus Effect),其科学原理就是在显微镜下细致观察,发现莲叶的表面具有独特的微纳米结构,通过物性运算和张力分析,发现了它们具有超疏水以及自洁的特性。江雷把它进行了专业上的拓展,经过凹凸纳米结构处理过的织物,也表现疏水、疏油的特性,他们很快研究出一种纳米新型功能材料,用它对织物处理之后,织物会不沾水,不沾油;用它对瓷砖、玻璃处理之后,具有自清洁功能。关于莲花效应和江雷相关的细致研究过程,请参见附录 3 *Link12*。这个道理告诉我们,任何一块看上去没有任何缝隙的物体,都可以把它们分成细格,从而有了新的发现。

格物致知法的运用故事很多,下边举两个。一个是农民种地浇水的故事,另一个是《绝密 543》电视剧中讲的故事。

故事 1,中国农民种地浇水的故事。在中国的古代,干旱的情况很多,庄稼的灌溉主要靠天上下雨,另外就是手工灌溉。有些庄稼地离河流很远、干旱无雨、井水也缺乏,灌溉农田很是不易。传统的中国人说"锄禾日当午,汗滴禾下土",讲的

---

① 利用前面介绍的网络搜寻关键词的方法,搜寻粗糙度 Ra,看看答案是什么? 这也是一种研究生学习和调研的方法。

就是每一粒米来之不易,要珍惜粮食不要浪费。这位农夫呢,为了省水,他在禾苗的底部把土挖开一点点,然后把水浇进去,再用土埋上去。学过物理的人很容易理解他这样做的道理,首先是水浇在根部比浇在叶部对于庄稼的水分吸收更有效,另外一个理由是,水被土埋在下面,不容易被太阳晒干,从而可以保持水的有效性,达到庄稼成长的作用。这就是一种细致:他没有采用常规的方式像浇花一样,把水洒在庄稼叶子上,而是把水渗漏在土里润泽其根部,并且在上面再盖一层土,以防止水分蒸发,达到灌溉的最优效果。

故事 2,一个人背不下来大家分着背。这个故事取自于《绝密 543》电视剧。导弹部队学员听完苏军教官讲课,笔记不准带出营地,那怎么去复习呢?他们就把苏军讲过的内容、讲过的概念,一个班 30 人分开背,每个人 1/30,回来把上课内容各自复述出来写成笔记,然后分享给大家进行学习,最后考试都圆满通过。起初就连我们国家留过苏的博士都觉得不可思议,在没有笔记复习的情况下,他们这些高材生都不能背得下来,这些初中都没有毕业的指战员,怎么可能达到呢?可是这些"不可思议",我们中国人都办到了。这段视频很有意思,也很有教育意义,它的教学片段请参见附录 3 Link13。后来有一部电影叫《中国合伙人》,讲的是中国人考托福拿高分的故事,可能也是这样办到的吧。

这些都是"格物致知"的例子,它告诫我们:任何的情况都不能说不可能,挑战不可能都有可能,细致阅读请参见本书最后"格物致知"一节。

4."见缝插针"和"藕断丝连"法

还有两个开题的例子是"见缝插针"法和"藕断丝连"法。

(1)"见缝插针"就是在一个研究比较透的课题当中寻找新课题。首先是要找到缝,"要有一个足够细致的显微镜"看到这个缝隙,在缝里边看到里边有新东西,这是第一步。第二步就是把它掏出来,在一个成熟的课题当中,缝隙往往非常小,掏出来并不容易,但至少已经有了目标。要千方百计的,经历百思不得其解的探讨过程把这个东西掏出来,这就是做论文的过程。一般来讲,在一个"熟透的"课题当中找出新课题不是一件容易的事情。

(2)而"藕断丝连"法就是连接两个学科点形成交叉新课题的方法。首先要有"藕:(学科)、然后是找到那根"丝",然后扩大这根丝成为一座桥。这需要同时对两个学科都有了解,还要有一双慧眼找到这根丝,还需要有能力和足够努力最后建成一座桥。这种学科交叉的方式往往是一个为应用方、一个为需求方,也就是利用一个学科的某一项手段,达成另一个学科的某一个目的。

这两种方法,一种是显微镜、一种是放大镜,它们的视野和视角不尽相同,看东西的角度和感觉也不尽相同,发现问题、开题的思路也不太一样,有的人善于见缝插针、有些人则善于藕断丝连,但都能开出题来。

5. 从第一原理出发

以微电子学为例，FINFET（鳍式场效应晶体管）就是从第一原理出发的一种创造性发明。MOSFET（金属-氧化物-半导体场效应晶体管）器件越做越小，我们会发现晶体管的宽度不可能会无限制被缩小、它会达到一个极限，这就会限制晶体管驱动电流及其沟道反型层原子数目波动误差，这个时候我们如果还要提高集成度，那怎么办呢？胡正明[1]从第一原理出发就完美地解决了这个问题，那就是FINFET，这个第一原理就是从驱动电流的公式开始

$$I_{dsat} = \mu C_{ox} \frac{w}{l} (Vgs - Vt)^2$$

从这个公式我们分析影响驱动电流 I_{dsat} 的因子，我们看到电流和宽度 w 成正比的关系，如果这个 w 的增加无法在平面上实现，是否可以走向 3D，从高度方向增加晶体管的宽度，相当于把一个晶体管的"——"型折成了"Ⅱ"型，在同样的地表面积上盖楼房，就可以多住好几户人家，于是就衍生出了 FINFET。这项技术发明就是基于"第一原理"，如果不知道这个公式、不去深入理解这个公式、不钻研这个公式，就是没有从第一原理出发，就不会有 FINFET。

学会从第一原理出发、学会从原始数据出发是研究生需要培养的一份能力、一种可以拓展的能力。有效地利用第一原理和第一数据的一个要点就是：重复重复再重复、具体具体再具体、记录记录再记录，这个具体和记录的过程也是原始数据、基础理论的积累过程，不要在判断上做判断（judge on the judge），而要从最原始点出发，这个原始点越"原始（primitive）"越好，虽然它没有那么高大上，看上去没有那么"阳春白雪"，但它是"第一原理"，如果问题进行不下去了，还是要从最原始的数据、第一原理着手去分析问题，而不是从它衍生出来的结论去分析问题。从第一原理出发，不仅可以帮助我们有创造性地开题，而且还可以导致新的思路和科学发现，埃隆·马斯克[2]（Elon Musk）非常推崇"第一原理"，他特别强调，原始的创新不同于简单的模仿，往往需要回到"物理学第一原理"（first principles of physics）去思考什么是最根本的问题。

除此之外我还想说，不要单一地跟着所谓的大趋势走，而是要通过最本质的元素去推导，这样你就可以非常清晰地知道哪些是你从事物的本质出发做的，是一种全新的概念和理念，而哪些只是在跟随别人在做。当然，从第一原理出发，你要付出很多心力，要顾及到方方面面，在一开始的时候，要善于抓主要矛盾，忽略次要矛

---

[1]　FinFET 技术发明人，美国国家工程院院士，2007 年当选为中国科学院外籍院士。

[2]　70 后，SpaceX 的 CEO 兼 CTO、Tesla（特斯拉公司）的 CEO、PayPal（美国的"微信支付平台"）创始人。

盾,作出初步的结果再说,否则可能会无功而返。但是如果你想尝试新的事物,这是最好的办法、最有效的办法,就像物理学家发掘新问题要从量子力学的第一原理出发去思考,从物理学的第一原理出发,是一个非常强大的方法,它被很多"大咖"在娴熟地运用着。

钱颖一采访马斯克的时候[①],马斯克举了这样一个例子,"……我们可以看看前人在回收利用方面的努力,比如太空梭或俄罗斯暴风雪计划,这些重复使用的努力并未降低太空飞行的成本,反而增加了成本。每艘太空梭的成本大约是每年 10 亿美元,这比同等档次的火箭贵多了。所以,人们看到这个,就会觉得非但没有降低成本,反而增加了成本。那么,到底应该花费多少才合理?如果仅仅看看过去的这些造价,然后就以此作为现在火箭飞船的造价,那就是没有从第一原理出发。如果站在第一原理的角度,实际情况不是这么回事:火箭的组成材料是铝、钛、铬镍铁合金、碳纤维等元素,你可以确定建筑火箭需要他们的重量,把它们堆成一堆放在房间里,然后像变魔术一样把它们变成你想要的物理形状,这就是他们的成本,就可以确定实物的最低造价。如果你真能够这么干,你就会发觉原材料与制造的成本对于确定火箭用完就扔还是重复利用所产生的成本微不足道,只占总价的百分之几。所以,关键在于如何高效地重新组合这些原材料,变成你想要的形状……"

如果你真的想独树一帜、富有创意,就要从第一原则出发去思考,一切都要回到根本上来,否则我们只是简单地以此类推,做一些小的变化。

三、举例

研究生所开的题就是要"小题大做",这个小题必须要具体到一个"点"上。要足够小、要具体、要有可操作性。下面用一个小练习来说明这一点。

(一)小练习:写长题目

1.中文标题例子

练习写"长题目"就是为了抓到以上这些点。这个长题目必须包含 what(是什么),why(为什么),how(怎么)三大项。比如这个题目:

开发利用电磁互感应原理的实现高压输电的电力变压器

这个长题目实际上包含了下面三部分的内容:

(1)开发利用电磁互感应(how)原理的。

(2)实现高压输电(why)的。

(3)电力变压器(what)。

---

① 钱颖一对话马斯克,清华大学 2016 年 1 月 25 日。

2. 英文标题例子

Advanced passivation techniques for Si solar cells with high-K dielectric materials(高介电常数硅太阳电池的先进钝化技术)

What：advanced passivation techniques

Why：for Si solar cells

How：with high-K dielectric materials

写出这样一个长标题,包含"要做什么(what)、为了什么(why)、怎么做(how)",对于研究生科研思路的形成和导引都很有裨益,题目虽长,但明确了研究目标和执行手段。关于长题目的练习,详细请参见附录 3 *Link14*。

对于正式出版的文章,标题当然要简练、要突出文章的重点。事实上标题对字数有固定的要求,一般规定不要超出 20 个汉字(英文标题不要超过两行,相当于 16 个字、120 个字母)。所以大多的文章标题只有 what,有些标题里面有包含 how。用有限的字数把这三大项讲清楚,需要有独到的文字和专业功夫才行。

(二) 开题法举例

这里边举两个实际的例子,一个是用见缝插针来开题,一个是用藕断丝连的方法来开题,关于开题的细节,请仔细参阅脚注给出的文献,因为内容比较长,所以也请参见附录 3 中的 Link15,里面有更详细的论述和解读。一是见缝插针;二是藕断丝连。

1. 用"见缝插针"法开题

所开的题目是,"基于铌酸锂压电衬底的 SAW 无线传感器",这个题目的特点是找出研究的缝隙,挖开这个缝,也就是探究原因,然后找出了思路、提出解决方案①。

2. 用"藕断丝连"法开题

所开的题目是,"在航空发动机涡轮叶片表面利用微纳技术制作高温薄膜传感器"。这个题目就是学科交叉的开题方法,利用微纳制造的"他山之石",来攻航空发动机传感器"之玉"②。

详细请参见附录 3 *Link15*,很详细地介绍了这个过程,读者也可以参阅上面引用的两篇科技论文。附录 3 中的 *Link15* 中也包含了下面袁隆平开题过程的一些

----

① Duan F L, Xie Z, Ji Z, etc, Breakthrough of Upper Limit of Temperature Measurement of SAW Sensors for Wireless Passive Sensing inside Propulsion System [C], AIAA Propulsion and Energy 2020 Forum. 2020.

② 段力,姬中林,翁昊天,李继保,林宇震,曹学强. 涡轮导叶片表面 MEMS 高温测量技术 [J]. 航空制造技术,2020.

具体细节。

（三）袁隆平的开题过程

袁隆平是把他的科研论文写在中华大地上的人、是一个真正的科研人。袁隆平在他的自传①当中写出他自己的开题过程，对我们是很有启迪作用的。他大学毕业以后曾经研究麦、薯、稻，最后确定稻子为研究方向，然后又发现良种非常关键，那么就开始选育良种，这就是"选题"。结合他以前所学，孟德尔、摩尔根遗传学理论和他本人具体实践发现，杂交稻是水稻高产的关键点，那么如何人工制造这种杂交稻，就成了他的"开题"。杂种优势在《齐民要术》当中就有了记载，马和驴杂交的后代骡子要比双亲都健壮，但是骡子本身不能生育，那么怎么解决骡子的生育问题呢？这就是袁隆平杂交稻的巨大贡献，可以用人工的方法实现，既有可行性又有必要性，经济性也好、实用性也强。袁隆平并没有否认 DNA 的作用，但是 DNA 应该只在同种当中相互作用，不能乱搞，他没有学习蒙山都那一套，他只是把 DNA 用到了对的地方。详细请参见附录 3 *Link15*。

第二节　做题、默会知识、与导师的互动

研究生，顾名思义，就是要做研究。而做研究，一个是要素、一个是过程，前者是知识，后者是能力；前者指空间，后者是时间；前者如项目关键词、开题、数据，后者是课题进程与逻辑链。研究生光学习知识是不够的，主要是要创造知识，而创造知识的过程就是研究，这就是"做"的含义。需要说明的是研究生的"做"和"写"是连在一起的、是互动性很强的两个过程。写，不光指在临近毕业的时候写论文，也包括了在做的过程中做实验记录、写汇报，把做的内容具体化成为文字，在汇报沟通和课题实践之间形成一个互相反馈的联合体。

一、做题过程：输入→模型→输出

做的过程可以简单地用三个字母 IPO（Input（输入因子）Process（操作过程）Output（输出变量）三个英文词缩写）来概括，O 代表输出，P 代表方法，I 是实验参数。做题的过程就是调整/改变②输入变量 I、经过中间的"灰箱"P、操作演变出一

---

① 中国工程院院士传记丛书、袁隆平自传，人民出版社，第 40 页到 60 页。

② 调整一词多适用于工程类的题目，改变一词多适用于科学性的题目。

系列的输出参量 O。一项科学研究的实施则是在选定输入因子后,进行实验、仿真、计算,或其他方法,然后得到结果,验证了什么、发现了什么、有什么惊喜? 这个就是 IPO 的过程。

(一)一条科学曲线就代表了一个 IPO 过程

编辑与审稿人的视线是"一摘二结三曲线"(一是摘要、二是结论、三是曲线),因为一条科学曲线的 X、Y 轴和曲线的内容表达了开题、思路和方案,里边的信息量很全,体现了工作的创新性、代表着论文的独特性,是文章的主要结果。

我们用图 2-5 来解释一下,为什么一条科技曲线就诠释了一个 IPO。在图 2-5中,X 轴 T 是 Input,Y 轴 R 是 Output,实验(experimental)与曲线拟合(curve fitting)是 Process,左图的 IPO 对应了右图的曲线。这条曲线就代表了一个 IPO 过程。

(1)问对正确的问题 Output,即确定要测量的物理量 R,相当于纵轴 Y(电阻)。

(2)确定要改变的实验参数和条件变量 Inputs,相当于改变 T,即横轴 X(温度)。

(3)Process 则是过程和方法,在这里指是高温实验与模型拟合。

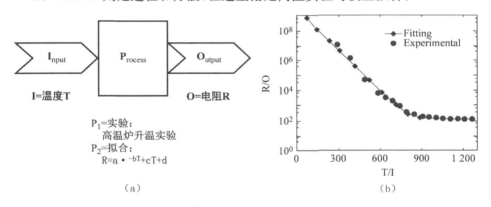

(a)　　　　　　　　　　　　　　　(b)

图 2-5　科技曲线诠释 IPO 结果

(a) IPO 的过程　(b) 对应 IPO 曲线

输入变量和输出变量组成一对 X 和 Y,实验测量(P1)和理论拟合(P2)则是两个过程,实验和理论结果构成的点和线,诠释了研究的思路和结果。曲线中隐含了数据获得的过程、实验与理论的对应关系等关键信息,通过科学曲线得到这种信息的方式清晰快捷,可以让编辑在很短的时间内判断这个文章的思路和价值,曲线的x,y 轴及其曲线本身表达了实验结构和实验思路。

要问对问题(O)

首先是这个"O(output)"。为什么不按 IPO 的顺序先讲 I 呢? 这里有一个很有趣的现象,就是在很多课题当中,是先有 Newidea(新点子),然后才是构思它的方法 P

和影响因子 I,就是常说的"问对了问题就等于成功了一半"。而 I→P→O 的次序指做题过程,开题与做题的次序是反过来的:一项科学研究首先是提出正确的问题(O);然后是找出实验思路、继而寻求资源,诸如实验手段、设备、人脉(P);然后是形成实验方案,确定自变量(I)。写一篇科技论文的次序与开题过程也有异曲同工之处,在一篇科技论文当中,文章的标题是放在文章开头的,因为科技文章的重点往往是的科研的成就和结果,往往都是先报道主要的结论,然后才是实验的过程,然后就是输入因子、主要矛盾等等。而作为开题过程的构思而言,也是先形成问题,然后再思考做的方法,最后确定输入的因子,包括判断哪个输入因子是主要因素。所以写论文的次序和开题的次序是相同的,但是这个次序与做题目的过程是相反的,做题目是先提供输入条件,然后是通过实验方法,最后得到实验的结果,也就是 I→P→O 这个次序。

原理和方法(P)

P(Process)是把自变量变成因变量的"灰箱"(grey box),它像变戏法一样,把输入的东西变换成输出的东西。P 可以是一个实际的物理过程、也可以是一个计算机的仿真过程。以图 2-5 为例,P 就是实验(experimental)和曲线拟合(curve fitting),这两个不同的过程将 X 轴的数值转变为相应的 Y 值,两个过程的转化原理是不同的,但是转化的结果是类似的,把它们放在一条曲线上是要比较理论计算与实验结果。"灰箱"的专业性很强,与课题内容密切相关,这里不做多述。

影响因子(I)

影响因子就是输入变量,就是图 2-5 曲线中的 X 轴:由于温度的改变引起了输出变量(电阻)的改变,I 就是温度。I 是输入参数、是自变量,是影响输出变量 R 的主要因素,改变 I 就影响了 O。这里边需要关注的一个词叫主要因素,这对于做论文很关键,钱学森在《论技术科学》中这样说[1]:

"工作中最主要的一点是对所研究问题的认识。只有对一个问题认识了以后才能开始分析,才能开始计算。但是什么是对问题的认识呢? 这里包含确定问题的要点在哪里? 什么是问题中现象的主要因素? 什么是次要因素?"

(二)打得一拳开,免得百拳来[2]

何谓一拳顶百拳呢? 就是 1 个主要因素可以顶 100 个次要因素,微信里有过这么一段笑话:

"你老公有缺点吗?"

---

① 钱学森. 论技术科学[J]. 科学通报,1957,02,(3):290-300.

② 打得一拳开,免得百拳来,抗美援朝的出兵决策及其历史意义[R]. 北京:中央文献出版社,2013:230.

"有！多得像天上的星星"

"那你老公优点多吗？"

"少！少得就像天上的太阳！"

"那你为什么还不离开？"

"因为太阳一出来，星星就看不见了！"

这个玩笑讲的道理在于，"抓住了主要的，可以忽略掉所有次要的"。这些"主要的"，往往没那么多，像太阳、有一个就够了。所以钱学森先生这样说，"有些因素虽然也存在，可是它们对问题本身不起多大作用，因而这些因素就可以忽略不计"。

其实抓主要矛盾、忽略次要矛盾的另外一个重要的含义就是不要"一叶障目"，也就是说不要浪费时间在次要矛盾上，忽略了问题的主导方向，忘记了你的初心，光说不行，又不能让他行，有什么用呢。

1．逻辑链条的严谨性

这里边的关键词是"缜密"，也就是逻辑推理链条必须要完整，不能有断层，在整个逻辑链上一定要足够具体、足够细致。研究生初期，有些同学会用"测过了、做过了"这样的词来回答导师的询问，这些不具体的回答方式就不应该是研究生的讲话习惯，应该拿数据、过程和结果来说话，"有结果的我要看到细节、有难点的我要看到你们的思路。"

还是用我们前边高温传感器的例子来说明怎样才是有了一个严谨的逻辑链。比如说我们做了如下一个结论：我们研发出了一种可以测高温的传感器。这个结论必须要有相应的论据做支持，不仅如此，逻辑链条必须严谨而完整！如果这个论据是：把高温温度从室温升到 1 200℃，然后测了一组热电阻的数据，做了一条热电阻 vs 温度的曲线，然后我们就得出结论：我们的薄膜热电阻温度传感器可以测到 1 200℃的高温。这个结论的推理就是存在逻辑断层的，因为它还缺少重复性和误差分析等重要细节，这个详细的推理过程请参见附录 3 Link16。在这里边也强调了和导师互动的必要性、汇报的重要性，汇报是一种即时的反馈，便于及时发现问题和及时发现逻辑断层，便于及时纠正问题。

2．发现与创新

科学发现的过程就是"格物致知"的本领，这里再举一个实际的例子。如图 2-6 所示，左边的这张图是三个薄膜热电偶随时间的变化曲线，它看起来是类似于噪音一样的表现，但是我们做"格物"的时候，也就是说我们沿着 X 轴做足够细致分辨以后（右图），我们看到传感器阵列上这三个传感器对时间的反应是一致的，也就是说，这个随机的波动不是噪音，而是一个新的科学发现！长期以来，测量温度传感器对温度的响应时间一直是一项难题，可是在这里我们看到，三个薄膜传感器对于温度的响应是一致的，所以他们不是噪音，而是真实的信号反应，而这个反应的时间就是瞬态响应的时间,这个新的发现帮助我们发掘了一种新的测量温度反应瞬态能力的方法,解决了我们科研的一项难题①。这就是格物致知的魅力:同一个东西,你"格物"一下,能看到的就是比别人多,可以看到别人看不到的东西。

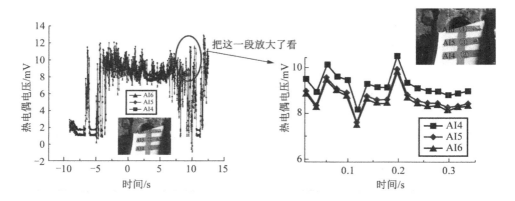

图 2-6　科研当中用"格物致知"发现新现象的例子

发现与创新是两种思维方式,前者主要是靠"格物致知"的本领,后者主要是靠"藕断丝连"的本领,也就是学科交叉的本领。前者衍生科学发现、发明新技术,是先发现、再找应用点;而后者是先萌发新点子,先有了应用点、再汇集方法;一个是由下至上(先积累基础)、一个是由上到下(先有目标)。后者就像淘宝,一开始仅仅是让一些中小商贩方便能够利用网络卖东西,那个时候可能马云还远远没有想到,过了 n 年之后,淘宝为中国人民提供了这么多的就业机会、激发了中华人民的活力。这和硅谷早期创新的思路差不多,他们都是源于现有技术的某些欠缺、针对社会的某些不足,萌发了某种想法,最后这件事情做得越来越大,谷歌公司、微软公司都是这么做出来的。

二、默会知识与动手能力

(一)默会知识

默会知识就是要通过体验才能得到的知识,默会知识的主观成分非常突出,最著名的默会知识就是毛主席的那句话,"要想知道梨子的滋味,就必须要亲口尝一

①　Z. Ji, F. L. Duan(通讯作者)and Z. Xie, "Transient Measurement of Temperature Distribution Using Thin Film Thermocouple Array on Turbine Blade Surface," in IEEE Sensors Journal,https://doi:10. 1109/JSEN. 2020. 3015383.

尝。"这个"尝一尝",就是用舌头来品它的味道及这个味道带来的一系列感觉,这个就是默会知识。默会知识必须靠体验,是主观与客观相结合,其感觉每个人也不尽相同,比如说游泳、比如说实验过程中的一些轻重拿捏,都没有办法用语言表达得贴切,这种知识都叫默会知识。

默会知识不是通过背、通过书本、通过语言就可以学会、可以了解的,而必须要通过实践、通过体会来获得。我们可以说梨子是甜的,但是这个甜和苹果的甜、和橘子的甜又有不同,虽然我们可以用语言做一些描述,但是就是再怎么讲也不能代替你亲口尝一尝的这个感觉。在科研做实验过程当中,这个默会知识就反映为"动手操作能力"。动手操作能力是运用已有的知识经验去解决实际问题的能力。其基本特征是:第一,它是在实际活动中通过一定的操作实现的,所以又称为实际操作能力;第二,通常与动手相结合或表现在动手上,所以又称为动手能力;第三,动手与动脑、实际操作和智力思考互动性很强。

(二)动手能力

动手能力是我们早期"德智体美劳"全息化教育积累的功夫,尤其是跟最后这个"劳"字有很大的关系,这个"劳"没有"美"那么高大上,以前也常常被忽略掉,但是这个"劳"积累了我们的人生经历和经验。比如小时候是不是做家务、是不是做了一些体力劳动。整体而言,个人体验不够、劳动的欠缺是整个教育过程的一个积累,最后堆积到研究生这个阶段,会有一个集中的体现,就是我们的学生普遍动手能力偏弱,这个弱项的积累给研究生的培育带来了比较大的压力,尤其是做科研、做实验,研究生动手能力缺乏一些基本的训练。

比如这道题:

你用探针台测量硅片上一个电子器件的性能,发现没有信号,你怎么办?

你会有三种对策,第 1 种就是问老师怎么做,第 2 种就是问问师兄,第 3 种就是有策略有方案,然后,如果不够确定自信,就去找老师和师兄讨论咨询。这第 3 种方法就是具备好动手能力的体现。动手能力包括发现问题与解决问题两部分,用做足的功课去做咨询,比直接问要强很多。同时还要善于把一个大问题分成几个子问题逐一击破,比如把这个大问题分开为:导线有没有问题? 接头有没有问题? 将问题分成几段之后,就要逐段来解决,在解决的过程当中也要采取分段的方式问题出在哪里? 比如对于第 1 项,一根一米长的导线,你如何判断它中间是不是连接上了? 最基本的物理常识告诉我们,你要用万用表量它两端的电阻。通过测量你发现电阻是无穷大,所以你可以判断这根线在中间断掉了,那么你要怎么判断在什么地方断掉了呢? 这是一根一米长的导线,外边都包含了塑料封皮,假设你决定要切除封皮看看里边的情况来进行判断,这肯定要实验几次,哪种方法会更有效果呢？这就要靠经验和智商的有机结合，这和你以前的学历和经历有关，比如你学过化罗庚的优选法：两个楼之间埋在地下的水管坏掉了，你要把地面挖开，你要怎么挖？这个详细的解法请参见附录3的 *Link17*，总之，发现问题，分解问题，解决问题而形成的动手能力，是研究生教育需要培养的一项重要综合能力。

动手能力的培育越早越好。以理工科为例，研究生之初有两项主要工作：实验室技能学习和培训、文献调研与开题。这两者可以同步进行。工欲善其事、必先利其器，做课题必须要先培育好实验室技能、学习仪器操作这两大项动手能力与默会知识。而学习的最好方法是"传帮带"，这里边导师要负起责任来，安排与协调好师兄（姐）带好学弟学妹。进入实验室后，师兄师姐们手把手地教他们熟悉各种仪器的操作，也可以采用帮师兄师姐做实验的方法，在帮助的过程当中达到熟悉仪器的目的，一箭双雕、一举两得。做实验时，我们要遵循"先原理、后实操"的原则，先想清楚再动手。操作不当，轻则损坏样品，重则损坏仪器、伤及自身。

（三）传帮带

教外有别传①，这里边我们引用这个词的意思在于：有些与体验有关的东西无法用文字来描述，也就是不能单靠读说明书就能够操作好一个仪器、完成一个实验过程，教外别传最好的"传"法，就是传帮带，传是教、帮是要让他亲自做、带是在一边看。在师兄师姐讲解操作时，要学会多记录，在每次师兄实验操作过程完毕、示范之后，把操作过程和细节尽可能详尽地记录下来，建议采用录像，可以回看，把过程"全息地"记录下来，可以大大地减少传帮带的次数。实验记录方面，颜宁曾经分享过她做实验记录的体会，里边的细节很具体也很实用，比如 lab notes（实验室笔记）是可以用来作为"呈堂证供"的，如果没有当天的记录，等同于没做实验（你拿什么来证明你做了呢）；还有就是，每一天日记要从新的一页开始，在开头标明实验日期（年月日），每一段要有标题，也就是一句话总结主要实验内容。传帮带的具体过程及颜宁的实验记录方法，详细请参见附录3 *Link18*。

三、研究目标和研究内容

以下一组都是同义词：

目的和手段

论点和论据

实验目标和实验内容

---

① 取自禅宗专有名词，"教外别传，不设文字"，其主旨在于道不能只靠文字来传播，也就是"道可道，非常道"的意思。

研究目标和研究内容

它们是不忘"初心"和牢记"使命"，初心讲的就是目的、目标，使命是指具体的操作点、我们要做些什么？很多人常常会混淆目的和手段，这里面举一个实际的例子：

我们要在航空发动机涡轮叶片表面研发出一个可以测到 1 200 度的薄膜高温传感器，这就是目的，是研究目标。要达此目的，我们首先要在涡轮叶片表面做好绝缘层，这个就是手段、是研究内容。在研发的过程当中，我们可能会混淆研究目标和研究内容，比如我们首先想到了用 PVD 方法长一层氧化铝陶瓷薄膜做绝缘，但是在实际操作当中我们发现这样形成的氧化铝薄膜高温下会脱落，这个时候我们会卡在这个难题当中而百思不得其解，但是要知道，这只是我们的研究内容，而不是研究目标，它只是我们要达成制作薄膜传感器的手段，如果行不通，除了在如何行得通上继续努力之外、我们可以变通研究内容，因为"条条道路通罗马"。这个时候我们正好发现了航空发动机业内已经研发多年的成熟技术——热障涂层（TBC），它也是一种陶瓷层，本来是做热绝缘的，现在我们拿它做电绝缘涂层。你看，我们变通了手段，但是我们的初心未改，我们还是完成了叶片表面研发薄膜高温传感器的目的。

请大家仔细体会一下这个例子，体会一下研究目的与研究内容的区别。分清目的和手段之间的微小差别可以帮助我们不忘初心、改方法而不改目标。在做研究生过程当中容易产生目的和手段的困惑，刚开始的时候我们有一个明确的初心、研究目标。当我们在做这件事儿的时候，我们可能会沉迷于手段和方法而迷失研究目标、忘掉了我们的初心：一旦某个方法不成功，我们会卡在那个方法里。其实这个时候我们不妨回来觉醒一下自己我们的初衷是什么，是不是还有其他的路径可以走，要把我们的工作重点拉回来。在这个过程当中，导师的"导"字就起了很大的作用，要经常和老师沟通讨论，避免在不正确的路上做无用功，研究生的时间只有几年，和高考考试的规则差不多，必须在有限的时间内拿到最多的分，研究生必须在规定的时间内做完论文。

关于目的和手段还有很多例子，比如电视剧《龙年档案》里边的故事，为官一任的目的是为人们服务还是要学会如何做官；又比如施一公的导师纠正他科研时混淆目的与手段的例子，"你为什么要追逐产出率呢？实际上你有一个成品能够证明你的结果就行了"。在创新实验的初期阶段，过程与手段不必追求完美，而是应该义无反顾地把实验一步步推到终点，"先挖坑后埋萝卜"。详细请参见附录 3 *Link19*。

所以，研究目标是目的，研究内容是手段，研究目标与研究目的在于指出研究方向，而研究内容研究手段则很具体，相当于考试中所说的"知识点"。

四、漂亮的"输"与正确的"失败"

研究生期间要学会应对挫折的能力和本领。在研究生的实践过程当中,经常会发现实验的结果和实验的预期不相符合的情况,这个就是所谓的"挫折",应对挫折当中应该学会辨析,错误和失败是两个不同的概念。失败指的是没有达到预期的结果,但是如果实验设计和实验过程没有问题,我们把它叫作正确的负面结果。通过分析这个正确的负面结果,一来可以找出问题,二来可能会发现新的现象、产生新的科学发现,这就是"失败是成功之母"。

同学不要被失败打垮,但是要尽量避免错误的实验,这个里边的一个要点就是:要用具体的事实说话,而不要武断地下结论。经常会发现,研究生会这样说,"这个实验没成功、那个结果是失败的"。其实,结果是中性的,结果本身没有失败或成功,但是研究生向导师汇报的时候,要把实验的整个过程讲清楚,越清楚越好,你讲的越清楚,在你和老师讨论的时候就越容易在导师的辅导下甄别是哪个地方出了问题,从而判别这是不是一个"错误的实验"。

（一）错误的实验

> 正确的负面结果,"这个可以有",
> 但是错误的实验,应该做到"这个真没有"①。

那么什么是错误的实验呢？也就是实验设计和过程有错误。下面举一个实际的例子,即:在还没有达到实验重复性的时候就去估算测量误差,这是没有意义的实验,这就是错误的实验。

举个例子说,我们要研发一个薄膜传感器,误差要求在5％之内。但是在做实验时我们忽略了一条,那就是实验设备本身存在10％的误差。在这种情况下我们追求传感器测量精度在5％,那就是不合理的,也不能因为结果一直没有达到预期而判断我们的薄膜传感器不合格。由于我们忽略了设备容差而导致的估算误差,我们设计的这个实验就是不正确的实验,就是错误的实验。这个逻辑听起来挺明显的,但是实验之初我们可能会忽略这一点,尤其是在急于出成果的客观条件驱动下。上面的过程往往都是我们实际碰到的情况:我们做了半天,没有达到预期的结果,通过细致的分析实验,把整个的过程分成几个子过程逐一盘查,而验证测量系统本身的标定误差就是子过程之一,我们需要对这个子过程进行盘查,比如拿标准的热电偶去衡量炉子的误差范围、最终发现问题所在,这样的逻辑链算完整。虽然

---

① 小沈阳和赵本山的小品《不差钱》。

最后的结果还未达成，由于我们设备本身的问题，无法证明我们的误差在 5％ 之内，但这也是"正确的负面结果"，它可以明确我们将来努力的方向，比如拿原位标准热电偶去标定炉温而确定准确读数，就解决了这个问题。错误的实验是不会带来价值的，这里边的关键词是"错误"，不是失败。

错误和失败不是同义词，错误需要纠正，而失败是成功之母。

（二）正确的负面结果

白岩松对此有比较浪漫的描述方式，"漂亮的输"，他这样说，"我们为什么不能把漂亮的输也当成一种成功呢？暂时的失败是一种财富，漂亮的输本身也是一种成功。"

施一公对于科学研究当中可信的（Conclussive）负面结果和"不严格的负面结果"做过一些具体的讨论，实验数据本身没有好坏之分，但是负面结果必须要可信，也就是取得结果的过程必须要严谨、实验设计本身必须要正确。在这个过程中，一个可信的负面结果往往可以让我们信心饱满地放弃目前这一途径，如果运用得当，这种排除法会确保我们最终走上正确的实验途径。从这个角度讲，负面的实验结果不仅很正常、也很有益于课题的最终成功。所以，不要害怕负面结果，关键是如何从分析负面结果中获取正确的信息。

（三）批判性思维和乐观态度的区别

刚开始做一个研究生的时候，可能会走入一种否定性和批判性的误区，"哦，这次实验是不成功的、这个结果是失败的、这个地方是不完美的……"态度是值得称赞的。但是，不要因此而忽略那些正确的部分、那些结果中有意义的部分。一项实验也许结果没有达到预期，但是其中也有一部分是成功的，要善于利用成功的这一部分数据。这就是一种乐观的、不放弃的态度，乐观的态度与批判性思维是两件事。不要因为失败、悲观而停滞不前，不要因为心情沮丧而忽略正确成功的部分，不要被这个失败一叶障目，把这片叶子拿开一点，就会看到前面的风景。

（四）失败的精神意义

正确应对失败是一种修行。2020 年，任正非在人民大会堂、两院院士齐聚一堂的高规格全国科技创新大会上，向中央汇报发言《以创新为核心竞争力为祖国百年科技振兴而奋斗》，他对华为的"失败"这样说：

不以成败论英雄，从失败中提取成功的因子，总结、肯定、表扬，使探索持续不断。对未来的探索本来就没有"失败"这个名词，不完美的英雄，也是英雄。鼓舞人们不断地献身科学，不断地探索，使"失败"的人才、经验继续留在我们的队伍里，我们会更成熟，我们要理解歪瓜裂枣，允许黑天鹅在我们的咖啡杯中飞起来。创新本来就有可能成功，也有可能失败。我们也要敢于拥抱颠覆。鸡蛋从外向内打破是煎蛋，从里面打破飞出来的是孔雀。

（五）失败与硅谷精神

硅谷精神主要有两个：我们工作不是为了"钱"＋不怕"失败"。这里的"不是为了钱"的意思是认为"钱"只是一个工具，过度看重钱会限制我们的眼光和境界，人也会变得狭小，钱只是成功的一个衍生物。而"不怕失败"讲的是"行胜于言"，有意思的人生在于实践而不在于结果、失败只是结果之一，很多时候因为这个"怕"，限制了我们人生的乐趣，所以要"不怕失败"。

摩尔定律的提出者 Gordon Moore 曾经有过一句名言，"如果你所有的尝试都十分顺利地成功了，这说明你的尝试还不够充分。"摩尔的这句话一语道破了硅谷精神的本质。在硅谷众多成功故事背后，还有更多不被人注意的失败例子。在硅谷，创业失败从来不是一件丢人的事情，当大家坐在一起讨论时，从来不发言的明哲保身者才会觉得无地自容。只有勇于冒险的人才可能失败，不做就不会有失败、但也不会有成功，这就是硅谷独特的文化。硅谷人最大的特点就是不怕失败，屡败屡战直到成功的例子比比皆是，这也是和硅谷独特社会文化有关系的，在硅谷失败出错，并不是什么丢面子的事。

硅谷文化中这种不计较失败的观念与美国其他地区相比也是十分突出的，这就是为什么硅谷能够超越的主要原因之一。波士顿（美国的东海岸）也聚集了麻省理工、哈佛等全球最出色的大学，拥有着实力雄厚的银行财团，但波士顿却只是科研中心，没有成为像硅谷这样的创业中心，因为美国东海岸的人偏于保守，也不太敢辞职创业[①]。

"硅谷精神"对我们的一生都有用，它可以融入我们本科生、研究生生活工作学习的每一个细节。比如课堂主动发言（不怕犯错），比如通过一些公益活动免费为弱势群体服务，比如规避和纠正社团里的功利思想、沽名钓誉的行为等等。所以研究生在选择专业方向和创业前景方面，应该着力避免不接地气、大而空洞的课题和方向，着重具体的、点滴的、基本社会需求导引的项目。事情一具体到点儿上就有了可操作性，当然犯错误的概率也会增加，但是不能因为避免犯错而不做事情，这

---

① 大卫卡普兰的《硅谷之光》提及的硅谷两大原则，"我们不为赚钱"和"我们容忍犯错"，那里，允许梦想、鼓励创新、宽容失败、激发企业家精神，因此，与其说这本书呈现的是硅谷的过去，不如说是硅谷的气质。

不是我们 90 后 00 后和中国未来的风范，也不是交大人的"责任与担当①"。

五、汇报与沟通

汇报与沟通指的是导师和学生之间的互动，汇报的目的在于整理研究工作、积累论文素材、调整进度与方向（这一部分内容也与前面所讲的默会知识、做实验记录密切相关），一个没有汇报习惯的研究生，在面临论文写作的时候，会有一种挤牙膏的感觉，而不是左右逢源、如鱼得水。俗话说"巧妇难为无米之炊"，没有米下锅、饭是做不出来的，所以汇报是一种日积月累、集腋成裘的过程。而汇报的方式与和方法，以及导师对汇报的反馈就是沟通，对应的一个英文关键词就是 Communication，沟通是人际关系当中非常重要的一个环节，它也是未来职场中老板与员工之间的沟通所必备的：老板需要追踪员工进程及协调团队整个工作进度。沟通方法在这里边很关键，这里边引用大家熟知的一段故事来说明沟通指的是什么？什么是有效的沟通？

赵三请钱四、孙五、李七吃个饭，钱四、孙五先到了，李七还没来，赵三道："该来的还没来"。钱四一想，"言外之意我是那个不该来的"，于是走了。赵三见状，曰："不该走的，怎么又走了？"孙五一想，"言外之意我是那个该走的了"，于是也走了。赵三于是想不明白，他们怎么都走了？

这就是典型的沟通问题，大多数人会认为错在赵三。其实，这里面的深意是："如果讲话方赵三能留意讲话方式，如果听的几方多些耐心琢磨，也许可以避开误解。"沟通是一种相互行为，它是一种非常细微的、与体验相关的交流方式，这些所有的"细致"，最后汇集成了一种印象，这个印象则左右了将来合作的模式和深度。虽然在本科阶段同学之间也有很多互动和沟通。比如社团、班级，但是与此不同的是，研究生与导师之间的互动沟通目的性很强，关系到彼此的利益和责任，也更带有针对性。

（一）不仅要讲事实，而且要讲火候

研究生不光是一个做学问的问题，而且有一个沟通或者是情商的问题，比如说，我们不但要讲事实、讲道理、追求真理，而且要讲究火候、讲话的顺序和重点、讲话的方式方法等等细节，读研究生不光是一个做事情的过程，而且是一个做人的过程，它是做人与做事的有机结合，其实有一些研究生的导师专心做学问的本领非常强大，但是对于教育心理学，与学生进行沟通的能力比较弱，从而也就无从去指导学生培养和提高这方面的能力。所以在这一方面研究生本人就需要主动、有意识

---

① 　在交大，"饮水思源"为校训，"责任与担当"为校风。

地培养自己这方面的能力。这里的"火候"就是同理心和了解人性,同理就是要针对沟通双方的理解和接受程度,确定内容的深与浅,有的放矢;了解人性,比如察言观色,避免在对方不便利的场合下讨论课题,等等。

研究生要按时完成论文,导师要按时完成项目任务,他们都是一个团队协作的结果,沟通效果不畅会影响进度,如果沟通的效果不能达到预期,就不能按时完成任务。所以,把握火候、讲清事实,是研究生包括导师需要注意的要点。

(二)主动性

主动性代表激情,主动代表负责任。很多研究生初期还会带有本科生的惯性:老师不出题,我就不答题;你出一道,我答一道。从本科生到研究生应该上一个台阶,这第一个台阶就是培养主动性。研究生初期,汇报的习惯可能是从规则先开始的,也就是导师在一开始要做好规定,比如每周做一个周会、每周主动地找一次老师讲一下本周情况和下面要做的内容,听一下导师的意见,这就和职场非常类似了,这也是职场倾向于录用研究生的原因,是因为研究生工作的主动性不需要再做初期的训练了。在职场上缺乏主动性,领导不问就不说,工作完成了、失败了也不和领导主动沟通,老板经常要追着问你,"事情做得怎么样了,做完了没有啊?"这样做,你的领导会很累,你可能会待不长。

还有,没有受过训练的大学本科生和研究生常犯的毛病就是"做了不说",下面讲一段小故事来说明"任何工作,没有报告就没有结束":

部长下午两点约了去 A 公司和他们的张总见面,这是很重要的一次会谈,好不容易才约上的。早上上班后,部长向小布安排了今天工作的一系列指示,最后说:"替我确认一下:下午两点钟我去 A 公司拜会张总的日程有没有问题。"

上午小布真是忙坏了,但她没忘记给 A 公司打电话确认这件事。张总的秘书回答"日程没有变化,张总下午两点在公司等候",得到了确切的回答,小布放心了。于是抓紧做部长交办的其他工作。

下午 1 点钟部长问小布预约好了吗?小布说,没问题。部长:那你也告诉我一声啊……

有些时候,不厌其烦比不积极主动要好,至少不耽误事,尽管有时老板会不耐烦地说两句,但在他心里,至少你是认真和敬业的,会给你的职场印象加分的。尤其在某些关键节点,"不厌其烦"更有必要。

(三)汇报的目的

1. 跟踪

"汇报与沟通"有利于进度的监控和跟进及新思路的萌发,这种讨论有助于利用团队互相借脑，对实践过程中难点与瓶颈（bottleneck）进行突破。

2．积累

做日常汇报也是为了将来写整体论文做准备的，要边实践边汇报边积累，不能到最后才开始写。有些研究生到了最后才开始着手写论文，这样做的问题是：第一是不习惯写作，嘴上没词儿、笔下没神儿；第二是在写论文的时候才发现命题方向上的出入、实验过程的疏漏，而这些问题常常是在书写的过程当中才会被发现的，如果汇报的过程和实验过程同步，并且每周和导师都有"汇报和沟通"，还可以来得及修正这些偏差，让实验做得更完整、更完美、更严谨，等到最后一刻再修补就来不及了，所以切忌把写作拖到最后才进行。

3．纠正

这一点上面讲了一些，平时的汇报和与导师的交流有助于梳理行进方向和解题思路，有助于借助导师的力量（导师的时间、经验和眼光）借力打力，不至于走偏、做一些无用功，施一公也曾经讲过导师如何给他纠偏实验方向的故事，详细请参见附录 3 *Link20*。

（四）怎样做汇报和沟通

如今做汇报和沟通的方式有如下两种。

一是电子通信：包括电话、短信、微信和电邮。

二是面对面：包括组会和一对一的面谈。

一般来讲微信和短信多用于即时性的沟通，而不便做太多的书面性的文书交流，因为微信和短信的信息量不能太大，也不能长久保留，存档信息最好使用电子邮箱的方式，电子邮件原则是：一信一题，一信一事，每段都应该是文面清晰，一封信长短最多两屏幕。面对面的沟通要首先用短信与微信约定，先约定再访问，不要唐突造访，必要时可先发确认信，有变故尽早通知对方。面谈时带上一个笔记本是一个好的习惯。一般要每周沟通一次，重要信息和节点例外。周末节假的时候尽量不要打扰，除非是紧急和特殊的情况。

1．沟通中需要注意避免的问题

在沟通中要尽量避免以下三个方面的问题。

（1）缺乏主动性，老师不来找你，你也从来不去找导师，在职场上，就是老板天天追着你跑。

（2）经常陈述问题而很少带着对策来，经常找借口而不去找方法。要多给老师和老板选择题来做，而不要经常提问答题，经常问为什么。

（3）分不清重点和以偏概全（找不出关键问题），汇报之前自己事先没有做好功课。

2．判断还是事实

judge or fact 翻译过来就是"判断还是事实?"前者是第二手的资料,后者是第一手资料。举个例子:

最近一周吧,因为太冷了,你早上不想起床,结果一周之内迟到了三天,团队里怨声载道。你的老板呢,就想善意地提醒一下你,让你注意一下,也没想给你处罚啥的。于是,他就对你说:"小明,你怎么最近上班总是迟到,一点时间观念都没有!"

请问这是 judge(判断)么? 当然是。比如,你怎么定义"总是"。我可能一周迟到了三天,可整个公司平均值是迟到四天,那这算"总是"吗? 继续那个例子:

如果老板跟你说:"小明啊,我发现你最近一周有三天都迟到了,是咋了呢?"

这就是懂得说 fact(事实)。根据研究表明,当人在听到 fact 的时候,普遍会欣然接受,因为不好怼啊! 无懈可击。这个时候的你,马上就会意识到,哦,老板已经注意到我迟到了,你就比较容易接受。

这个毛病很多人都经常犯,应该对自己有所警觉、有所改进。体现在研究生生涯当中,就是不注意记录、采集实验结果(尤其是自认为失败的结果),而用主观判断代替记录和描述事实,主观认为这个结果对未来没有用,就不做客观上的记录;主观判断这个实验失败了,就不对客观结果做具体分析。仔细看一看这个客观的失败,这里边也许能看到"此处有惊喜"(前面"格物致知"的例子)。

少 judge、多 fact。

(五)不同的角色有不同的汇报和沟通方式

刚刚大学毕业的同学往往还都是习惯于老师教授学生的方式,也就是启发式教学的方式。老师的目的是启发学生自己得到答案,所以往往都是以问题开头,而不是以结果开头,也不会是以解题过程开头。但是汇报工作是相反的,因为要在最短的时间内达到最佳表达效果,而往往结果是最重点的内容,要把他们放在汇报的前面。从大学态过渡到工作态,其表达方式、表达习惯需要重新培养、重新确立,这就是本科生和研究生之间的区别,从研究生开始就要培养这样的汇报习惯,先重点后细节、重点要突出。在工作中有 7 种不同的汇报方式,前面 3 个对上级比较适用、下面 4 个是对下级比较适用,详细请参见附录 3 *Link21*。

"报联商"这是职场上的一个专业词语。研究生毕业之后是要步入职场的,而研究生的规则和职场规则非常类似,比如这个报联商,报就是汇报、联就是联系、商就是商量。在工作中,你是否曾经遇到过如下的情景。

(1)曾经被上级、同事、客户问过:"那件事情,怎么样啦?"

（2）一想到要和上级沟通，心里就发怵。

（3）向上级汇报时不得要领，不知道该汇报什么、如何汇报才好。

（4）自己想说的总说不清楚，不知该怎样表述。

（5）遇到困难了，左右为难：该去向上级请示、向他人咨询，还是自己尝试解决？

这些沟通行为就是跟自己的上级、同事和客户之间进行的"汇报、联络、商谈"活动，简称报联商①。报联商的训练是从研究生阶段就开始的，"报联商"的目的就是：把你知道的内容告诉对方，共享信息，并让对方和你有同感。为的是寻求用妥善的沟通来促成对方的反应和行动，以团队的形态克服困难，推进工作。这三项中，汇报做得好的人，联络和商谈也会做得好。

1.汇报的层次、频度、方式和渠道

汇报分轻重缓急四个区域，要调整好内容的重要性与时效性的关系。比如，你了解导师的期待值吗？是对内容更重视，还是对速度更重视。你知道汇报的层次吗？结论、要点、过程、举例、原因哪个为先？沟通的频度多久为适度？沟通的方式是微信、电话还是其他，什么是沟通当中的同理心？关于汇报和沟通有很多范例和具体的描述，这里边细节很关键，详细请参见附录3 *Link21*。

2.如何处理好与导师的关系

研究生与导师的关系十分重要。作为一名研究生，在刚刚走入一个新学科时，你对这个专业的了解许多方面都来自导师，良好的师生关系会给你带来惊人的收获。导师喜欢你、很愿意帮助你，和你找老师帮忙、写一个推荐信什么的，这两个效果是没有可比性的：你找我帮忙，我固然可以帮你，它的问题在于：你不知道我能够帮你什么，你提不出来让我帮你什么，而导师主动要帮你、给你指条明路，这个意愿出自他的主观，导师的经验比学生丰厚，这条"明路"既有它的意义、又会有它的可行性。如果导师选择不主动帮你，那对你而言可能是一种遗憾。

研究生和导师的沟通，应该注意以下几条。

（1）时常保持与导师联系，让导师经常得到你的消息。当你开始做实验、做研究时，你会希望你的导师能随时随地帮助你，但是，现实情况往往是导师很忙，忙到会顾不到你，于是，你就开始担心了。这是很多研究生，尤其是博士生都会遇到的一个心理过程。即使研究没有长足进展，也不用怕跟导师说，让导师得到你的消息，无论是正面的还是负面的都可以，因为让导师知道你的进程，对你而言一定是有利的。研究生最好一周与导师联系一次，告诉导师自己科研工作的进展信息，并使之成为有规律地互动。

（2）摸清导师的性格。研究生要学会熟悉导师的说话方式、口头语，甚至是思

---

① 　古贺传洵.报联商：职场沟通必修课[M].北京：电子工业出版社，2016.

维方式,然后尽量用导师的语言跟他交流,这就是一种同理心,用他听得懂的、听得进去的话来沟通可以避免很多误解,对导师说的话也要像玻璃一样透明,不要让导师费解。

(3)赢得导师的尊重。懒惰和责任的缺失会失去导师对研究生的尊重。如果你偷懒,你的导师肯定不相信你;有自信和决心、说到的也做到了,加之你得到了很好的结果,你通过独立研究充分表现了你工作的努力,让老师有了骄傲感和成就感,导师自然会更加尊重你。

3. 导师对学生的期望"值"

大多数研究生导师与学生的关系都是合作伙伴的关系,他们有着一个共同的课题去完成,而这个课题往往都是一个有上下家的责任链,需要在规定的时间内完成,否则会耽误整个工期。导师作为项目负责人,必须要承担老板的责任,要在限期内完成工作,这就跟职场的情况很类似,导师对于学生的期望值,相当于老板对于员工的期望值,他们都有着对责任的期待值,比如他们都不太喜欢下面三个品质。

(1)没反应。也就是没有 responsibility(英文的词 responsibility＝response＋ability,即反应＋能力、反应的能力),比如说好明天 8∶00 开会,他人不到事后也不做解释,这就是没有反应,没责任心。

(2)没激情。你让他干什么他就干什么,你要不让他干什么他就什么都不做。这样的学生也会让老师头疼,你要天天追着他去问,做的事怎么样了。

(3)借口多方法少(或无)。负面情绪爆棚,只会说不行、而不会让它怎么行,有什么用呢?

4. 实验室案例

这一段沟通很有意思,60 后的丁老师发现镀槽弄脏了,这是新来的学生不会使用造成的,于是他发了通知,最后提到"以上信息请每个人确认一下是否知悉"。但是很多同学并没有回执确认,随后,80 后的王老师又在微信中做了一些补充,她加了一条@所有人,明确指出希望学生对丁老师的话做出反应,之后的响应就非常热烈,我们看到所有的同学都有了回应,有很长的一串回复信息,"收到""了解"。所以不是同学不想做,而是他们不知道怎么做。20 世纪 60 后的沟通方式,往往习惯于一点就透,但是 90 后的沟通方式都很直接,所以,双方互动沟通时要注意两代人的差异,彼此都向前迈一小步,60 后、70 后多一些坦率、90 后、00 后也多要了解一下中国式沟通和中国式关系[1][2],详细请参见附录 3 *Link22*。

---

① 曾仕强. 中国式领导[M]. 北京:北京大学出版社,2005.

② 曾仕强. 中国式的管理行为:21 世纪全球瞩目的中国式管理(实务篇)[M]. 北京:中国社会科学出版社,2003.

本章小结与思考

（1）研究生做课题整个过程哪一项和创新有关？哪一项跟动手能力有关？哪一项跟表达能力有关？

（2）入题和开题有什么区别？各举出两种方式和途径。

（3）什么叫"关键词碰撞"法？什么叫"见缝插针"法？什么叫"藕断丝连"法？

（4）什么是 IPO？以你本人为例，剖析一下哪一项是你的软肋？这三项内容当中哪一项与创新的关联最大？

（5）什么是"打得一拳开免得百拳来"，从这个词的历史渊源谈起，阐述它在研究生研究当中，做课题研究当中的现实意义，能举出例子最好。

（6）研究目标和研究内容指的是什么？下面的哪两组词对应了类似的含义：①不忘"初心"和牢记"使命"；②论点和论据；③实验目标和实验内容；④目的和手段；⑤开题和入题；⑥实验过程和实验结果；⑦导师和研究生。如果存在关联和对应的关系，请说出你的理由。

（7）什么叫漂亮的"输"？它和失败有什么区别？这个"漂亮"指的是哪些正面意义？根据你的实际经验或是根据你以前读过的案例，举一个实际的例子。

（8）什么是正确的研究生和导师的沟通？研究生小 a 多次去找他的老师、去敲他的门，可是总也找不到，于是他就产生了很多意见及其消极的想法。如果你是他，你怎么看？你的正面的想法会是哪些？你有哪些有建设性的建议？

（9）你觉得研究生和导师的交流和互动应该采用什么方式？你希望你和你导师的见面方式是？每周一次，每周两次，一个月一次，根据情况而定，根据情况而定＋每周一次，这个"根据情况"又是指的哪种情况，试举出一两例？

第三章　怎样读研:论文与答辩

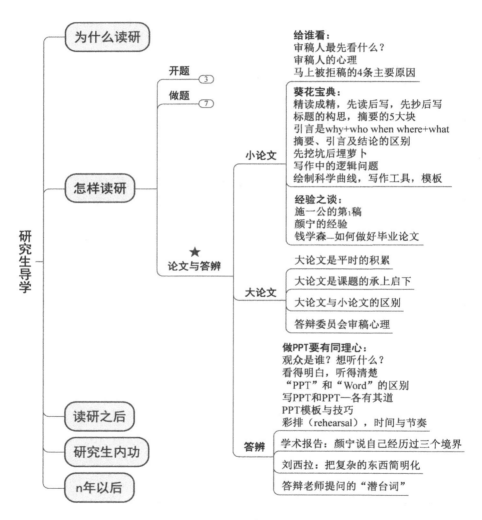

图 3-1　本章脉络

本章续第二章开题与做题，即"读与做"之后主要讲怎样呈现结果，即论文和答辩。

就研究生毕业要求而论，这里边"写"的含义包含"小论文＋大论文＋答辩"三大部分。所谓小论文就是研究生在研期间需要提交一篇中文核心期刊或者英文SCI 或 EI 期刊的文章；大论文就是毕业论文，也就是要提交给答辩委员会的论文，这个论文经过答辩委员会审阅和批准，通过初审后决定研究生是否可以参加答辩；然后就是准备答辩的 PPT，写好 PPT、演习好讲稿、并进行答辩，最后由答辩委员会写出答辩决议。

小论文是要登载在正规期刊上的文章，篇幅要简练、逻辑要清晰、格式要标准，对文章的写作质量要求也会比较严格，所以，较之于你的大论文，小论文稿件的录用与否可以更客观地体现研究生工作的学术和写作水平。大论文也要遵循学术规范书写，其区别在于它的内容要更细致和详实。大论文有承上启下的作用，它是前期研究工作的继续，它是后期学生继续跟进的参考点。而答辩指的是研究生要在答辩委员会小组面前展示这几年的研究工作，并回答答辩委员会成员的提问。比起前面那两篇论文，答辩的 PPT 是研究工作的凝练，在 PPT 撰写和讲述当中，必须要以中庸的理念处理好专业化与科普化的关系，让答辩委员会听起来既有深度，又没有那么"苦涩"。

下面就关于"写"的一些基本点及这三大项"小论文＋大论文＋答辩"的写作\运作方式（审稿人怎么看、答辩委员会怎么判定你论文的水平）做一些解读。

第一节　基本点

写作就像盖楼房，需要先打好地基（要先读后写、先抄后写），还要有设计（要以大纲为骨骼、还需要有血有肉，合理配置大纲与内容），然后就要讲究盖房子的程序（先挖坑后埋萝卜，即先盖好框架、再往里添砖加瓦），这是我们要讲的第 1 部分，第2 部分内容是讲解写作当中常出现的一些问题，第 3 部分举一些具体的例子。

一、写作要点

（一）先读后写

在前面的"研究生开题"里，我们讲到了"读"，我们提到读有两个目的，一个是为了开题、另外一个是为了写作；前者是为了做，后者是为了写。以写作为目的而进行的阅读要点是"精读",精读成精①,通过足够的重复,体会出文章写作的精髓来。通常可以选取 5 篇以内本研究领域内的经典论文进行精读,可以用出声朗读或用笔抄写的方式来体会论文的写法,从论文的题目、摘要和引言开始抄起,仔细地琢磨和体会其逻辑结构和语言规范。这个过程比较辛苦但很有效,其重点在于重复与坚持,熟悉到"倒背如流",才可以达到"下笔如有神",而不会觉得像是在"挤牙膏"。其精髓在于培养感觉,通过抄写和朗读、通过足够的重复使量变升华为质变、形成一种写作的感觉。下面有针对性地介绍一些具体做法。

（二）先抄后写

请注意这里边的"抄"不是指电脑的 copy/paste(复制/粘贴),它指的是用手、笔和纸形成的物理行为,这是一种慢生活的节奏,在于体会文字段落和文章里面的神气,培育写作的感觉和精准度。抄的妙义,只可意会而不好言传。

（三）先挖坑后埋萝卜

就是在缺乏数据的情况下做到"无中生有"。写书、作文时,在内容尚未确定、实验结果尚不清晰之处,可以先用灰色方块来占位,待素材齐备后,再向内填补。在数据不全的情况下,先将文章"编"出来。类似于在高考中,如果第七道题做不出来,可先做第八道、第九道,然后再回来做第七道。这也是工程学领域做科研的一个技巧,其中的潜台词是:不能因为此处的空缺打断论文的推进,可以先把后续的内容做完,再返回来继续这一部分。这也是哈佛人常用的一个方法,叫先"挖坑"再"种萝卜",而不是等到种子到了才开始挖坑。

（四）写作逻辑误区举例

下面举一个小例子来说明写作当中逻辑关系次序的错误,这里边的关系可能比较细致,需要细心体会。比较下面这两段文字,然后花 10 秒钟思考一下他们之间的差别。第 1 段是学生的文字,第 2 段是老师的文字。

The student

Fig. 3 is the physical diagram of thermal shock test. ①First of all, the CMC surface thermocouples are directly burned by the high-speed airflow of 1 200℃ sprayed by the flame gun. ②The data collector collects a group of thermal voltage signals every 10us to analyze the transient response ability of the thin film thermocouple. ③Then, the repeated experiments of dripping water after removing flame and

---

① 段力,工程导学[M].上海:上海交通大学出版社,2019:75-96.

spraying water with the flame still burning are carried out for many times, this way can detect the adhesion between the thin film thermocouple and the CMC material under the cyclic thermal shock of the flame heating water cooling.

（参考译文）

学生所写的:图 3 是热冲击试验的物理图。①首先是,CMC 表面热电偶被火焰枪喷射的 1 200℃高速气流直接燃烧。②数据采集器每 10 us 采集一组热电压信号,并分析薄膜热电偶的瞬态响应能力。③然后,进行了多次去焰后滴水与喷水骤然冷却的实验,这种方法可以检测薄膜热电偶与 CMC 材料循环热冲击下的粘附强度。

The advisor

Fig. 3 shows thermal shock test setup. ①The CMC surface with the TFTC and Pt-dotted TC are directly heated by an airflow of 1 200℃ from a flame gun. ②After immediate removal of the flame, the dripping water was dropped on the hot CMC surface to verify the robustness of the thin film of TFTC under this tough thermal stress conditions, the adhesion between the thin film thermocouple and the CMC material under the thermal shock of the immediate heating/cooling cycle. ③The data collector collects a group of thermal voltage signals every 10us to analyze the transient responsive capability of the thin film thermocouple.

（参考译文）

老师修改过的:图 3 显示了热冲击试验设置。①在带有 TFTC 和点铂 TC 的 CMC 表面由火焰枪产生 1 200℃气流直接加热叶片表面。②立即清除火焰后,将冷水滴在热的 CMC 样品表面以验证 TFTC 薄膜在这种严酷的热应力条件下的坚固性,即薄膜热电偶和 CMC 材料在立即加热/冷却循环的热冲击下的粘附性。③数据采集器每 10 us 采集一组热电压信号,分析薄膜热电偶的瞬态响应能力。

我们比较一下这两个版本,会发现②和③这两项内容在重写之后,其次序被对调了。在第 1 个版本当中,我们描述实验的逻辑次序是:我们先对样品用火焰加热,我们用数据采集器去采集数据,然后我们用冷水滴的方法做骤然冷却的实验,然后我们验证了薄膜传感器的可靠性。在第 2 个版本当中我们描述实验的逻辑次序是:先用火焰加热,然后用冷水滴去进行骤然冷却,在整个的过程当中,我们采用数据采集器采集整个过程热电压的数据。显然,后者的写作方法逻辑性更强。反思一下,为什么会产生这种逻辑不清晰的问题呢? 这里面有两个原因,一个是我们在开始写作的时候,是在按照实验的逻辑秩序在写作,而作为读者是按照实验目的导向去阅读的;第二个原因是我们在写作的时候思想并不是成熟的,或者并不是很清晰的,所以我们想到了什么写什么,等我们写完了一段话之后,我们想起来前面那句话还没有说明白,于是我们又把前面的内容很自然地又写了出来,但是这一段刚写出来的话和跟它前面的那句话是没有直接逻辑关系的,会产生逻辑断层,这种"断裂层"会使读者读起来不顺畅、有卡顿的感觉。

当然语言的精炼也是要训练的,在第一个版本当中,语言的运用不够简练,啰嗦的地方比较多,比如 First of all 用了三个词,实际上一个也就够了,或者可以不用。

从以上的例子我们想说明两个要点:一是语言的熟悉度。我们发现把它写成中文后,会更容易看出逻辑断层,所以,很多文章不是语言不过关、翻译成中文也不通,不妨先写成中文再翻译,理清逻辑链再说,因为大多数人很难对英文文字做到"一目十行"。第二就是,严谨的逻辑链不一定是一蹴而就写成的,所以最好的办法是把他们先摆到纸面上,培根曾经说过,"写作可以让人变得精确"①,把细节清晰地写出来,才能更清晰看出弱点来。让敌人清晰地站在你的面前,你才能看清出他的弱点,否则我们就不知道打什么,我们也打不准。

(五)小练习:通过比较来学习写作

这个练习的方式跟前面差不多,只是更详细了一些。就是通过前后的对比,来发现错误、分析错误,这样的比对来自真实的案例,在平常的书面阅读当中是很难遇到的,我们看到发表的文章都是它光鲜的一面,而看不到后面经历的很多失败。这一段内容比较长,详细请参见附录 3 *Link23*。仔细读一下左边的内容,再仔细读一下右边的内容,然后是发现区别,分析这个区别。为什么左边的内容是有问题的? 仔细地揣摩、琢磨、研磨,然后了解自己的问题所在。首先是能分辨好歹,然后才能避免错误,或纠正错误,否则可能看了半天就是不知道哪儿错了。这个过程是比较艰苦,有很多同学一提到写论文就"肝儿颤",能拖就往后拖。不过,过了这个坎儿之后,就"柳暗花明又一村"了。有这么几个办法推荐给大家:一个是用手来抄写、用颜色笔去勾画,而不是瞪着两只眼睛一直盯着看;还可以和其他人合作,有的时候自己的错误看了半天就是看不出来,但是看别人的错误都会比较容易的发现,所以在文章找错的这件事上大家可以互助互利。

二、学习利用工具处理数据

(一)写作工具与模板

工欲善其事必先利其器,比如我们上电梯的时候,如果先按关门键、再按数字

---

① 培根. 论学习. OF_STUDY 王佐良先生翻译,Reading can cultivate a full man, conversation can train an agile, and writing makes an exact man.

键,电梯运行的过程就会更快些。如果我是一个秘书,要经常上下电梯,效率就是一个问题,这样一个很小的工作细节会省下我好多时间。同样道理,在我们使用 Microsoft Word 做编辑的时候,copy/paste 是我们要用上千万次的动作,如果懂得使用 Ctrl c 和 Ctrl v 和这两个快捷键,就会大大提升我们的速度。

下面举一个比较实用的例子,让大家有一些体会。数据处理方面多使用 Microsoft Excel 软件,它们原始自带的菜单栏中有些栏目我们很少用到,所以,我们可以根据自己的使用习惯把适合我们的栏目放进去、把不用的栏目移出去。如图 3-2,我们可以把这个菜单栏改成我们喜欢的样式:

改造过的 Excel 菜单栏变成了图 3-3。

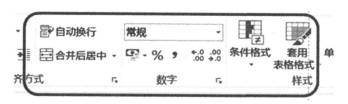

图 3-2 MS Excel 原来的菜单栏

图 3-3 按照个人的需要改装后的菜单栏

比较之后我们发现,新定义的菜单栏确实比较实用快捷,大大加快了编辑的速度。比如在新的菜单栏当中去掉了不常用的"条件格式"和"套用表格格式",加入了"自动高","自动宽"这些笔者写作当中常用的快捷命令,大大提高了我画科技图表的效率,节省了时间。这个新的菜单栏有私人定制的味道,它和你要处理的文件类型、文件特点密切相关,每个人都可以根据自身的特点定制自己的新的菜单栏,就笔者本身经验而言,系统给定的菜单栏都不太合适,有的栏目从来都不用,而该用的常见菜单却不在上面,改装成这个新的菜单栏有事半功倍之效。

笔者做了一些有用的模板(如图 3-4 所示)以及一些解释视频,可以在此下载(详细请参见附录 3 *Link24*)。这些模板可以帮助我们有效地使用这两类主要工具:一类是曲线绘制,一类是文章写作、结果演示,它们对应的软件工具分别是 Origin 和 MS OFFICE(Word,Excel 及 PowerPoint)。希望笔者的这个建议对大家有所帮助。

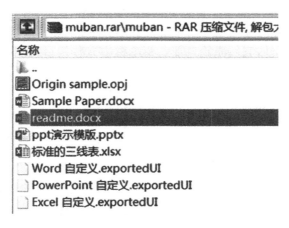

图 3-4　对写论文有用的模板下载及其视频说明

(二)绘制科学曲线

有研究表明,人脑对于视觉内容的处理速度比文字内容快 60000 倍,图片或曲线更容易让读者理解你要表达的内容。科学论文图表的主要制作原则是规范、简单、美观,图和曲线本身要有自明性,突出要表达的中心信息。图表布局,图中文字的大小及颜色、线条的类型及颜色、标识等需符合出版规范。与记录科学实验的过程不同,图表的内容要经过信息挖掘与数据处理,信息要经历深化与提炼,要突出重点,因此图线不应画得太过复杂,不相关的内容需加以剔除,去粗取精。例如图3-5,左边就是一个反例,右图就更易理解,希望大家能够体会两个曲线的差别,要从本质、内容和细节三方面来辨析。

在科技论文中,一张图表应该包含三项内容:图本身、图下的文字注释、和原文中关于图的说明。前两个解释了这张图是什么、这张图表达了什么,而后面一个对应整个文章的上下文,支撑了整个文章叙述的逻辑链。例如图 3-6 中对应的这三大项内容[①](图 3-6 中标注的①、②、③)。

① Gao J,Duan F L,Yu C,et al. Electrical Insulation of Ceramic Thin Film on Metallic Aero-Engine Blade for High Temperature Sensor Applications [J]. Ceramics International, 2016.

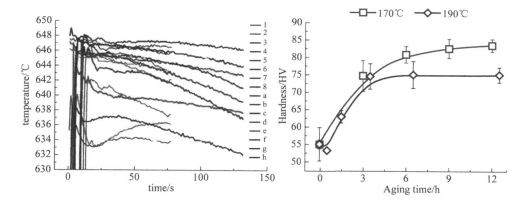

图 3-5　在不同的温度下材料硬度与老化时间的对应关系

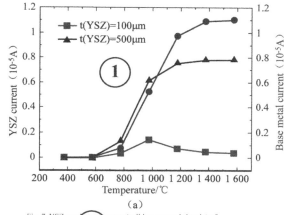

(a)

Fig. 7. YSZ conduction current (solid square andtriangle) of different films under differenttemperatures. Also shown the temperature dependency of the current flow vla the base metal. (red solid circle).

(b)

This is proven in Fig.7, where we do observe an increased substrate metal conduction current together with a falling YSZ conduction current when the ceraminc film is thin (100μm) after 1000℃. This interesting phenomenon only occurs in our metal/ceramin/metal sandwich structures where electrons choose their preferred path to flow, either horizontal or vertical, depending on which way is easier.[1]

(c)

图 3-6　论文当中一条曲线的三大项内容
(a) 图本身　(b) 图下的文字　(c) 课文里的文字

对于这三项内容的把握,最好的方法还是"照葫芦画瓢",精读一篇所要研究领域中的标准论文(最好是研究论文、而不是综述型论文),找一条关键曲线(需要包含以上三项内容),仔细研究揣摩,吃透其中的写法,包括专业术语规范,必要的时候可以采用手书抄画的方式。

软件方面,笔者做了一些有用的模板以及一些解释的视频,可以在上面的云盘链接下载。

三、钱学森：如何做好毕业论文

下面这一段是"钱学森在毕业论文导师会上的发言"（摘录）①，内容提纲挈领、言简意赅，把毕业论文的层次和写作规则做了高度的概括和说明。

1. 论文的几部分

第一部分就是写我为什么要研究这个问题？这个问题提出的本源根据是什么？前人做过哪些工作，解决了哪些问题，还存在一些什么问题？我这次所做的与前人有哪些不同之处？我准备解决什么问题，我准备用什么精神，什么概念和方法来解决这个问题，这也算是把题目讲清楚了。

第二部分，写具体的计算和实验是怎么做的？是用什么方法和实验的装置等等。

第三部分是具体的实验或计算结果。

最后一部分就来一段讨论。根据讨论的结果引申出结论。另外此段内还包括将来进一步要做的工作。

结尾可以写一些说明，或是感谢和其他人的劳动和贡献等。

其余就是附录和参考文献。

2. 论文格式要求

论文必须按照一般国际科学论文的总格式来写，这一套格式具体如下。

第一部分，首先写明论文题目，指明写论文的目的。

第二部分，指出前人在这方面做了些什么工作，引出不同于前人的观点，用什么方法解决问题？这一段是自我介绍，也就是引言的部分。

第三部分，如数理论分析论文，要介绍本题，若属实验性论文，就介绍具体实验。

第四部分，具体结果，理论分析论文，清楚地写出具体计算结果，实验性论文写出实验结果。

第五部分，有结果可以总结出什么规律，并进行讨论，是否解决了问题，如解决问题不那么彻底，要提出今后工作的建议。

最后引出文献索引，参考文献，按规矩是作者的姓名，然后写上题目、期刊的名称，卷与页数，而书就是写作者出版者第几页。

对论文的格式应有严格的要求，这并不是细节问题，而是一个科学工作者的习惯，对形式要求怎样写就应该怎样写。

同学们是会忙一些的，这有必要也是好事。在这期间可能会多找一点导师，所

---

① 侯建国.钱学森火箭技术概论手稿及讲义（全2册）（精）[M].中国科学技术大学出版社，2008.更多的内容，详细请参见附录3 *Link25*。

以也希望导师能多给予指导。**有的学生可能一两天就会找你一次,或者会更多。**

第二节　小论文

　　研究生在做研究期间需要写出两篇论文,一篇小论文、一篇大论文。顾名思义,小论文就是篇幅要短,要精炼;大论文就是要论证充分,内容翔实,篇幅较长,对于整个课题的前后工作要有承上启下的作用,对于后边的研究者要提供足够的、充分的数据和说明,便于整个课题的延续。

　　关于小论文的写法,笔者曾经给《新教育时代》2020 年第 9 期投过一篇《论研究生论文撰写的内容、方法与读者》文章。其摘要是这样写的:

　　近年来研究生报考人数快速增长,2019 年是历史上报考人数最多的一年,报考人数将近 300 万。国内的重点高校,如北京大学、清华大学、上海交通大学,研究生的人数已经是本科生的两倍左右了,本文深入地分析了这种趋势的内在起因和必然性。而对于考入的研究生而言,写作是一项重要能力,它关乎一个研究生能否顺利毕业,也是一项在未来工作岗位上的重要沟通技能。本文以此为起点,总结形成了一套较为体系化的科技论文写作方法,旨在为研究生提供论文写作上的方法和思路。论文写作有三个要素:一是要学会读,目的之一在于论文的选题,目的之二就是要学习如何写作;二是做好自己,包括原理、方法和规范;三是了解观众,从编辑、审稿人和读者的角度审视你的论文,寻找能吸引眼球的亮点,分析被拒稿的原因及应对技巧。本文的重点放在"怎样写",用具体的实例来说明科技论文写作方法,包含论文主要架构,标题、摘要、引言、正文和结论的写法,以及相关写作策略,如"灰色方块"、心理压力、分段论、查重等内容,涉及文献查找和引用、编辑及绘图等实用技巧。阐述了科技论文写作的基本原则和成形过程:从制定大纲、形成论点、搜集论据,经历"先繁后简"的过程,最后提炼、精化和发表。

　　以下是一些要点内容,详细请参见附录 3 *Link26*。

一、从学士、硕士到博士

　　表 3-1 通过一个实例来帮助大家了解科技论文是什么,以一个很通俗化的"洗袜子"为选题,以一种比较诙谐的语言方式描绘了本科毕业论文、硕士毕业论文和博士毕业论文的深度与层次。

表 3-1   以"洗袜子"为主题的学士、硕士、博士论文层次对比

本科生毕业论文
第一章   什么是袜子
第二章   为什么人要洗袜子
第三章   手洗袜的技巧
第四章   一种全新的洗袜子方法

硕士生毕业论文
第一章   洗袜子的定义及其历史演变
第二章   不同洗袜子方法的优劣对比
第三章   揉搓姿势、洗衣粉用量、水温对洗袜子过程的影响
第四章   如何科学地表征洗袜子的效果——以蒙眼闻味法为例
第五章   洗袜子的最优手法总结以及洗袜子的视觉呈现

博士生毕业论文
第一章   袜子的发明对于人类社会的价值以及其设计上的不足
第二章   基于生物质能和电能的洗袜子方法对袜子臭度的衰减作用及其表征
第三章   揉搓姿势、十二烷基苯磺酸钠的浓度、水质的硬度对洗袜子过程的影响
第四章   基于 NSFF 方程的洗袜子过程中动量、热量、质量传递模型建立
第五章   自动洗袜机概念的提出和原理、制备方法、应用场景
第六章   以静电纺丝法制备一双永远不会臭的袜子及市场调研

可以看到,从学士、硕士到博士,理论含量在深度与广度方面都在逐渐增加,所用的语言也越来越科学化,更加"阳春白雪"。把简单的事情深入化,彰显自己的深度和水平,这项技能在研究的初期是必要的,但是要从科研工作者变成一个大师,必须能够做到"变复杂为简洁",举重若轻,用很简单的话道出一个很复杂的东西,这是后话。

二、撰写论文的脉络与大纲

图 3-7 对本文"论研究生论文撰写的内容、方法与读者"做了一个概括。

三、科技论文三步曲

如图 3-8 所示,论文的写作过程可分为三步,第一步是准备,包括读文献、包括做工作;第二步是"做好自己"是写作的主体,包括论文的结构(比如标题、摘要、引言、结论等),行文的次序(如科技论文写作的基本原则、写作的逻辑等),方法和规范(一些具体的操作方式、方法与技巧);第三步是了解你的观众:什么样的读者会读你的文章,编辑和审稿人会认可你的文章吗? 下面就根据这个脉络逐一进行讲解。

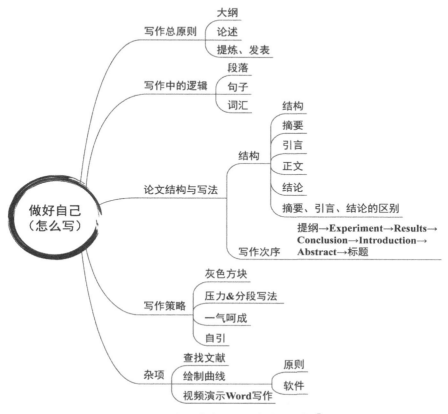

图 3-7 关于"如何写"的脉络与大纲①

(一)先读后写

要先读,然后才能写。不读就不知道如何写,而不做就写不出来。在下面写作的例子当中引用了一些专业的案例,尽管我们不一定懂得里面的专业词汇,但还是可以从中体会到写作的规则和技巧。

(二)加法和减法

科技论文并非一气呵成,而往往是经过积累和提炼这一"加"一"减"两个动作形成的。一篇成功的科技论文,最重要的就是要讲一个完整的故事。作者应当根

---

① Experiment(实验),result(结果),conclusion(结论),introduction(引言),abstract(摘要)。

据草拟的提纲将文章逐步扩充,但在陈述实验步骤的过程中要直击重点,不需要把做过的工作、突发的状况事无巨细地予以记载,其中走过的弯路、思路设计的波折和变化,未必需要一一阐述,除非这些负面结果对于他人具有一定的借鉴意义。正所谓:舍得舍得,有"舍"才有"得",得此要领,可以很"轻易"地给审稿人留下较好的印象。

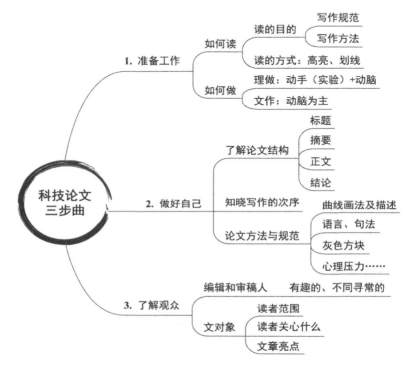

图 3-8　完成一部科技论文需要的三个主要步骤

(三)写作中的逻辑问题

这一点不受语言的影响。很多人将写不好英文论文的原因归结于英语不好,实际上将它翻译为中文,也未必是一篇合格的作文,在这一点上,中国学生和美国学生并无二致。

1. 段落的逻辑

段落不应太长,每个段落应着重陈述一个要点。一般在段首用简短的中心句来点明中心思想,帮助读者大致了解本段内容,从而决定是否继续读或是否重点阅读。其一是启发式,比如"下面讲一下使用的方法",或者"那么如何使用呢?"此类连接式的句子来引导下文；其二是总结式，比如"这个课题是一项基于压电物理学、交叉性和应用导向非常强的项目。"给作者一个概括的索引，接下来的内容应该是：①如何基于压电物理学？②交叉性和应用导向分别指的是什么？这才是正确的逻辑次序。

2. 句子的逻辑

再者是句子的写作方法。一个句子当中若出现三个以上存在逻辑关联的事物，对于一般读者来说就在语句理解上增加了难度。从操作层面来说，如果一个句子超过了 Word 文档的四行，就一定要想办法缩减或分割，多数读者的大脑不足以处理三行以上的长句信息。

3. 词汇

最后是词语的考究。科技论文写作并非文学创作，除了专业词汇以外，毋须刻意展示词汇量的丰富。具体而言，要用小词、不用大词，比如能用 Use，就不要用 Utilize。在一个句子之内及邻近句子之间，尽量避免用重复的词语，可以用不同的词汇表达同一个意思。

4. 啰嗦

刚开始撰写论文的时候，主张用"加法"，这样写出的论文会比较啰嗦，但是会把事实说清楚。那么第 2 步就是要做"减法"，在表达清晰的前提下精简句子的结构，在有限的页数之内把文章写出来，比如表 3-2 中的举例。

表 3-2　论文语句精简过程举例

	修　改　前	操作	修　改　后
例 1	Fig 1 shows the TEM image of the obtained samples.	合并	TEM image of the obtained samples in fig 1 shows that the nanowires are single crystalline.
	From the images, one can see that the nanowires are single crystalline.		
例 2	To further study the crystal phase,	简化	In addition, XRD data in Fig 2 show...
	XRD measurement was conducted and the data are shown in Fig 2.		

四、综述性论文与科研结果论文

综述类的科技论文是作者归纳、综合后撰写的论述性文章，一个好的综述类的科技论文的引用率会很高，它具有两个特点：第一点是参考文献非常齐全，有"一网打尽"的感觉，这便给读者提供了便利，能够立即了解到该行业中从各个不同角度论述同一个课题的所有相关参考文献，便于对该课题展开研究。另外一个特点是"有综有述"，有作者独特的观点、独特的想法、看问题的高度和视角。好的综述类的文章常常是行业当中的大牛综合多年经历而写成的,他们对本行业以前发表的参考文献非常熟悉,有"精读成精"的感觉,会触类旁通,对各种不同的观点进行有机的交叉组合,形成独特的见解和想法,对于未来的科学思路有启迪和引导的意义。

虽然研究生阶段也可以试着写综述性的论文,这对于学习是有好处的,但并不是要急于去发表,研究生的学术积淀常常不足,写出的综述性论文往往都是堆砌而成,只"综"不"述",距离写出一个有价值的综述论文还是很远的,在研究生这短短的两三年内,学术的积淀还远远不够,也很难达到一定高度。

研究生的初期比较实用的是科研结果论文的写作,下面主要就这一方面展开论述,这部分的具体内容请参见附录 3 *Link26*。

五、如何写标题、摘要和前言

首先了解一下 5W1H 这六个首字母英文单词的词意:
- 原因(WHY)
- 对象(WHAT)
- 地点(WHERE)
- 时间(WHEN)
- 人员(WHO)
- 方法(HOW)

5W1H 分析法是指产品、方法、问题等题目,都可以从上边六个角度提问和思考,5W1H 可以用来整理我们的思路,使思考的内容更全面、更科学化、更系统化。

一篇科技文章可分为如图 3-9 中所列的几个主要部分。

---

(1) 标题和摘要。

(2) 前言。

a. why? 为什么要做?

b. who、when & where? 有什么人、在这之前做了什么东西?

c. what? 总结一下我们这篇文章的贡献。

(3) 实验。

a. 方法(怎么做的)。

b. 表征(怎么测的)。

(4) 结果与讨论。

a. 结果。

b. 讨论。

(5) 结论。

图 3-9 科技论文中的几个部分

1．标题的构思

理想的标题应包括 Why、What 和 How 这三部分内容,而由于字数限制,一些标题难以将 Why 和 How 包含其中,大部分的论文题目只讲一个 What。在字数上,中文题目一般不超过 20 个字符,英文标题一般不超过 10 个实词。

2．摘要的 5 个部分

对于小论文而言①,一份好的摘要应当简要地阐明五点,Why、What、How、What,具体而言,①为什么要做这份研究,②这个工作中做了什么事,③通过什么方法做的,④主要的结果与结论,⑤此处可以凸显本论文的研究意义。摘要一般在300～500 字之间。

3．引言

要通过回顾和比较、通过对比来彰显本论文的意义,这是引言当中的重点内容,这种作为"门面"的内容很大程度上决定了论文的等级。通常引言可分为两段,同样可以用 5W1H 的方法进行对应。首先,"研究背景和目的"部分需要阐明why;其次,"前人研究进展"部分,是 who,what,where & when,这是第 1 段的内容。而第二段"作者的贡献"部分,应当概述本文贡献的要点、所做的工作、研究方法,以及在摘要中限于篇幅没有提及的内容,在引言中要加以必要说明。以上内容可以保证编辑与读者在阅读标题、摘要和引言部分后,能够对文章内容有大致了解和整体把握,同样也决定了读者是否有兴趣继续阅读。

4．主体(实验、结果、讨论)

实验的部分主要讲的是"How",一是实验材料、实验设备和实验方法;二是实验经过,即研究步骤及操作流程,此处要求作者将全部研究过程及所需条件囊括在内,使读者得以依照论文所述,复现该实验过程,体现该研究结果的可重复性与可验证性。结果与讨论讲的是"what 和 why",此处要求作者思路清晰、逻辑严密,不可随意跳跃,给人以拼凑之感,要体现出严谨的科学性和逻辑性。

5．摘要、引言及结论的区别

摘要(Abstract)、引言(Introduction)的最后一段和结论(Conclusion),三者内容虽有所重叠,但侧重点不一样。详细请参见附录 3 *Link26*

六、写作次序

一般论文的写作次序为:实践过程→结果→讨论→结论→引言→摘要→题目。

首先需有一个初步的大纲。在写作的次序上,虽然一篇论文的顺序是①Abstract

---

① 应该指出的是,大论文摘要和小论文有所不同,大论文的目的在于承上启下,主要有三部分内容:ⅰ背景和意义;ⅱ前期的工作和问题;ⅲ我的主要贡献。

(摘要)→②Introduction(引言)→③Experiment(实验)→④Results & Discussion (结果与讨论)→⑤Conclusions(结论),但实际操作时应先写的、最容易下笔的是③ Experiment(实验),它其实相当于写实验报告,记不需动脑的流水账。而① Abstract(摘要)一般放在最后写。写科技论文需"先做加法,再做减法"。即需要 先能写出"很啰嗦"的论文,将事情讲明白、讲得尽量清楚,然后再进行文字上的润 色与提炼,句子上面做整合与删减,即"减法"。

(一)写作小诀窍

在此与大家分享写作的一些杂项。如灰色方块法、查重、写作心理压力等。

(1)"灰色方块"。就是在缺乏数据的情况下做到"无中生有",先"挖坑"再"种 萝卜"。

(2)关于查重。要分清引用和抄袭的区别,查重所说的是在引用别人工作的 时候需要注意的事项。"知网"的标准是以"连续 13 个字符相同为重复",而且"的" "了"之类的虚词不算。

(3)写作的压力与分段论。一想到需要写出这么多字,往往会产生心理压力 及拖延症,这里推荐用"分段论"的方法来缓解写作的心理压力。

(4)关于文章的自检。写完了以后要对文章做 N 遍的重读,重读的过程可以 分为精读和快读两种,所谓快读就是像阅读小说一样,体验它的流畅感。精度就是 要检查写作当中的一些错误,在投稿之前都需要留出两天的时间,每天认真地读一 遍,然后再投稿。

(5)写作的连贯性。指的是我们在撰写 A 问题时不要思考 B 问题。

(6)积少成多,集腋成裘。科技论文很少是一气呵成、一挥而就的,一般都是 做一点儿、写一点儿,写一点儿、改一点儿,除非是大师们所写的综述类文章一气贯 通,往往给人一种才华横溢、厚积薄发和行云流水一般的感觉。

详细请参见附录 3 Link27。

(二)小论文改错——普林斯顿方法

这是大部分研究生在写小论文之初犯头痛的地方,自己发现不了错误,但是文 章拿给老师看、拿给编辑看,就看出了太多的问题,最后因为不合格而拒稿。这是 因为研究生之初很多人都没有经历过"质疑精神"的训练,这是颜宁在普林斯顿的 经历。

回顾在普林斯顿的第一年,颜宁说,那是一种强化训练。她认为:

"……它完全不是教你什么知识,就是剖析论文,基本上所有的时间都用于阅 读经典论文,去理解作者当时要解决的关键问题,去理解他们的实验设想和研究思路，去挑错、找漏洞，这样强化训练整个一年下来，当你再拿到一篇论文时，很快就能领会它的意思，另外就是让你知道，不论多经典的论文，里面都可能有瑕疵甚至错误，要用批判的态度去读这些东西。"

普林斯顿要培育的是学生的质疑态度。质疑就是在"鸡蛋里面挑骨头"，鸡蛋里面本来没有骨头，但是当小鸡快要出来的时候，鸡蛋里就有了骨头。一项课题的结果，这个时候没有问题，不代表以后就没有问题。普林斯顿质疑方法的训练就是：在一篇文章当中，在你写的文章当中，甚至在一篇已经发表的经典论文当中，都会存在缺陷，只要足够认真，任何文章都能找出缺憾。学会"鸡蛋里挑骨头"，是研究生培养的一项素质，也是创造与创新的源泉；而给小论文纠错，就是这项素质培养的必要手段，所以，小论文是研究生培养大纲中不可或缺的环节。

在修改小论文过程当中，首先要"达到的一种境界"，就是能发现问题、能够找出问题。其过程和步骤如下。

（1）"知耻而后勇"，这是第一步的训练。就是先要看得到问题在哪、要改进哪儿。写好的科技论文，在你每次读它的时候都会发现缺点，读了很多遍还是会有，这种状态才是对的。如果还看不到缺点，总觉得自己还不错，但是导师、编辑意见一大堆，那就是还没有"知道耻"，还是需要这一步的训练。

（2）用"分段论"的方法激发兴趣、减低难度、一点一点地改进，以克服写小论文的心理障碍。借鉴一下电子游戏的设计规则，为什么电子游戏可以使人上瘾呢？是因为电子游戏的设计建立了简单的成就感奖励机制、一个短期头脑奖励机制会刺激自己的多巴胺产生兴趣感。

很多研究生都有"小论文恐惧症"，一想到要写小论文就不想去做、能拖就拖，但是不写又不行、又毕不了业，由此滋生挫折感，工作就不快活，知行就不能合一，干活就觉得很累，负能量的读研人生就开始了。究其原因就是头脑觉得目标太大、太难，不能够迅速得到结果。解决方案就是"分段论"，分段论会形成大脑奖励机制，一次产生正能量反馈循环机制，知行合一，读研才会快乐。

用分段论的方法具体操作普林斯顿的"质疑精神"，具体过程如下。

整个的文章很长，要检查一遍很花时间，会给头脑带来一个拖延的信号，这个时候，如果能给头脑一个奖励机制，比如说今天就检查一项内容，就做 20 分钟，然后就去喝茶，执行起来就容易得多。如今天只做引言的检查，就只检查摘要这一段的逻辑问题、只检查文章的大纲和整体逻辑等等。

用上面提到的"精读成精"的方法来检查错误，一句一句地朗读出声、用笔书写等方式，光用眼睛盯着看有时是看不出问题的，要利用人的五官"全息诊断"，慢工才能出细活。

还有就是定时，比如这 20 分钟就看这一项、就看这一段，其他什么都不干，关掉微信、远离电话、打开定时器，做满 20 分钟。

最后一点就是，文章的修改细致度要达到什么程度？一个人不能达到 100 分，但是也不应该不及格，应该在 100 分与不及格之间找一个平衡点，研究生的时间毕竟有限，必须在有限的时间内发出小论文以达到毕业的要求，内容的创新点和价值足够强是文章能够被出版的首要条件，在这个基础上写作要合格，要达到编辑和审稿人可以接受的程度，也就是既有学术水平，写作又要过关，所以要把握好必要性和可行性的平衡点。

普林斯顿的质疑精神，即挖空心思地找出科研的缺陷、找出课题的缺陷，其本意是产生创新点、形成新点子，英文的 Research 一词就是 Re＋search，这个英文单词的词头 re 是重复的意思，而 search 是搜寻的意思，科研就是 re-，re-，search，一遍一遍地、反反复复地搜寻，这就是科学研究的精神和过程。

给小论文改错误，一遍一遍反复地读自己写过的东西，发现里面的错误是非常辛苦的事情，但也是研究生一项必要的训练。颜宁回顾在普林斯顿的第一年说：

那是一种强化训练。事实上，我到了普林斯顿才知道，在清华虽然也很累，但这里上课的要求和强度是清华根本没法比的。在清华上课时，都是老师在上面讲，我们在下面听着就好了，顶多举手回答问题，很少被老师突然提问。但在普林斯顿，老师会突然点名提问，让人一点准备都没有，特别是英语非母语，在表达上还有一层心理压力。

七、审稿人的眼光

（一）审稿人最先看什么

编辑与审稿人的视线是"一摘、二结、三曲线"（一是摘要、二是结论、三是曲线）。因为一条科学曲线的 X、Y 轴和曲线的内容代表了提出的问题、实验的思路和实验的方案，这一、二、三里边的信息量很全，代表了论文的创新性，代表了论文的独特性，代表了论文的主要结果。

从评审角度来看，主要考察三个方面：首先，这篇论文是否有一个显著的贡献；其次是论文的可读性，是否易于理解；再者，论文内容与所投递期刊是否合拍。对这一点，要求作者在投稿时分析清楚所投期刊的性质以及定位，投准期刊，在行文方面，最好是根据这个刊物的行文格式来写论文。大部分期刊都会有投稿的模板，最好的办法是下载一篇该刊已发表过的论文，写论文时的格式就可以"照葫芦画瓢"。

就评审的结果来看，主要有三种情况。

第一种是需要进行修订，很少会碰到不需修改就直接发表的情况，除非是大师级的邀稿文章。绝大多数人得到的意见都是要做一些微小的调整，这个反馈是比较正面的，也就是说对文章内容基本认可。

第二种情况是需要大改，其原因或是因数据不全、造成逻辑关系的断层，或是写作中存在太多问题，如论文的材料组织不够完善、论文内容水平不达标、论文写作不合规范，达不到出版的标准。

第三种是被直接退稿，这通常有两种情况，一是文章的内容存在较大问题，不符合发表基本要求；二是文章与刊物不合拍、立意欠佳、论据不充分等等。

根据编辑和评审专家在评价时的侧重点，在论文写作上要把握两个平衡。一是要处理好文章的详略平衡。文章的核心只需要一件事就够了，即集中讲一个有趣的故事，不可论点过多，不可能也不必要将所有东西都讲出来，比如将所有实验的细节、所有失败的经验都塞进去，这些是你的感同身受，观众未必领情。一个科技论文当中，至少有一条曲线（图、表）是关键点，其他的皆为辅助，这条曲线是支持论点的主要论据。二是需处理好意义和工作量的平衡。对于某一特定行业而言，如果论文工作有重要的突破，其成果意义很大，那么将这个亮点讲透即可；如果成果意义一般，便需要有足够的工作量做添补，例如篇幅要够、数据量要足、论证要充分、行文要漂亮。对于写作要求也偏高一些：论点和论据的逻辑关系要清晰，论文的通顺性好、可读性强，文笔要好、数据呈现要漂亮，科技刊物登载你的文章会觉得有档次，这是任何一家刊物编辑心里的潜台词。

（二）审稿人与编辑的心理

写文章是要发表，而编辑和审稿人决定了稿件的录用与否。所谓知己知彼、百战不殆，必须要了解他们的心理：他们会关心哪一点，哪些内容会点亮他们的眼球？

对评审专家而言，他们的大部分工作都是在一遍又一遍读相类似的东西，他们也很想眼前一亮，看到有趣的、不同寻常的、好玩的东西（胡立德，你的故事只需要一个亮点就够了，详细请参见附录 3 *Link27*）。要达成此效果，首先是你必须要做出真真切切的新发现，而且在表述方法上标新立异。要从写作的层面，在论文的标题、摘要和引言的部分多花一些心思，这是这一节要关注的重点。

从编辑的角度，他们注重的不一定是专业内容。编辑们关心的是行文上下逻辑与通顺性。他们是刊物的把关人，要保证论文的规范性、要符合科技文章出版标准，这也是他们职责所在。此外，对大多数刊物而言，编辑是审稿人的分派者，他们会根据稿件的专业性分派论文到最合适的审稿人（各行业的专家）手中。编辑部的人不一定懂你的内容，因为"隔行如隔山"，编辑也不一定是专业人士，但是编辑可以很容易地看到你的写作格式错误，文献引用、查重等存在不规范问题。所以作者要善于用简练、科普的语言把文章主旨讲透，同时，规范论文写作也可以在编辑这儿快速通关,尽快将稿件列入出版计划。

(三) 被拒稿的原因

有些时候我们投稿之后,几天内就会收到回信,通知我们稿件被拒了。这种马上被拒稿的原因主要有 4 种:替换性研究(The Substitution)、累积性研究(The Incremental)、简单加和性研究(A+B=A+B)及过于精专性研究(Super Niche)。

1. 替换性研究

这是指仅修改或替换已发表工作中的一个或数个参数或条件的工作。宣判这类文章"死刑"的原因往往不是因为改变参数条件本身,而是参数改变所带来的结果与原工作相似,无实质性、突破性的进展或全新知识的呈现。比如:某文已报道 MOF-A 化合物存储氮气的性质。提交的工作仍以 MOF-A 的气体存储性质为研究对象,但存储的气体由氮气变为氢气。若氢气存储的理化行为与先前文章无本质不同,这样的工作将被判为"替代性研究"。

应对这类问题的对策是:编辑在判断一项工作是否属于"替代性研究"时往往会查阅文章的参考文献。若参考文献中包含有与现工作直接相关,特别是属于同一课题组发表的工作,编辑们便会留心对比前后工作的内容来判断当前工作是否足够新颖。所以必须强调指出参数的改变带来了全新或预料之外的结果,且文章清晰地解释了造成该结果的原因,这样的稿件还是可能通过筛选的。

2. 累积性研究

是指基于已发表的某一研究,向前"跨出一步"而完成的工作。判定累积性研究有时会很困难且主观,因为不少科学工作都是"站在巨人的肩膀上"。需要指出的是,累积性研究对科学发展是有益的,因为它们对先前工作的补充和修缮是完善某一课题的必需。只是这样的工作可能不入高水平期刊编辑们的法眼。以电池领域为例,某工作通过向电极材料中引入新的界面层、掺杂不同元素或提高孔隙率等提高了电池的比容量或是库伦效率,但文章通篇没有呈现新的理念,仅仅是在原有工作基础上向前发展了一点(如比容量提高一点),这样的文章难逃被拒稿的命运。

对于这种问题的应对方略,首先是避免过度地列举已发表的类似工作,特别是本课题组先前的工作。因为这样的行为无疑是开门见山地告诉编辑这个投稿的工作早被做过了。第二就是要重点突出课题的意义和动机,这一点很重要,要从不同的视野、不同的角度,以不同的文字表达这个意义、突出这个动机。论文的意义和内容不突出,就要在文笔和写法上多花工夫,不然在编辑的眼里,文章的价值就不大。此外,作者需在投稿信(cover letter)里强调当前工作的新颖性,而非突出先前工作的成功,切忌照搬文章摘要,失去了一次向编辑和审稿人推销自己工作的宝贵机会。第三就是要注意避免形式上的雷同,比如说图和曲线的样式与前面发表的看上去差不多,很容易让人看到累积的痕迹。

3. 简单加和性研究

顾名思义,就是把两个或多个已被研究的内容整合到一起而开展的工作。比如,先前已报道了一种柔性导电高分子材料 A,投来的稿件也是关于材料 A,但还涉及一种已被广泛研究过的磁性纳米颗粒 B。这个工作将纳米颗粒 B 与高分子 A 复合,制备了既有柔性又导电,还能利用磁铁吸引的复合材料 A+B。这样的工作如何? 也可能会被拒稿! 因为两个已被报道的工作叠加后没有产生"化学变化",所得的结论完全是已知或可被预测的,这样的工作缺乏新颖性。

如何才能避免"简单性相加的研究"呢? 第一个思路就是使 A+B=C,"化学反应"在这里是关键词。我们要了解一下化学中的"化"字是什么意思? 化是变化。比如我们把水和油放在一起,水会沉下去、油会飘上来,油水不会共融,这就是物理,这就是 A+B;而我们把 NaOH 和 HCl 放在一起,它们就会变成盐和水,并且产生热量,这就是化学,是 A+B=C。这里边的关键是一定要有 C 出现,如果相加之后得到的结果完全是预期的,没有什么新意,那就是看不到这个新的 C,所以如果 A 加 B 之后发现任何新的现象、新的应用前景、新的特点等等,一定要用新颖的文字把他们强调出来。第二个思路就是:A+B≠A+B,比如 A+B=2A+B 或 A+B=A+0.5B,两个因素结合后产生放大或抑制作用。这种情况下,文章当中一定要从不同的视野、不同的角度,以不同的文字强调这些不同,清晰地辨析 A+B 之后的不同点,新的特点、新的现象,那么文章还是有望通过初选的。

4. 过于精专性的研究

这是指那些太过专业而影响力太小的文章,也就是说题目太小,也有可能是刊物投得不对口。这样的文章可能设计合理、行文清晰、数据翔实、结论令人信服。但因为所涉及内容过于专业,能理解的同行少,因此遭拒稿。应对这种拒稿的方式,需要在研究意义上下工夫,也就是在文章引言的写作上多下工夫。还有就是要考虑与所投刊物是否对口。尤其是现在交叉学科是一种趋势,而传统的刊物界定的范围非常专业化,对于学科交叉类的论文,编辑不好判定是否符合该期刊的专业范围。所以,要在文章的引言当中突出你的文章和这个期刊专业范围的相关性,最好能在引言的第一段头几句话中就有所体现。如果确实有些偏,则应该考虑转投其他期刊。

(四)如何撰写给审稿人评阅人的回信

评阅人的回复主要有三种:第一种是需要进行修订,绝大多数人得到的意见都是这一类的,这个反馈是比较正面的,也就是说对发表文章内容的认可。第二种情况是需要大改,其原因或是数据不全、论文内容不够水平;或是写作中存在太多问题、达不到出版的标准。第三种是被直接退稿,这个常常是因为文章内容的问题,比如文章的立意欠佳、论据不充分、课题内容与刊物主题相左等等。前两种情况都还是可以补救的,应对的策略是,按照审稿人的具体意见做好修改工作,同时要注意写好给审稿人回复的信。回信要有结构有组织,将审稿人的问题写在前边,将你的答案回复在后面,要一条一条的来。还有一个技巧就是,回答时要把"新"和"旧"放在一起做对比,让审稿人显而易见看到差别,而不是仅仅说"我们在稿子上已经改正了",因为这会给审稿人带来额外劳动:让他们回看手稿文本,还需要记住旧的版本是什么,哪个是修改过的。以同理心思维让审稿人工作变得更容易、更轻松,当然会有助于增加他们对你的稿件正面判断的积极能量。

详细请参见附录 3 *Link28*。

八、名人谈论文

(一)施一公的第一稿

1994 年,我第一次完整地写科研论文,感觉很差。好不容易写完的文章,连我自己都不愿意读第二遍;勉强修改之后,交给了老板 Jeremy Berg。他拖了三周没看我的文章,我实在忍不住了、去催他,上午 9 点,Jeremy 告诉我:今天看!11 点,我去他办公室催,秘书拦住我,说 Jeremy 正在办理重要事务,两点前不得打扰。我心里惴惴,不知 Jeremy 在干什么。下午一点半,Jeremy 急匆匆过来找我,拿了一叠纸:"This is the draft. Please let me know what you think. We can aim for a *Science*."(这是初稿,你看看如何,我们可以试试《科学》)

我仔细一看,天啊!一共 7 页,四个多小时 Jeremy 已经把文章的整体写完了,只是缺少 method 和 references。让我郁闷的是,他根本没有用我的初稿。

作者点评:其实写科研论文,内容还是第一位的,施一公做的内容非常好,所以可以够得上 *Science* 这种大的期刊;但是写得太烂,与其修改还不如重写。很多导师都有相同的体验,改文章比写文章要困难。但是作为研究生的导师,还是要必须花时间陪学生走完这一段困难的路,也就是陪着他一起"困难",施一公的导师名气大,那个时间又很忙,没有时间去手把手地教;施一公又很聪明,知道怎么去学,知道怎么照葫芦画瓢,所以才有了后边的成绩。

(二)颜宁的经验

最后再分享一下颜宁的经验,详细请参见附录 3 *Link29*。
以下是要点。

(1)投稿信(cover letter)不是一个形式主义的文件,在投稿信里面你可以把自己真实的想法都写出来，比如"A 的模型是错的，我们的模型是对的"。这种说法一般在论文里是很忌讳的，所以投稿信是你唯一的可以写出那些很重要却又不能在论文里畅所欲言的内容的机会。

（2）一定要好好写图的说明。不要写正文累得半死才去写图的说明。

（3）不是审稿人的每一个点我们都得老老实实地听话，编辑有时也会根据审稿人的意见、你的实际情况权衡一下。

（4）要学会申诉。即使收到的是完完全全的拒绝信，如果你对自己的论文真的很有信心，也不要放弃最后一次机会：申诉！

第三节　大论文

大论文就是研究生的学位论文，顾名思义，论文要达到一定的"位"，才能拿到学位。学位论文要达到学位委员会的认准，才能授予学位。如果说小论文的话语权在于审稿人，那么答辩委员会就是研究生学位的话语权人，所以大论文很重要。

学院论文是委员会审核研究生毕业资格的重要材料之一。学位论文答辩委员会是该单位进行学位论文评审与答辩工作的组织，负责审查学位论文和组织答辩，最后对授予学位作出决议。硕士学位论文答辩委员会由 3～5 人组成，博士学位由 5～7 人组成，指导教师不得任委员会主席。在整个论文审核和答辩当中，导师都不能作为裁判出席，但是在研究生整个指导过程当中，指导教师必须要充当裁判的角色，才能够保证研究生顺利"通关"，写出合格的小论文，得到编辑和审稿人的认可；写出合格的大论文，得到学位委员会的认可，所以研究生导师的"指"和"导"甚为重要。

一、答辩委员会的评判依据

答辩委员会老师的心理和小论文审稿人的心理不尽相同，两者都会关注文章的质量，但是他们的侧重点不同，审稿人的老板是刊物主编，文章必须要满足刊物本身的要求，审稿人是把关人；而答辩委员会的老师更关注的是论文者是否够资格毕业。

表 3-3 是一个学术论文的评估表，供研究生们参考，也是给导师们作为打分的参考。学生们可通过这一评估表了解答辩委员会对于论文的具体要求，"知己知彼，百战不殆"。这些要求和规定很宽泛，各个专业有各自不同的标准，关于选题意义的判定也会存在一定的主观因素，但是关乎研究生学位水准，在论文质量与水平

上有一些硬性的判定原则。比如论文是否达到一定的工作量,研究思路是否清晰,论文写作是否合乎学术规范,写得认不认真,逻辑次序是否清晰,等等。

表 3-3　上海交通大学某系论文审阅评估表

评 价 指 标	评 价 要 素 优秀 90～100　良好 80～89　中等 70～79 合格 60～69　不合格 0～59	得　　分
(1) 选题与综述(10%)	选题来源于实际,能解决实际问题,体现专业类别特点 文献资料的丰富度、新颖性,归纳总结的条理性	90 (0～100 分)
(2) 基础知识(10%)	掌握基础知识的宽广性、系统性 运用基础理论、专业知识的正确性、灵活性	80 (0～100 分)
(3) 方法与能力(30%)	研究方法或设计方案恰当,研究步骤和过程科学规范 研究内容的难度及工作量 综合分析问题、解决问题和调查研究的能力	85 (0～100 分)
(4) 实践与应用(40%)	论文的应用价值、职业或行业背景、经济或社会效益 研究成果、对策或建议的指导作用、借鉴意义	87 (0～100 分)
(5) 写作质量(10%)	结构合理,逻辑性强,表达准确,写作规范 引文规范,学风严谨	87 (0～100 分)
论文总分	根据单项得分与权重,系统自动计算	86.60

毕业论文也有文、理、工之分,分为理论性论文、实验性论文、描述性论文和设计性论文,第一种适合文科,后三种论文适用于理工科。

文、理、工三科研究生具有不同的能力特点:

(1) 文科:创新能力、言语表达、语言理解、逻辑推理、感悟力等。

(2) 理科:创新能力、提出问题的能力、逻辑数字推理能力、问题解决能力、资料搜集与处理能力等。

(3) 工科:创新能力、问题解决能力、动手能力、逻辑推理能力、资料搜集与处理能力[①]。

每一类论文都会有标准的论文模板和样式,学生应该根据学校具体要求选择正确的模板。但这些仅仅是形式和格式,重要的还是论文内容。写大论文最好的方式就是"照葫芦画瓢",任何论文研究都不是"从天而降",都有前面的师兄师姐在"铺路",所以拿一篇人家以前写过的文章做参考,是一个快捷的通路。讲一个小诀窍,最好能读一下你导师的论文,了解一下他的品味。

---

① 段丽. 研究生科研能力的培养研究[EB/OL]. 湖南财政经济学院,http：// xueshu. baidu. com/scholarID/CN-BM74Z4GJ,2003-11-10.

二、大论文成文之道

(一)大论文是平时的积累

1. 素材累积

大论文不一定是在临到毕业之际才开始写的,在平时就可以做足够的积累。小论文当中的某些内容、平时的实验记录、平时和导师汇报的内容(详细参见前边"做"这一章节的内容,关于"汇报"、关于"实验记录")就是最好的素材,平时积累做得充分,下笔就游刃有余了,因为这种写作就是在做"减法",是对已有的素材根据一定的逻辑关系"重新拼图、把积木搭好"。这就是我们前面所说的:在研究过程当中要经常汇报、经常和老师讨论,在汇报和讨论当中要有书面材料、做好实验记录、拍好实物照片做"呈堂证供"等等。

2. 大论文内容累积

如何有效地利用平时的汇报材料来帮助撰写大论文呢?这里边推荐一种方法,平时就应该有意识地以毕业论文作为模板,往里边填入相应的内容,尤其是那些漂亮的实验数据和结果。如果结果比较冗长,可以试着填写关键词、索引的目录、文件夹的名字等等,便于将来的填入。毕业论文的大纲可以在论文伊始就已初具雏形,有些内容如实验过程、实验数据、实验结果,可以在平时就适当添入。这样以后写大论文的时候,有一种水到渠成的感觉,游刃有余,而不是一种挤牙膏的感觉、觉得没有什么东西可以写。

(二)大论文的结构

图 3-10 是大论文的基本结构:

(1) 标题
(2) 目录
(3) 内容提要
(4) 关键词
(5) 正文
(6) 结论
(7) 参考文献
(8) 致谢
(9) 附录

图 3-10 大论文结构

虽然看上去条目很多,最关键的就是第 5 个,正文是大论文的主体,正文包含了这样几大项:前言、原理、实验、结果、总结。

前言,主要讲背景、意义、存在问题、解决的思路、主要贡献,文章的脉络是什么,各个章节是如何分配的。

原理,主要讲科学依据、理论基础、理论模型,书写时要注意引用出处,要注意查重的问题(因为这部分内容引用前人的工作成果比较多)。这部分内容在平时就应进行积累,在阅读时就形成一个 Word 文档,把相关文献的截图插进去,注明引用出处就可以了。

实验,主要是有两部分:怎么做的和怎么测的。比如怎么做的实验啊、怎么准备的样品啊,测量设备、材料与实验方法等内容。

结果,实验的数据、结果以图和表的形式予以呈现,实验结果和预期值的比较,原因分析、结果讨论、新发现、未来预测等等。

总结,包括结论、创新点、展望。这一部分是主要内容,也是答辩委员会老师要着重看的地方,研究生以及导师对这一章的内容及其写作要足够重视。

三、大论文与小论文的差别

研究生有没有必要写小论文,学术界与各个学校都有争议,有些同志认为,研究生写大论文就可以了,没有必要苛刻地要求发表小论文,有些人还把目前科学论文造假的问题归咎于"小论文是研究生毕业的必要条件"。但笔者认为研究生的小论文很有必要,比如目前上海交通大学还是要求研究生至少写出一篇小论文,至少要达到中文核心期刊的水平。从上述有关研究生素质培养的讨论上看,写出一篇合格的小论文需要研究生具备足够的科研素质,小论文的成功发表是研究生教育素质水平的一项衡量标准,所以小论文是不可或缺的,至于论文的水平是不是能够代表研究生的学术水平,这可能是一个学术问题,而不是研究生教育的问题,毕竟研究生不光是做学术,是一个受教育的过程。

从写作技法上,大论文与小论文非常类似,具体细节可以参见上边"小论文的写作",比如说如何用 Word 编辑论文、用什么软件画图、画曲线,段与段之间、句子与句子之间的逻辑关系等等。大论文与小论文主要的区别在于结构与篇幅,因为它们的目的、特点、读者都不一样。

从目的性上看,小论文是为了能发表,大论文则是为了答辩能通过,这个要求更像是从学生角度来考虑问题,对学生而言,考试是为了至少能够及格,在研究生眼中,小论文与大论文的目的就体现在以上这两条指标。

而从学术和做学问的角度上看,两者则各有其特点。

（一）小论文的重点所在

（1）小论文的特点是主题要精准，必须非常专一，整个的叙述、论述要简练，失败的经历、学习的经历都不用多谈，只要把结果说清楚、得到结果的过程讲明白，满足编辑的出版标准、达到学术交流的目的就可以了。胡立德曾经这样说过：

大部分科学家其实还是那样子，他们不懂！他们不知道你不可能在故事里把所有东西都讲出来。"但你没有提我的第三合作者！""你没有讲我的实验方法的细节！"论沟通，他们基本上都是要挂科的。他们需要明白，你的故事核心只需要一件事就够了。但是挑选这一件事很难。你不能把所有细节都塞进去，没人会看的，连科学家都不会看。

（2）小论文是针对一个具体问题展开论述的，审稿人都是本专业的内行。小论文篇幅不长，因为刊物版面有限，内容必须精炼、文字必须简练。此外，小论文对论文规范性要求更严，不光是内容要有创新度，在形式上（比如图表、参考文献引用格式等）必须符合科技文章出版标准，期刊编辑都会因此严格把关，这也是他们的职责所在。但是对于研究生而言，小论文写作难度就变得更高。研究生初期，很多研究生就卡在这里。但是也只有经过写小论文的训练，才会培养出这一项素质，这也是读研的必要性所在。

（二）大论文的重点在哪里

大论文侧重于讲清楚都做了哪些工作，大论文的"观众"是答辩委员会的老师，其中可能包括一些所谓的外行（外校与外专业），所以论文当中，要做一些"科普性"的论述。和小论文类似，大论文也要围绕一个主题进行，但是研究目的可以相对繁杂。因为大论文对于本课题组、对于导师研究方向有承上启下的作用，对于后来研究生有一个"传帮带"的作用，论文篇幅可以偏长，讲清楚题目的来龙去脉，实验方法与实验细节方面可以写得详细一些，在总结这一章"展望"的环节可以讲些未来的计划，让题目更有延续性。大论文一般要写得不厌其烦，争取给后辈人起一个接力棒的作用。

（三）大小论文举例

在此举两个实际的大论文与小论文来说明它们之间的差异①，图3-11是小论

① 论文下载地点如下：

小论文：https：//xueshu.baidu.com/搜寻关键字，"氧化锌薄膜体声波谐振器制作重复性和均匀性"。

大论文：https：//xueshu.baidu.com/搜寻关键字，"涡轮叶片表面温度传感器原位集成制造及其性能表征"。

文的大纲截图,图 3-12 是大论文的目录截图。

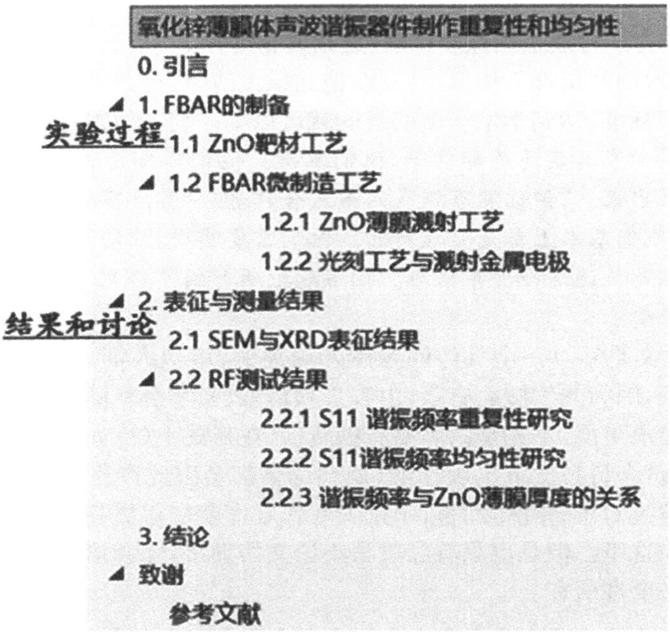

图 3-11 小论文的写作大纲

来源:上海交通大学研究生陈熙的小论文。

大论文与小论文的差异主要体现在结构上,比如对于摘要部分,小论文与大论文就有所不同,具体如下。

（1）小论文摘要主要是 5 个部分:①为什么要做这份研究;②这个工作中做了什么事;③通过什么方法做的;④主要的结果与结论;⑤此处可以凸显一下本论文的研究意义。

（2）大论文摘要主要是 3 个部分:①背景和意义;②前期的工作和存在的不足;③我的主要贡献。

具体到细节写法,小论文与大论文在篇幅和词句上皆有差别,鉴于篇幅所限,如果要进一步体会差别与细节,详细请参见附录 3 *Link30*。

总之,小论文针对性强,是给专家看的,它的篇幅也是受限的;大论文则有三个主要特点:一个是要有一定的科普性,二是要有承上启下的作用,三是要足够详尽。两者类似的地方是:写作思路都先从研究目的、提问题开始,然后描述课题思路、研究方案、影响因子和研究结果;两者都要注重写作逻辑、写作规范。

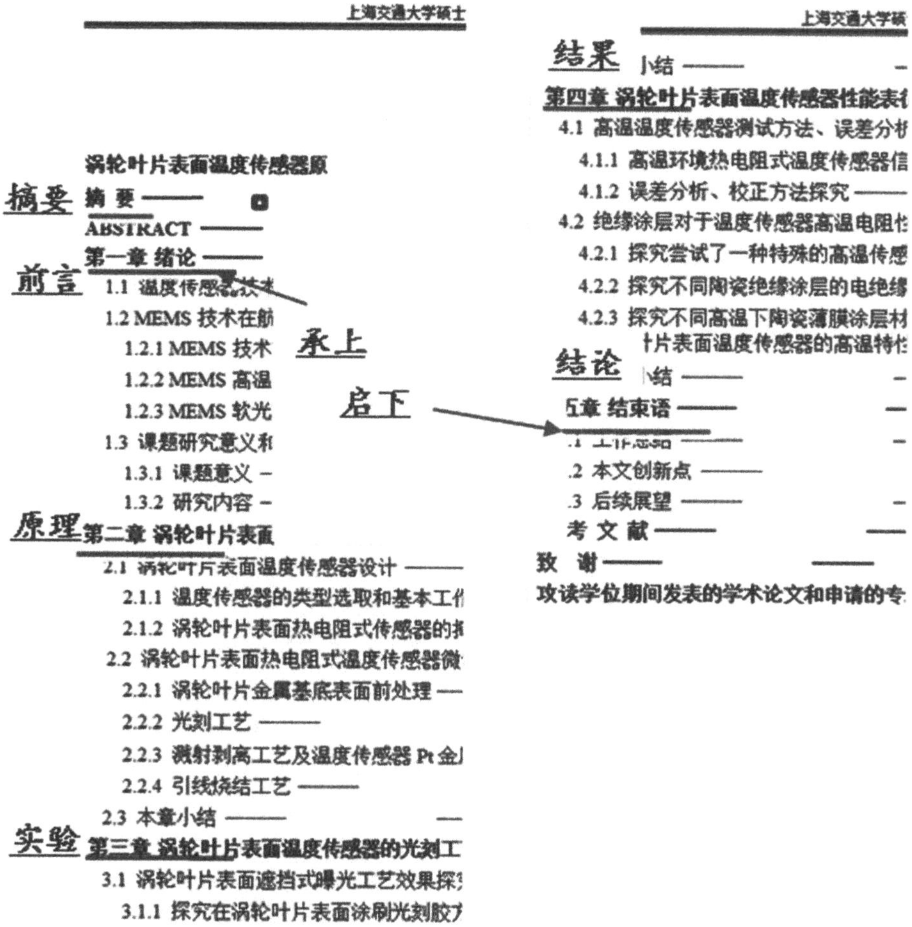

承上

启下

图 3-12　大论文写作目录与大纲
来源:上海交大高均超同学的硕士论文。

四、大论文谢辞举例

研究生与导师像是走马灯,走马的是学生,老师是这个灯;马要奔向远方,而这盏灯要永远保持闪亮。这盏灯就是导师的研究课题与研究方向,这一届一届的研究生,就是源源不断的灯油,源源不断的电力。所以研究生需要传帮带,研究生文化(导师和团队的特质)需要传承。

在此,用兰州大学化学博士韩帅的毕业论文谢辞为例,进一步介绍大论文的谢辞。大论文的谢辞主要是对整个读研的心路历程进行回顾总结,这段文字是用文言文写成的，有王勃与范仲淹的痕迹，相信他的导师看到这份致辞，就像高考阅卷老师看到中榜作文一样，有一种法喜充满的感觉。

下面是谢辞全文与解读，体现了研究生生涯、学术过程与心路历程，给未来的研究生提供参考。

（一）谢辞摘录

1. 历尽艰辛，初心不改

岁值甲午，时已金秋，韩某拙论乃告杀青。才疏学浅，未敢称竟业佳作；敝帚千金，意难忘旧事尘烟。于是临窗啜饮，眼见万物霜天自由，但觉秋凉渐沁心脾。忆吾于弱冠之年进阶兰大，于今庚齿已趋而立。忧思焦郁，蹙于眉间；喜乐欢快，浮于心扉。奋进之时，或废寝以搜读文献，或忘食而进行实验；糜顿之日，或逃学以游荡郊野，或宅寝而梦中捉月。悠悠十载，不敢以勤勉自居，尚不至疏懒懈怠；终获文凭六纸，学位三阶。此皆书生寻常，不足赘陈。然韩生不器，身蒙寸草春晖之恩情，润物无声之教化，育诲之重，堪比泰山。遂因情造文，铭以致谢。

2. 吾本布衣[①]，感怀家恩

韩某河北石门人氏，布衣世家，孝悌累洽。婴幼之时，家徒四壁，父戍边在外，母荆钗持家，亏得亲邻接济方得度日。少年之际，双亲操持烟火生意，渐为小康；然父刚母柔，趋鲤恩勤，日复如斯。及高中负笈，欢会长乖，春播秋种，亦若罔闻。而后问道远行，竟在关山之外。萱草北堂，手线倚门，白发日添，腰脊渐偻。古语云，羔羊跪乳，乌鸟反哺。然韩某既为人子，未见光耀门楣以事亲尽孝，反累花甲父辈而劳心费神。每念及此，羞愧难当，但祈双亲安享晚年，福寿延绵！

3. 饮水思源，母校之恩

吾校兰大，陇上明珠。肇自庚子新政之国谕，崛于抗战之狼烟，西望沙海之瀚瀚，北闻黄河之涛涛。先辈弦歌，薪火百年，自强不息以树帜，筚路蓝缕求至公。于今兰大，松柏苍苍，花草蔼蔼，名师熠熠，学子煌煌，已为西北教育之国钧。韩某不才，智疏德浅；母校虚怀，迁吾乔木；沐浴清化，问学金城。吾尝于积石堂内，望书卷万轴，方知科学之玄奥，人文之博深；吾尝于飞云楼中，聆名家讲学，方觉大师之风范，匠心之精运；余亦尝夜宿萃英山上，观穹庐星河，方叹宇宙之苍凉，人生之臾暂。于今业毕欲别，几番不舍，惟盼母校才俊星流，佳誉四方！

4. 感谢我的老师们，他们都教了我些什么

恩师唐瑜教授，导我于狭路，示吾以通途。先生淡泊名利，事必躬亲，循循善诱，鱼渔双授；以巾帼之身，不惑之年，筹资金，带弟子，鞠躬尽瘁，以至食无甘味，夜

---

① 诸葛孔明的自谦语，诸葛亮《出师表》。

难成寐,但求吾辈钻业习艺之游刃佳境。而于本论文之撰写,自题目选定至文献查阅,自实验设计至机理探撷,自纲路结构至文段末节,皆得悉心指点;先生莞尔,谢无尽焉! 今欲备述其他桃李之恩,如严世强先生、尹辉先生、张海霞先生等,然片纸难陈,恐挂一漏万,恕不赘述。今虽将辞,当不忘师恩,精进图强,以期不失其望也!

5. 恰同学少年,感谢我的师兄弟姐妹们

金城游学之时,恰值青春年韶,幸得同窗密友,皆四海菁英,亦不快哉! 侣缘者谁? 有同舍海军元明,兴华阳春等,拓吾视野,宽余胸襟,助吾急难,弭余心结,金兰联袂,岂容忘哉? 亦有同门文玉徐君,焕然琴洁,炳亮昌晓,宇伟疆鹏,陈野春虹,昊汇煜婷等,切磋指导,热肠古道,在此一并谢之。倘仅凭己之愚钝,纵恐悬颈牛角,断难完成学业,更罔论前程。深情厚谊,铭念心髓,诚愿诸君安康顺利,友谊地久天长!

6. 嗟呼

嗟呼! 书之有尽,敬谢难穷;感慨惶恐,不知所云。遂以拳拳之心,对吾之恩师、椿萱及列位亲友再致谢忱,愿诸位舒神舒身,顺山顺水。文末掷笔,倚梦随风,酹敬青春之岁月……

（二）评注

这段谢辞的字里行间概括了研究生大概是要做什么,具体有这样几步、几个内容。

（1）自题目选定至文献查阅。

（2）自实验设计至机理探撷。

（3）自纲路结构至文段末节。

韩帅的谢辞有王勃《滕王阁序》与范仲淹《岳阳楼记》之风范。王勃的《滕王阁序》美在形式,气象雄浑,韵律铿锵;范仲淹《岳阳楼记》胜在内容,胸怀天下,英雄情结;而韩帅同学的致谢词则围绕他的研究生涯,不仅道出了研究生经历的心路历程,也点出了论文始末当中的关键环节。一理工男以文言文致谢辞,行文优雅、文笔流畅,是一件可圈可点的事。科技人文白日梦,未来的学科交叉不是梦。

第四节　答　辩

答辩是一种有组织、有准备、有计划、有鉴定的正规学位审查论证形式,利用答辩委员会作为第三方对研究生的工作进行裁判。因为研究生整个过程不像考试那样在老师严格监视下完成,而是在一个较长的时期完成工作,指导教师固然是严格把关,可是很难做到没有疏漏。而答辩委员会由三名以上的其他教师组成,评估论文学术水平的能力更强,答辩当中对作者当场提出疑问,让作者当场作出应答,从而就可以检查出作者是否有深广的知识基础、创造性的见解和充分扎实的论据,通过提问与答辩来辨析真伪,从而保证学位授予的质量。此外,在答辩会上可以把论文中阐述不清楚、不完善,叙述不详细、不确切之处指出来,有利于作者做进一步的修改,完成一篇完美的毕业论文。对于研究生来说,就必须了解毕业论文答辩的目的,然后有针对性地做好准备;对答辩中可能会问到的有关问题做深入的推敲,把论文中提到的基本资料搞准确,把有关的基本理论和文章的基本观点彻底弄懂弄通。

答辩委员会常常会邀请外系、外校的人参加,而这些人对于你的专业不一定非常了解,此为其一;其二是即便邀请的是本系本校的老师,由于课题拓展和交叉的多样性,课题的专门化倾向已经日趋严重,让一个老师了解另外一个老师的课题已经不是一件很容易的事情了。所以在 PPT 的撰写和讲述当中,必须要以中庸的理念处理好专业化与科普化的关系。钱学森同志曾经倡导研究生在准备论文时应该有两篇,一篇是专业论文,另一篇就是对自己工作的通俗介绍,要能让外行看得懂。这个论点在答辩当中就显得更为突出,研究生准备 PPT 的时候必须兼顾到这两种需求,让答辩委员会成员们听起来既有深度、又没有那么"苦涩"。

一、过程

毕业论文答辩流程包括自我介绍、答辩人陈述、提问与答辩几部分。自我介绍包括姓名、专业、导师是谁。举止要大方、态度要从容,面带微笑、礼貌得体,好的开端就意味着成功了一半。答辩人借由 PPT 的辅助,用 15 分钟左右的时间讲述该课题的内容(这个 PPT 的做法详见"准备 PPT"小节)。随后是提问和答辩,这个环节相对灵活,有问有答,是一个相互交流的过程。这个过程结束之后学员退场,答辩委员会根据论文质量和答辩情况,商定通过还是不通过,并拟定成绩和评语。然后召回学员,由主答辩老师当面向学员就论文和答辩过程中的情况加以小结,肯定其优点和长处,指出其错误或不足,并加以必要的补充和指点,同时当面向学员宣布通过或不通过。对答辩不能通过的学员,提出修改意见,允许学员待半年后另行答辩。

二、准备 PPT

在了解了答辩委员会的要求之后,那么,研究生在答辩之前应该从哪些方面去准备呢?

首先,要写好毕业论文的简介,包括论文题目,指导教师姓名,选择该题目的动机,论文的主要论点、论据以及本课题的理论意义和实践意义。其次,要熟知自己所写的论文全文，尤其是要熟悉主体部分和结论部分的内容，明了论文的基本观点和基本论据。弄懂弄通论文中所使用主要概念的确切含义，所运用基本原理的主要内容。要了解和掌握与自己所写论文相关联的知识和材料，如这个论题在学术圈已经达到了什么程度？存在着哪些争议？对上述内容，作者在答辩前都要做很充分的准备，经过思考、整理，写成提纲，记在脑中，这样在答辩时就可以做到心中有数，从容作答。

在此专门讲一下答辩中要用的 PPT。PPT 是用微软公司的软件 PowerPoint 做出来的演示文稿，其格式后缀名为 PPT 或 PPTX，用户可以在投影仪或者计算机上进行演示，也可以将演示文稿打印出来以供阅读参考，相比 Microsoft Word，PowerPoint 更突出陈述重点，在比较短的时间内达成要表达的效果。也可以利用 PPT 在互联网上召开远程会议或在网上给观众演示。PPT 的前身是幻灯片，也就是用图文并茂的方式来演示要表现的内容。与传统幻灯片不同的是，PPT 可以用软件的方式实现，便于修改、便于交流、便于共享。

（一）PPT 的内容与结构

如何准备一个 PPT 呢？其中包含两点：内容和结构。

1. PPT 内容

一个 PPT 主要的观点不要超过三个。

讲到这个"三"很有意思，我们中国古代老子讲"三生万物"[①]，三以后为什么不接着讲四，而称为万物呢，这是有道理的。中国文字当中表达一的时候是一个横、二是两个横、三是三个横，为什么四不写成 4 个横（即三）呢？又有意思的是，西方表达数字的方式，罗马数字是Ⅰ、Ⅱ、Ⅲ，到了 4 的时候，也不是写成四条Ⅲ，而是写成Ⅳ，所以我们说中西合璧，无问西东，中西方在哲学观上是统一的。乔布斯是一个非常优秀的演说家，他非常善于呈现和表达，让听众能够记住并且留下深刻的印象。他也遵从了这个法则，也就是观点不超过三个，事不过三。总之在 PPT 中，观点最好不要超出三项。如果要讲的观点超出了三项，就要注意凝练，把重点的三项讲出来就可以了。答辩过程时间有限，一般只有 15 分钟，不可能把所有的故事都讲全，就像胡立德所说的，"讲好一个故事就可以了"。他说：

大部分科学家其实还是不懂：你不可能在故事里把所有东西都讲出来。……但你没有提我的第三合作者！你没有讲我的实验方法的细节！

他们需要明白，你的故事核心只需要一件事就够了，虽然挑选这一件事很难。你不能把所有细节都塞进去，没人会看的。

---

① 老子《道德经》：道生一，一生二，二生三，三生万物。

2. PPT 结构

PPT 的结构是典型的 ABA'结构,也就是一个开头一个结尾加上中间的部分,要在 A 的部分讲清楚本 PPT 的重要贡献,并且在结尾的地方再重点强调一次,以期给观众留下一个比较深刻的记忆,这个 A'是强调,不是重复。PPT 的目的就是要在这有限的 15 分钟时间内,让观众能够记下点儿什么。那么怎么达到这个目的呢? 就是要重复,但不一定要用重复的话来讲。A 和 A'都是基于同一种目的而做出的两个动作,一个是想要做,一个是做出来了,要把这个目的强调清楚,这就是ABA'结构的含义。

(二) PPT 示例

这里通过比对的方式演示好的 PPT 和不太完美的 PPT,以此来诠释 PPT 的写法和构图,并通过对比来彰显一些常见的错误。

首先就是界定 PPT 每一页的内容多寡。一般来讲,一页 PPT 的内容在半分钟到一分钟左右。其次是要注意,不要写太长的句子,要善于分成段;要善于用关键词概括,忽略一些虚词,可以模仿标题的写法。比如图 3-13(a)这个例子。

图 3-14(b)是一张不太完美的 PPT,所有的内容都挤成一个段落,让大家很难快速阅读和把握你要讲的要点。鉴于篇幅所限,通过对比来阐述 PPT 的正确写法和构图,常见的缺陷和漏洞,一些实用的案例、模板、技巧(比如如何突出重点、如何做话题转承等等),请参见附录 3 *Link31*。

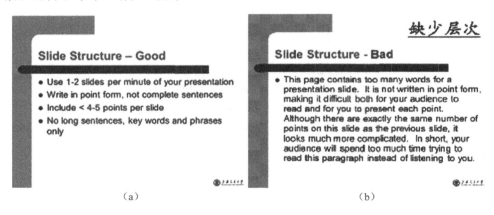

(a)　　　　　　　　　　　　　　(b)

图 3-13　PPT 体例

三、PPT 与答辩

使用 PPT 包括两项功夫,如何准备 PPT 和如何展示 PPT。了解了以上的写作技巧,写成了漂亮的 PPT,接下来就要做好展示。如果呈现得不好,就像乔布斯曾经戏称的那样:在烤好的蛋糕上涂了一层 bullshit,它虽然看上去像 butter,但是效果却完全两样。所以,研究生还要培养自己讲演 PPT 的能力。写 PPT 和讲 PPT 是两种不同的工夫,有着各自的规则和技巧。演讲 PPT 是很重要的一项内功,对将来的面试与职场也都很重要。

(一) 展示 PPT

如何解说 PPT 也是一门学问,PPT 演示总的原则是每分钟大概要讲完一到两页,在文字页的陈述部分,要呈现的要点不超过 5 个;对于图和曲线页,要着重讲一个基本点。在讲解 PPT 时,声音要洪亮清晰,语速要适中,通常情况下是每分钟180~200 字。衣着与仪表方面,注意整洁(穿干净衣服)和洁净(不要满口蒜味儿),这不仅是对听众的基本礼貌,也会避免给答辩减分。要掌握好演讲时间,通常是 15 分钟(硕士)到 30 分钟(博士)。

讲解 PPT 的具体内容部分,可遵循如下基本脉络:首先介绍课题的背景,也就是 why 的部分,然后引出要达成的基本目标即 what;在 PPT 的主体部分,讲清楚详细的过程 how 与具体结果 what,也就是具体的事情是怎么做出来的,怎么衡量的,以及基本的结论与结果讨论。最后要做一下总结,对重要的成果作一下强调。

1. 开头

首先是一些开场语和问候语。比如"各位老师、各位专家早上好,很荣幸给大家演示三年中的研究内容,我的答辩题目是……我的导师是……"然后就是 PPT 的纲要部分(outline),这是开场白的一个部分,需要对整个的 PPT 做一个简要的概括性介绍。这一部分的讲解,要注意语速不要太快,要把这一页说清楚、讲明白,把整个 PPT 的重点讲清楚。通常的毛病在于这一页走得过快。要利用这一页把你今天要讲的 PPT 概括到位。

2. 图表

对于科技类的 PPT 而言,正确地解释图表是非常重要的一项功课。以图 3-14 这张 PPT 为例,解释一下内容的展示方式。PPT 的讲解中应该包含三个部分的内容。

其一,概述。这一张 PPT 向大家展示的是我们在航空发动机涡轮叶片上制作的 MEMS 高温温度传感器。

其二,解释这些图片是什么。图 3-14(a)展示的是使用交大校徽制作的高温温度传感器图案以及三维的轮廓图。图 3-14(b)曲线图展示的是薄膜厚度在发动机涡轮叶片表面的分布。当我们在航发涡轮叶片曲面上沉积薄膜的时候,表面的曲度会造成薄膜厚度的变化,所以我们要预估一下薄膜厚度的变化范围,曲线图中有一个小图,展示的是利用一个倾斜的硅片来监测不同的薄膜淀积厚度。

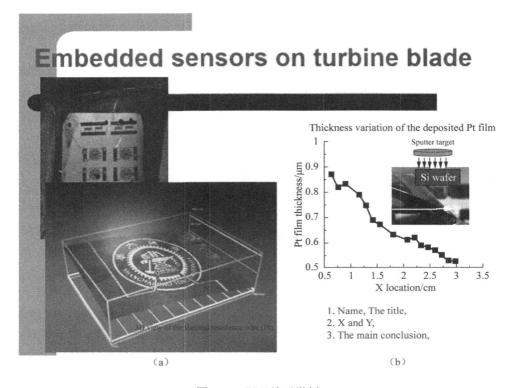

（a）　　　　　　　　　　　　　　　（b）

图 3-14　PPT 演示举例

其三,解释曲线的 XY 和内容。曲线的横轴 X 代表页面的不同的位置,Y 轴是薄膜的厚度。我们可以看到,距离溅射靶材比较近的位置,沉积的薄膜比较厚,厚度变化范围在 0.5～0.9 μm 之间,有 0.4 μm,这个范围符合我们的制作要求。

虽然不同学科有不尽相同的内容,但呈现的过程和方式大概都是参照这样的思路的。更多的 PPT 呈现技巧和实例因篇幅所限,在此不做展开,详细请参见附录 3 *Link31*。

3. 过渡

在完成了 PPT 课题背景介绍之后,就要进入到课题完成和主要细节部分,在这两者之间需要有一段过渡性的话。如果有几项子课题,它们之间也需要相应的过渡,一两句话就可以带过。比如,我要说的第二点是⋯⋯刚才我们讨论了经济问题,现在我们讨论一下经济问题可能带来的影响⋯⋯

4. 结论

最后就是关于结论部分的呈现。这部分内容很关键,因为人有一种心理效应,就是对开头与结尾印象会比较深刻。利用这个心理效应,在结尾处把要强调的重点突出一下，以期给听众留下一个深刻的记忆。可以用"今天，我们讨论的重点主要有以下几点……得到的重要结论是……"等类似的语句来呈现结果和结论。答辩结尾还需要对相关的人和事表达感谢。

5．应答

PPT 陈述之后都有一个观众提问环节，作为礼貌要对观众提出这种邀请，作为一种认真的学术态度，应该对观众的提问持欢迎态度，而不是持保护性的态度，很多提问对启发自己的思路和对后续课题的开展是有帮助的，提出邀请的方式为：我的汇报结束了，现在欢迎大家提问。在提问当中，要注意仔细倾听，不要打断观众的提问。不需要马上就对问题作出回答，可以有简短的间隙供你思考和缓冲。如果思考的时间过长，可以讲一些缓冲的话，比如，"这个问题提到了点子上，这个问题很有趣"，或者，"没有特别听清你的问题，可不可以重新讲一遍"①。

（二）提问和答辩

答辩有些类似于面试，它有点儿"考问"的意思，在此整理一些答辩过程中答辩小组成员问问题的一些"潜台词"。了解这些潜台词，有助于研究生正确应对答辩老师的"考问"而能顺利通关。

1．检验真伪

这主要是围绕毕业论文的真实性拟题提问。它的目的是要检查论文是不是学员自己做的。如果论文不是通过自己辛勤劳动得来的，而只是抄袭他人的成果，或是由他人代笔之作，就难以回答出这类问题。

2．探测水平

这些提问探测学员基础知识是否扎实，包括基本概念、基本理论以及运用基本原理的能力等问题。

3．弥补不足

这是指围绕毕业论文中存在的薄弱环节，如论述不清楚、不详细、不周全、不确切以及相互矛盾之处拟题提问，请作者在答辩中补充阐述或提出解释，其实也是提示研究生在这些地方对论文写作予以修改。

针对这三点，答辩老师会根据其论文具体内容，尤其是 PPT 展示的内容，以各种方式、各种态度来提问。所以，研究生应该对自己的 PPT 内容了如指掌，不太清楚和不明白的一些内容不要呈现在 PPT 里；对写过的 PPT 要多做自检，避免一些低级错误。当然最关键的，还是要自己实实在在、认认真真地做了这个论文。认真

---

①　这是人的注意力集中的心理特点，开头的注意力较为集中是因为好奇心，结尾的注意力较为集中是因为"终于要结束了"。

做了,对内容自然会对答如流;如果磕磕巴巴,留下一个不真实、不认真的印象,结果就不好了。以上海交通大学硕士论文答辩为例,针对答辩结果试行淘汰制。答辩 10 人一组有 20% 淘汰率,其目的就是对答辩质量严格把关。当然淘汰不是目的,被淘汰者还有第二次机会,这是对论文质量、对学生、对导师的一种严格要求,也是必要的。

（三）彩排

可以自己对着镜子练,也可以找同学做观众,彩排(rehearsal)的好处就是保证答辩时在 15 分钟之内从容地把内容讲完,最常见问题都是超时。所以要先做演习以确定准时完成 PPT 的讲述。一般第一次都是不成功的,需要做二三次的演习,而且要跟真的一样,要大声念、大声讲。

四、一份经验与"大＋小"

（一）颜宁的一份经验

关于学术报告,颜宁说自己经历过三个境界[①]。
（1）第一阶段:嘚瑟。
（2）第二阶段:照顾所有人。
（3）第三阶段:看什么人说什么话。

最开始的时候,总想让别人觉得自己很懂、很牛、很内行,于是总喜欢用各种术语,"高大上"地描述一件事情。

后来,根据自己听报告的经验,发现结构生物学是很不容易讲的一个领域,一不小心就让人眼花缭乱。于是又开始尽量避免讲太多专业,总想先灌输一大堆背景来科普一下。这个后果就是 2/3 的时间都用来科普了,把自己的东西压缩得很厉害,这可能是讲课后遗症。

第三个阶段就是,开始有意识地根据不同的报告类型做不一样的报告了,就是"见什么人说什么话"。本领域的专题研讨,下面坐的就是你的小同行,大家想听的就是最新进展,最好是没发表的结果。这种情况下,就尽情地"嘚瑟"好了,甚至留些问题,等着和大家讨论。而如果是某些学校邀请,听众程度不一,那就以科普教育为主,反复强调一两个重点,让在座的人别浪费时间,好歹有些收获。

当然她也提到面临的一些困惑,如何让大家都满意? 其实这个是很难做到的,需要达到大家、大师级别的才可以做得到,而这个是需要年龄和经历沉淀的。

[①] 取自颜宁的博客:http://blog.sciencenet.cn/blog-65865-654343.html.

她说：

现在比较困惑的是如何给跨学科的听众讲。去不同学科做报告的目的就是想找人合作，讲得简单了吧，达不到目的；讲得深了吧，时间不够，好像激发不起思考。我试过几次，自己都不满意。不知道是否有高人可以指点一二？不过就我自己听跨学科报告的感觉，比如一个小时 50 分钟都没听懂，但是有 10 分钟的内容听懂了，在脑子里扎根了，以后不知什么时候就蹦出来有用了。

做报告是在发表论文之外将自己的科研成果传递给大众的方式之一，真是需要花时间想想如何达到最佳效果。

详细请参见附示 3 *LINK32*。

（二）研究生做论文的"大＋小"

（1）开题就是由大到小、由入题到开题，是一个形成问题的过程，这个是 O。

（2）做题是小题大做，也就是 I 和 P 的部分。

（3）答题则有大有小：

- 这个"大"指的是大论文，背景要充分，内容要详实、可以"啰嗦"；
- 这个"小"的是小论文，是专题性的论文，要简洁精炼、主题问题突出；

那么 PPT 的答辩就是"大＋小"，也就是说：既要理清背景与意义（科普），又需要讲透具体的论点和论据（学术）。

本章小结与思考

（1）知己知彼，百战不殆。小论文的"观众"有哪些，大论文的"观众"有哪些？答辩委员会的"听众"有哪些？他们所关心的内容是什么？各举出至少一两例和他们的关注点。

（2）论文写作与构思是不是按照正文写作的次序进行的：标题、摘要、引言，怎么做的、怎么测的，实验结果、结果和讨论、结论，创新点、谢辞，参考文献，如果不是，那应该是什么次序，为什么？论文写作的次序，和研究生 2～4 年的整个实践过程的次序是否相同？如果不是，为什么？

（3）摘要里边要表达的 5 大项内容是什么？摘要、引言及结论的区别在哪里？

（4）如果你给编辑部投递的小论文被拒稿了，你应该怎么做？有哪些具体应对方法？

（5）如果你在撰写答辩用的 PPT，举出至少三个重要的要点和三个主要的软肋；请说说 PPT 的演讲至少需要注意的三个点。

下篇　研究生之道

第四章　读研毕业之后

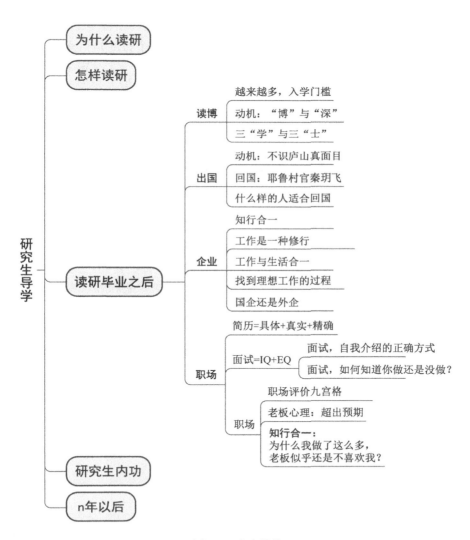

图 4-1　本章脉络

研究生是大学与工作的过渡阶段,可以利用此阶段缓冲、观望、积累,研究生毕业之后的选择,也许决定了他人生以后的轨迹。保尔·柯察金曾说过:

人的一生应当这样度过:当他回忆往事的时候,他不会因为虚度年华而悔恨;也不会因为碌碌无为而羞愧。

研究生是由学生态到工作态的缓冲区,能在这个缓冲区找到"必要性与可行性"的平衡点,当他回忆往事的时候,会给当年的选择点个赞。

研究生选择未来有"道与术"两大项,即"研究生之树与研究生之术"。十年树木,百年树人,研究生就好比一棵树,研究生教育的第一个目的是树人。这个"树"就是"道",它关系到一个人的人生选项和人生轨迹:是要做一个专家学者还是要做一个综合性人才,是要选择服务人民还是选择学术研究;在做人与做事之间你哪一项更为擅长,哪一项你更喜欢;是企业家还是大国工匠,是倾向于做管理还是喜欢做技术……研究生以后选项的"道",取决于未来整个人生的价值考量(研究生之"道",请参阅本书的"研究生内功"一章),大家通过分析研究生的"道"来选择自己未来的"路"。这些选项无关好坏、无关优劣,就像是橘子和苹果,自己是否喜欢,是否适合自己,是不是必要性和可行性完美结合? 目标即便再好,如果达不到也是枉然;一件事情自己不喜欢做就是违心,就是知行不合一。

专业的选择,要结合未来国家与社会的需要来定。施一公在开始择业时也迷茫过。选专业应该凭啥? 后来他认为,选专业是"凭未来世界的需求。这个世界的发展不以在座的某一个人的意志为转移,也不以媒体宣传为转移,更不以毕业之后能否找到工作为转移……"在读研期间,不仅要关注本专业和临近专业的热点内容,同时还要关注国家、世界、社会的未来走向,找对它们的交叉点。

而研究生之术指的就是毕业后的三个主要方向和选项,读博、出国、职场。需要说明的是这三个选项不完全独立,出国也可以是在国外读博、读博之后也会再进入职场。这三个选项都有其即时性。

第一节 读 博

一、读博的一般动机

读博,就是硕士毕业之后继续攻读博士学位,有的读博是硕博连读,连读的年头可能会短一点。博士是人生的"选择题",从读博动机上看大致有几类。

(1) 好奇使然型。这一类型的同学就是孔夫子所说的"好之者,不如乐之者",

这是最理想的读博目的。

（2）学历提升型。为了刷学历而读博，这种类型的同学不在少数。有的同学读博本来就不是为了以后做科研，只是想提升一下自己的学历。比如为了将来做公务员等其他社会服务型的工作。

（3）职业规划型。如果立志要进高校做科研当老师，就应该考虑读博。现在高校教师科研岗位，博士学位是入门的最低要求。

当然，在现实情况中，不可能基于一种单纯目的，也只能说是哪一种心态占比高一些，好奇心排位越靠前，读博就越幸福。读博也是一种观望和等待，包括做博士后，也可能是在还没有完全确定的情况下，通过进一步的学习和思考对未来做规划。

二、博士生未来发展的深与广

博士生的未来发展有两类类型，一种是走深，一种是走博。往深入走指的是专心于自己的专业，将来成为这个领域著名的科学家与专家，他们的去向多为科研院所和高校；而走向广博则是追求一种眼光和境界，比如社会服务和人民公仆，美国的总统多数都是出自哈佛和耶鲁，这两所学校被戏称为美国总统的"黄埔军校"。

哪些人适合往深了走呢？上海交通大学博士生路礼军曾经说过这样一段话：

科研生活是枯燥的，万幸恰好符合我的性格。我是标准的万年宅，享受一个人思考的安静时光。除了寒暑假期回家，几乎没有校外生活，也很少严格区分工作日和周末，每天对我来说都是"有事办事，没事实验室"。我坚信，机会从来都只会青睐有准备的人，我已习惯尽自己所能，提前做足准备[①]。

另一个著名的例子就是颜宁，他们都是"做科研的料"，有着做科研人天生的品质，能够宅在实验室中并以此为乐趣。详细请参见附录 3 *Link33*。

哪些人适合"走博"呢？我们会在下面"出国，海归博士"章节对此做进一步的阐述。

（一）博士的"博"

博士是舶来语，是 PH. D 的译文（Doctor of Philosophy），英文的直接意思是

---

① 　https：//mp. weixin. qq. com/s/-rixd9fgpkBpzrRbT6x8VQ 上海交通大学博士生路礼军曾经凭借扎实的科研能力和出色的答辩表现，获得"学术之星"称号（全校仅 10 名）。其中以第一作者在国际顶尖期刊发表高水平学术论文 7 篇（5 篇中科院一区），一作论文影响因子总和大于 62，单篇最高被引超过 50 次。曾获得国家奖学金（两次），上海交通大学电科十四所国睿奖学金，省级优秀毕业生，硕士毕业论文被评为省优秀硕士学位论文。

"使用哲学的专家",但中文没有直译,而是译成"博士"。这个译文很好,博士应该是一个圆,而不应该是金字塔的尖尖①。但是时至今日,所谓的物理博士、工学博士,离"博"字的本意太远,和"专家"的意思倒比较接近。的确,这是现代博士培养要思索的问题,拿到一个博士学位就成为一个行业的专家,这固然很好,但是不要和本源偏得太远。

钱学森向来主张科学家不能太"专"②。他从美国回国之后,当时就感到交大不像原来了,专业分得很细,培养出来的都是专家。要知道在美国"专家"是个贬义词,如果他们说到谁是专家,意思就是说他就懂那么一点点,而且有点死心眼。这里面所说的重点就是:博士既要专要深、又要"博",尤其是在当今的 21 世纪,交叉学科是未来的趋势,博士的意义不光是要追求深度,而且要兼顾广度。

(二)入学门槛

博士生的录取门槛似乎比硕士生要低,先是申请读博,然后和导师面试,有的学校加了一些相关的考核。2020 年,全国有 42 所一流大学全部或部分通过"申请考核制"进行普通博士研究生招生。

虽然入学考试门槛不高,但并不意味着"考博"变得简单,相反对于某些研究生来说,申请考核制似乎更为苛刻,因其对科研成果的要求以及博士生面试过程更是打在了许多硕士研究生的"七寸"上。本书或许在这方面可以"帮点儿忙",在研究生的内功上补一补。比如如何写出好的论文,把科研成果量化、具体化,如何确保论文逻辑的严谨性与完整性等;如何写出合格的简历、提升面试沟通能力,学会用同理心体察对方的需求,从第三方的角度观察自己长处和短处;等等。

第二节 出 国

一、出国的目的

出国的主要目的是扩展自己的眼界、提升自己的眼光。出国之后看中国,会有不一样的"风景"。留学海外的经历拓展了视野和观察事物的维度,有利于以后的

---

① 美国犹他大学的助理教授 Matt Might,用了一组图来解释目前的博士学位到底是什么意思。这部分详细的内容请参见本书第一章"研究生研究什么"的内容。

② 叶永烈. 走近钱学森[M]. 上海:上海交通大学出版社,2009.

创新发展。目前很多重点高校在招收教工的时候,更多倾向于招收有海外经历的博士生,也就是海博。

出国留学主要有三种方式,双学位、读博和博士后。对于前两项的出国留学,对英语(或外语)有更高的要求,比如 TOFEL、雅思、GRE。博士毕业之后选择出国做博士后,其关键点则在于和国外导师做具体供需对接,需结合自己以前课题特点(供)、有的放矢(需),给国外导师写自荐信、请自己导师写推荐信。在这里自荐信和推荐信至关重要,详细请参见附录 3 *Link34*。

海外留学之后,很多人认为就只能去高校和研究所做研究,其实不然。硅谷的企业就有很多博士,美国的总统大多是哈佛和耶鲁博士毕业的。对于海博与海归而言,因见识了外边的世界,视野更宽,对未来的选项更多,也更具选择的眼光。在此举一个比较特殊的例子,耶鲁大学毕业的乡村服务生秦玥飞。

例 4-1 海归"村官"秦玥飞

2011 年,秦玥飞在耶鲁大学毕业之后将自己"归零",成为一名大学生村官。正式上岗第一天,早上起床后秦玥飞像在大学时一样准备去洗澡,在从宿舍到澡堂的路上,他热情地和碰到的每一个人打招呼。但这天下午,有村民就议论起来:"留过洋的人是嫌我们这里脏咯……早上洗澡,好浪费水呀",这让心思细腻的秦玥飞惶恐不安,他开始明白,"村民不会关心我从哪所学校毕业,他们只关心我是不是自己人"。从那以后秦玥飞最想做的就是"尽快成为村民中的一分子"。他再也没有一天洗两次澡,却开始长期穿着老乡送的一双解放胶鞋,夏天的 T 恤稍微花哨,便反过来穿……

前不久,秦玥飞走进央视热门节目《朗读者》,现场还带了一件特殊的礼物,湘西苗族村民用古法酿制的原浆烈酒"苞谷烧"。主持人凑上去闻了闻,称赞道:"味道很醇香",还幽默地来了句:"来自湘西的苞谷烧,喝一口精神百倍,永葆青春。"始终不忘村民的他借助这个舞台,巧妙地为湘西贫困村做了个免费广告。

经过几年为老百姓服务的乡村实践,秦玥飞在 3 547 名选民投票中获得 85％的选票,被村民直选为县人大代表。代表证和当选通知书被他挂在书桌上方,在他看来,这两样东西的意义不亚于耶鲁大学的录取通知书。当他的第二个任期将满之时,许多大公司都想高薪聘请他。有人问他是否有人生计划或者时间表,他回答:自己的未来,都是要和农村发生巨大关联的。他热爱浑然天成的泥泞,不惜付出青春和前程,成了泥泞中勇敢的跋涉者。

他不在体制内,却比体制内的人,更懂得信仰的力量,更懂得为人民服务的意义所在! 详细请参见附录 3 *Link35*。

一个人能够爬上珠穆朗玛峰的峰顶是一件了不起的成绩,如果能够平安地走下来就更了不起;一个人能上又能下,能够摸到天又可以通到地,才是一个博士要达到的境界。为人民服务要从村官做起，了解中国百姓、体验中国国情，更要不忘原有的初心、坚持笃信的使命，n 年之后看不一样的风景（参阅本书第五章多年以后）。

二、什么样的人适合回国

"不识庐山真面目，只缘身在此山中"，出国留学之后，可以把中国看得更明白，可以更加体会到中国的可爱之处：

假如你把中国看成一幅画，那她还没有那么美，还有很多不尽如人意之处。如这个地方污染，那个地方交通堵塞，等等。

如果你把中国看成一部电影，这个三十年的电影非常精彩，因为她在发展、发展得非常快、而且是朝着好的方向发展。

这句话太精彩了！（详细请参见附录 3Link36）。

1. 回国发展有三个主要原因

一是中国发展快。在发展快的国家中，你的事业也比较容易发展得快。

二是中国机会多。与美国比，中国还相对落后，中国还是发展中国家，这就带来了许多的机会。

第三是最重要的，就是中国的体制有利于中国人的创业。对此，我们举一个例子——微信支付平台。

关于微信支付平台最近有一则消息，美国对于微信及其交易采取了制裁。其实这个不是针对微信的交流平台，而是针对微信支付平台，因为它的背后牵扯到一个巨大的商业利益——信用卡。不可否认，微信和支付宝交易给全中国人民带来了极大的便利，虽然信用卡交易也可以带来支付的便利，但是信用卡门槛很高，中间过程的"过路费"也很多，信用卡是所有银行的一个巨大商业利益所在。如果没有了信用卡，它给财团带来的经济损失是非常大的。当然美国也有类似的网上交易，就是 Paypal、eBay、Amazon，但是显然它们没有像微信这么普及——代替所有的信用卡和实体交易。此外，信用卡要有信用才能拥有。微信和支付宝则绕过了信用卡这个门槛，微信惠及的面更广，可以在平民百姓之间运行。

那么为什么在中国微信支付可以盛行呢？这都得益于中央政策的支持。如果没有中央有力的支持，微信交易是可以不发生的。从技术层面来讲，虽然这些变革是由微信、腾讯、淘宝这三个大平台组合而成的，但更重要的是归功于我们国家管理层面好的政策。这些创新型企业是利国利民的、有必要性；国家层面的认可是可行性，必要性加上可能性，这些"创举"才会发生。这些都还是民间资本的创新，至于中国在高铁、港珠澳大桥等领域的创新，更体现了中国体制的优势。

以上都是在中国创业的优势，前提是必须要通悉中国国情与民情，要在中国

"土生土长"才行。

2. 回国创业者有一些基本共性

（1）Risk-takers（敢于承担），首先，他们都是敢于冒险的人。

（2）Passionate（激情满满），他们对于事业都有极大的热忱。

（3）Think different（特立独行）①，他们往往有显著的个性特色，不惧怕有别于他人。

（4）Vision（眼光深远），他们往往有比较长远的目光，不会只盯着眼前的利益。

第三节　职　场

研究生的职场选项主要有"公务员、企业、创业"这三大项。这与研究生未来的人生轨迹密切相关，需要结合好"必要性与可行性"，即未来要达成的愿景与个人的能力取向。比如"公务员"是公共服务的行业，要善于处理人际关系、要有同理心的品质，"守江山就是守住人心"。选择创业就是选择了企业家的责任承担和社会义务。选择企业就是从专业技术人员的基层做起，"摸着石头过河"，通过体验调配未来发展的方向。这一节的主要内容是：什么是理想的工作（dream job）、找到理想工作的过程，工作的意义和含义是什么；是选择国企还是外企，是选择舒适还是选择活力。

一、工作与生活合一

（一）理想工作和理想工作状态

1. 理想工作

80后的张一鸣毕业于南开大学，他创立了dancebyte字节跳动公司，抖音、今日头条、西瓜视频，都是他们公司的产品②。一家2012年成立的年轻公司，在互联网巨头垄断的缝隙当中能够杀出一条血路来，是一件不可思议的事。这家公司的特点很鲜明，就是工作与生活合一，而不是把工作与生活分开来：大多数在其他公司上班的到了周末常常会想，终于可以休息一下了；而到了周一又会想，又要上班

---

① 谷歌搜索视频 Apple "Think Different" (Steve Jobs narrated).

② ByteDance，字节跳动，Inspire creativity, enrich life，公司网页 https：// www. bytedance. com.

了。而这里让员工能感受得到家的味道，一种与早期的谷歌非常类似的公司文化。

首先是平等。如果你去过"字节跳动"，就会发现他们的部门负责人甚至是更高级别的管理层都没有自己独立的办公室，大家就在一个大间里办公，每人一个工位。员工的工号是随机的，如果你仅仅看工号，根本分不清楚谁是老员工、谁是新员工、谁是实习生。这样的做法就是希望内部不要有层级的概念。

其次是贴心。公司免费提供一日三餐，吃的菜是专门跟农场合作的，可能前一天菜还在地里边，第二天就在员工的碗里了。员工在公司随便免费吃零食，而且零食的分配都有大数据的，行政部门会根据不同办公区域员工的喜好来分配。

第三就是办公挫折感少。最让员工难以割舍的是他们内部的协同办公软件"飞书"，全球 5 万多个员工主要靠这个产品展开合作，这个软件能够做到一边开会一边在线协同处理文档，相当于视频会议的时候，大家能够在一个黑板上比比划划的。

2. 知行合一的工作状态

像抖音这样，做产品的能够抓住用户的需求，做管理的能够抓住员工的需求，非常能够吸引现在的 90 后。现在的年轻人工作追求高薪是一方面，不用拍马屁、不需要学职场情商、不需要毫无意义的折腾、和同事合作能够高效务实，这些可能更被 90 后新人看重。

张一鸣并不是一位典型的创业者，包括他对"成功"一词的看法也跟这个时代众多野心勃勃的创业者大相径庭，这有点像比亚迪的王传福，他们不太喜欢聊公司未来是否上市，也不喜欢聊公司会通过何种方式盈利，你似乎很难从他们身上找到对金钱的那种渴求，能够做对用户和社会有益的事情才能令他们兴奋，他们是自由纯粹的创业者。

> Combine business with pleasure.（娱乐于行——把工作和娱乐结合在一起。）

这是西方职场上一个诙谐用语，与抖音的企业文化、也就是工作与生活的知行合一有异曲同工之处，我们不应该把这句话理解成利用工作之便做个人的事情，两者区别在于做事人的用心所在，如果用心良正、以企业的目标为己任，这种知行合一的工作状态就是一种理想状态，对企业也是、对个人也是。一个人的态度端正了，是可以做到两者之间统一的。未来的企业人性化的成分将越来越多，这种理想的工作状态显然更加具有竞争力，对企业对个人都是一种双赢。

（二）"工作狂"是怎么养成的？

你看到每天跳广场舞的大妈，你再看那些期待每礼拜五和球伴相约打球的羽球人,他们的心都是有一种骚动,感觉到他们都是有事情要做的,他们活着是有他们的意义的。

再看一下那些努力的院士们,八九十岁还每天准时到办公室上班,准时在教室上课(有这么几个例子,清华的张光斗、潘际銮,上海交大黄旭华,西安交大的陶文铨院士,等等)。

一个人觉得每一天活着都有奔头,有对于未来的一种期待,这就是生命的活力所在。有些人每天希望去上班,不去上班就心痒,就是这样一种状态,工作为我们的生命与存在赋予了意义。他们不是"工作狂",他们就是喜欢工作。也无需为他们点赞和"歌功颂德"。

有些人说工作没有激情,生活没劲,心情不好,挤不出笑容来,怎么办呢?

这里给大家出一招,用外在促进内在。对着镜子强迫自己笑一下,再笑一下……一会儿,你也会笑起来的;一开始不喜欢,做着做着就会喜欢了。"先结婚后恋爱"的例子是很多的,如:

- 北大的史蛟教授讲的是激情可以来自精通;
- 浙大的郑强教授早期对大分子化学的学问并没有那么热爱;
- 包玉刚先生就是包办的婚姻、最后也是幸福的家庭。

事在人为、车到山前必有路,关键是人的态度。详细请参见附录3 Link37。

二、工作是一种修行

关于工作与劳动,稻盛和夫这样说[①]:

我认为发自内心的欢乐和喜悦存在于工作之中。我这么说肯定有人反对:"只讲工作,难道不乏味吗?人生需要兴趣和娱乐。"然而,在兴趣和游戏中寻觅快乐,充其量只能获得一时的快感,绝不会尝试到心里涌出的惊喜和快乐。来自工作的喜悦并不像糖果那样,一放进嘴里就甜味十足,劳动有苦跟甜,喜悦从苦劳和艰辛中渗出,工作的乐趣潜藏在超越困难的过程之中,因此在劳动中会带来至高无上的喜悦。

工作占据人最大的比重,如果不能在劳动、工作中获得充实感,那么即使在别的地方找到快乐,最终我们仍然会觉得空虚和缺憾。认真工作带来的果实不只是成就感和充实感,它还起到了修行的作用,磨炼人格,劳动的尊贵价值在于磨炼心智。这里大家可能联想到宗教的修行,但是热爱自己的工作,全身心投入,只要做到这一点就可以达到修行的目的,达成精神的成长。

一般人会认为劳动的目的是获取报酬,劳动是谋生的手段,幸福生活应该是少

---

① 稻盛和夫. 活法[M]. 上海:东方出版社,2005.

劳多获,多休闲多娱乐,抱这种人生观的人甚至认为劳动是不得不干的苦差事,然而劳动对人具有崇高的价值和深远的意义,劳动具有克制欲望、磨炼心智、塑造人格的功效,劳动不仅是为了生存温饱,它还陶冶了人的情操,所以早期的俄罗斯人有这么一句话,"劳动使人变得光荣"。

三、找到理想工作的过程

理想的工作,就是常说的"dream job"。人生的 dream job,就是"You love what you do."就是王阳明所说的知行合一,就是孔子所说的"好知者不如乐知者"。你的工作就是你的激情所在,像比尔·盖茨、像乔布斯,他们都很努力,他们也经历过很多的挫折,但是最后他们都承认他们很幸运[1],因为他们所从事的工作,正是他们所热爱的。

从社会学的角度上说,什么是理想的工作呢?就是为人类造福的工作。这里提一个"负钱"的概念。负钱,就是钱挣得越多,亏得越多,听起来似乎非常矛盾,其实不然,有一种钱,赚得越多,越不开心,心也不安宁,也就是大家常说的,有很多幸福用钱是买不来的,因为它们是"负钱"。有些有钱人并不幸福,因为负钱买来了"负"的幸福。有些东西对人的身体和心理是有害的,是不值得的赚钱方式,也是不值得的消费方式。在商品经济里,消费是间接的生产,鼓励别人为此工作。这些负钱都影响人的心理和思想,这种负钱不值得挣、也不值得花。李嘉诚给儿子的 10句话,其中的一句就是:赚快乐的钱!

"有些生意,给多少钱我都不赚,因为已经知道对人有害,就算社会容许做,我都不会做。"

这既是李嘉诚做生意的原则,更是他做人的准则。现代社会常常以财富、教育、职位等外在因素来排序职业和工作的优与劣;但从生命的角度、灵性的价值来衡量:职业的好坏在于你的生活对其他生命的贡献或伤害。

从个人的角度讲,理想的工作是必要性和可行性的有效结合。就必要性而言,专业导向并不是最重要的,应用导向才是最重要的,就是针对未来的实际应用和需要。21 世纪,这个新点子常常是通过交叉学科之间的思考而萌发的,它是"人文科技白日梦";从可行性而言,一来你要喜欢,二来你要能够。

如图 4-2 所示。在找工作的这三条线当中,最有运气的是中间这条线,你热爱你要做的工作、你也有能力做这项工作、你还有坚持的毅力(1 万小时定律,请参见本书"内功"一章"10 000 小时法则")。这种人像比尔·盖茨,可遇而不可求,更多的人走的是左边这条线,事业与兴趣如同是先结婚后恋爱的过程,从干一行开始到

---

① 乔布斯和比尔·盖茨在 D5 峰会上的对话。

爱上这一行,从精通这一行走向热爱这一行。不可取的是右边这一条线,尤其是不要在"找工作"与"不喜欢"之间打转,希望能够通过学习、学习、再学习,最后走到左边的两条线。关于找工作的可行性有故事 4-1,故事 4-2 可以参考。读名人的传记,可以让我们有所启迪。读传记的时候注意选择合适的书籍,基本的原则是:歌功颂德的书少读,讲他们怎么失败的书多读;多读他们的原话,少读别人的论述;读整个事情的前因后果,而不只是在歌颂成功的片刻。其实在我们熟知的名人当中,既会做事又会讲的人不多,历史上有一个曾国藩,最好是读他亲自说的话(如曾国藩家书)及当时的场景。他们的功绩跟我们无关,他们失败的教训才对我们有用。

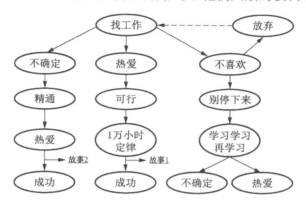

图 4-2 找工作的三条线

从可行性角度上看,找到理想工作的初期,可能需要正确处理"应付业绩"和创造创新之间的中庸与平衡。前者是物质基础、是生存需要,后者是精神追求、做自己喜欢做的事。只有热爱你所做的工作、享受你所做的工作,才能衍生创造与创新的动力。是要应付业绩、还是要创造创新,这是两种不同的感受、不同的境界,第二种当然是最让人幸福和快乐的,而第一种是不得已而为之,因为我们要生存、我们首先要活下来。身为一个职业人,这两项东西都是需要的,不能偏颇于一方,否则双方都不复存在。找到自己的激情所在,找到自己的梦想是需要一个过程的,在很多情况下不会一步到位。在还没有找到自己的真正梦想之前,我们要处理好应付业绩和创造创新的关系,对我们来讲,业绩与创业创新犹如阴阳在中庸的两端,在中国传统的阴阳中庸理论中,阴和阳是共生共存的,缺一不可,把握中庸是人一生的智慧(详细请参见附洋 3 Link38)。

我们通过几个故事来体会一下图 4-2 中找到一个理想工作的过程。

故事 4-1 与钱无关

有些年轻人,是真的勇敢。全村人的骄傲钟芳蓉,凭借着 676 分的好成绩,报考了北大考古专业。她从小就喜欢历史和文物,深受樊锦诗先生的影响。敦煌女儿樊锦诗 1963 年自北大毕业后,大半辈子的光阴都奉献给了敦煌石窟。女孩的选择挺浪漫,北大的回应也很真诚,愿她找到毕生所爱。钟芳蓉报考考古专业的消息爆出时,曾掀起了一波讨论。有人说:估计老师们都失望了,考古注定不是一个大富大贵的行业。而钟芳蓉的父亲并不觉得她的选择是错的,认为女儿一向把钱看得很淡,对女儿说不必对别人的议论太在意。

还有华为年薪 201 万的"天才少年"张霁,他说自己只是个普通人。很多年前自己选择计算机专业,并不是因为看到这个专业能赚钱,其实当时整个互联网行业还处于一个低谷状态,但他依然选择了自己喜欢的专业。201 万只是回赠他这么多年来的热爱和坚持。

所以赚钱与否,不是选择一个人未来的终极标准,应该选择热爱。人生这么美好,选择要做的事就是热爱的;热爱的会做成瞩目的。好多人把这当鸡汤,其实他们不懂,人最难的就是坚持,而坚持的基础在于热爱。选择热爱其实是人生的捷径。每一年的高考报志愿都是如此:既要考虑前途,又要考虑"钱途",为什么不任性一下,选择自己的最爱呢?

薪水不是第一重要的,年轻人不一定一下子就要赚那么多钱,高中里有一个公式:

$$S = S_0 + V_0 t + \frac{1}{2}at^2$$

式中人生的成就和加速度 a 与时间 t 成平方关系,S_0 是人生的过去,它是停滞的;a 才是你的活力,才是你的生命力,应该趁着年轻培养自己的加速度。

上面都是一些刚刚发生的平民百姓的故事,名人中也有很多这样的例子,比如比尔·盖茨、巴菲特、马云,虽然他们都发了财,但是你读他们的故事,他们的开始、他们的创业之初,都跟钱没有什么关系,都是出于热爱、发自梦想、出乎激情。这种激情,一旦拥有就美好,就幸运(lucky)。

但是如果没有这种激情怎么办呢? 那就读一下故事 4-2.

故事 4-2 先结婚后恋爱

这里和大家分享施一公的故事(摘录)。

……那是在 1989 年,当时我对学术没有兴趣,而对从政感兴趣。我认为从政可以改变一个社会,可以为老百姓说话、做事。我当时想去从政,而从政又没有门儿,觉得要先去经商。所以当时和大学科技批发总公司签订了一个代表公司去香港经商的机会,做公关(笑声)。我年轻的时候比现在要强太多了,就业合同被撕毁。1989 年 7 月 24 日纠结一晚后,我决定考托福 GRE 出国,我决定出国读生物学博士。

在霍普金斯的 5 年读博期间很辛苦,尤其前两年心情很不稳定。由于我数理思维太严谨,常常绕不过这个圈,总觉得学生物怎么这么难。有一门生物学考试三次成绩分别是 52、32、22 分,只有第一次及格,我去求老师放我一马:"我是一个好学生,对学生物还在适应。如果我不及格的话,我会失去奖学金,没有奖学金的话我会读不下去,只能退学。"老师戴着眼镜眯着眼睛看了我半天,好像在看我是不是一个好学生(笑声)。他最后给了我一个 B—,我对他真的非常感激……我直到博士三年级才读出了一点感觉,发现我也能做一点东西;到了博士四年级信心大增,因为结果出来了;到了毕业那年(博士五年级),我感到原来我也可以在学术界"混"个工作。

博士读完之后,我不清楚我能干啥、也不清楚我会干啥,在最挣扎的时候曾想过转系:转数学系、转计算机系、转经管系,转任何一个系我都觉得易如反掌,因为这些都是能发挥数理长处的地方,但我没有转……1995 年 11 月我下定决心还是走学术这条路,1995 年 12 月我写了一篇日记:该去 explore 的机会,你也都 explore 了,现在轮到你静下心来,从此之后不再起二心,好好做学术。

我是在博士毕业半年之后才开始培养兴趣,现在我的兴趣极其浓厚,甚至可以废寝忘食、可以没日没夜地干,觉得乐在其中。我觉得兴趣是可以培养的,不是说你天生就有,不是说你听一个讲座突然灵机一动就对一件事感兴趣,我觉得都不是这样。

理想的工作往往不是一步到位的,这样的故事非常多,浙大的郑强、北大的史蛟,清华的施一公与颜宁等等。颜宁说:

> 关键不在于你选择了什么,而在于选择了之后你怎么做。

找到你的理想(Find your dream)要经历多次尝试、走过多次弯路,体验失败成功、再失败再成功的循环往复过程,这里面的关键词叫"不要放弃",失败了、失落了,但不能停止,不要给自己理由故步自封。如果还没有找到理想的工作,那么找一个暂时的工作;如果找不到有薪水的工作,那就先做一个公益性的工作。专业对口当然好,薪酬更高当然好,但是找到梦想才是最好。"科技人文白日梦",这个新点子是自己通过交叉学科之间的思考所构想出来的,又必须要结合自己的兴趣、结合自己的能力,这就是一种创造、一种创新。这本书的目的之一,也是希望能够在研究生的寻梦路上提供一些启迪。

故事 4-3　干一行做好一行,最后实现爱一行

孔夫子是中华教育的先祖,我们看看孔子是怎么从干一行、做好一行,最后变成一个圣人的。

1.孔子出自寒门

(1)孔子三岁上就死了父亲,母亲颜氏又受人的歧视,所以被娘家人很早轰了出来,颜氏很有志气,带着孔子离开了老家,搬到曲阜去住。

(2)孔子17岁那一年,母亲也死了,孔家的人还不许他的母亲和他父亲葬在一起,孔子只好把他母亲的棺木埋在曲阜。

(3)孔子年轻的时候从业也不顺利,那时候鲁国有一个大夫季孙氏请客,说是有学问的读书人都可以去,孔子趁着机会想露个面,可是季孙氏家家仆瞧见了这位没有地位的青年人,就把他骂了出去,孔子只好红着脸,别别扭扭地退了出去。

评注:这是一段丢人的经历,但是对孔子的成长非常有用,孔子从这个经历当中学到了读书人应该具备些什么功力,开始刻苦学习六艺,也就是礼节、音乐、射箭、驾车、书写、计算6门功课,相当于我们现在的数理化、语文、外语等课程。

2.孔子如何认真对待第1份工作

(1)孔子在二十六七岁时担任了一个小小的职司,然后是一个小官叫成田,工作是管理牛羊。孔子说,我一定把牛羊养得肥肥的,果然,他所管理的牛羊都很肥壮,繁殖很快。

(2)后来他做了会计,他说我一定把账目弄得清清楚楚,果然他的账目一点也不出差错。

3.孔子的逐梦之旅

(1)当孔子快到30的时候,有人愿意拜他为师,他就办了一个书房,招收学生,这就是孔子所说的"三十而立",也就是立志于教育吧。也就是30岁的时候孔子见到了老子,孔子拜会老子向他请教,孔子对老子十分敬佩,他说"我不知道龙是什么样,见到老子就感觉见到了龙"。他把全部精力放在教育上,有了72个贤人的门徒,大伙对孔子非常尊敬,把他当作父亲一样。

(2)到了公元前501年,孔子已经51岁了,这时候他在鲁国才做了中都宰,做了司空、大司寇。这个时候他才真正走向了仕途,其实也不是很顺利。虽然对鲁国做了很多的贡献,最后还是在鲁定公下无法施展才能,孔子辞官离开鲁国的时候,已经55岁了,在此期间,他带着他的弟子,一边教学,一边周游了各个国家,但是各国的国君都不能用孔子。他流浪了七八年,已经63岁了,晚年他一心一意把精力放在编书上,其中最重要的一本叫"春秋",记录公元前722~481年的大事。所以后来这一段200多年的时期在中国历史上就叫"春秋时期",取名为春秋,所以春秋也是指的岁月。

大家可以从上文体会一下孔子的从业过程。孔子找工作的过程看起来也并不很顺利,最后也是"无心插柳柳成荫":孔子没有成为大官,却在教育事业上有所成就,成为一代圣人。其实不能说孔子干一行爱一行,但是可以说孔子干一行就认真做好这一行,这一点是我们应该学习的。

孔子之所以成为千古的圣人,不可以仅仅从这段曲折的经历上找原因,而应该从他的"内功"上找。除了懂得如何开悟、有很高的悟性之外,还有一项非常好的特质,就是"轴"。他的"轴"有坚持的"味道",但"轴"里边有更深的含义,马化腾也曾经说过,他是一个很轴的人,关于"轴",这里有一个孔子"我不换"的故事:

孔子年轻的时候曾经跟师襄子学音乐,那个时候"师"代表一种学问和地位,相当于我们的院士、大国工匠。孔子拜师襄子为师学习音乐,师襄子一看仲尼同学很聪明,也很高兴收他为学生,一上来就教他弹一首古琴曲,也没告诉他什么名字,叫他自己慢慢练,练了一段时间,师老师过来一听,很不错,说:"仲尼同学,我再教你一首曲子吧。"哪知道仲尼同学一摇头说,"我不学新业"。"为什么?"师老师有点不解。孔子说,"我只得其艺,未得其术"。音乐技法指法我大概掌握了,可是它的节奏、它的韵律我还没完全把握,我还得练。

(这就是一项内功!我们看到很多的孩子,大多都缺乏耐心、喜新厌旧、贪多嚼不烂。所以这个是孔子的特质"轴",但是他"轴"得有一定道理。)

于是师襄子就说,"孩子有诚心,不错,你接着练,我看好你哦。"又过了一段时间师老师又一听,进步神速啊,这时候可以换曲子了,仲尼同学还是摇了摇头,"学生已得其术,但未得其志"。音乐技法节奏完全把握了,但是它的思想情感我还没把握。师老师觉得这孩子有点犟、有点轴,心想他这么练下去,将来我的位置是不是岌岌可危了。后来又过了一段时间,师襄子说可以换了,孔子还是摇头说我不换,"吾得其志但未知其人"。思想情感已经把握,但是什么人创作了这首音乐我还没琢磨出来,我还得接着来。又过一段时间,孔子把这个曲子弹得"酣畅淋漓",师老师听得是"失魂落魄",心想自己都没弹到这个境界。仲尼弹完之后长身而立,感慨,"洋洋乎殇殇乎,音乐博大气象,丘(孔子名孔丘)得其为人",我终于知道我看到了这个人、音乐作者就在我的眼前,我终于看到他长什么样,这个人"黯然而黑,几然而长,眼如望羊,如王四国"(司马迁《史记》"孔子世家第十七"),所以文王其谁能为此也?难道音乐的作者就是传说中的周文王?师老师一听大惊失色,不得了,为什么呢?他教孔子这首曲子时并没有告诉他这首曲子叫什么名字,其实曲名就叫《文王操》。

孔子就靠自己的琢磨而得知这首曲子是周文王所作!在这整个过程当中,他体会到了"精读成精",经过了足够次的重复,最后真的成了一个"精"。师傅领进门,修行靠个人,什么叫修行?孔子学琴这段事情就讲透了"精读成精"这个道理,第一,你得琢磨,反复在脑海里琢磨。第二,要揣摩,揣摩就要揣在心口窝里。第三你要为之着魔,全心全意地体验。要完成以上这三个步骤,必须要做到"轴",也就是不忘初心,坚持 10 000 小时定则。

故事 4-4　李嘉诚最开始的两个工作

1940 年李嘉诚随父母从家乡潮州逃难到香港,当时他才 14 岁。李嘉诚的父亲原来是一个教师,到香港后一时找不到工作,举家投靠家境颇为富裕的舅父庄静庵。可是不久父亲就患上了严重的肺病,父亲病逝后,作为长子的李嘉诚为养家糊口放弃学业,小小年纪就放弃了读书,开始打工。一开始是在小小的茶楼当跑堂。李嘉诚就开始认真地对待这个小小的工作,首先根据各位茶客的特征,揣测他们的籍贯、年龄、职业、财富、性格等,然后找机会验证。接着他又揣摩顾客的消费心理,看他们喜欢坐什么台,喝什么茶,吃什么茶点,什么时候上什么茶点,李嘉诚心中都一清二楚。甚至一个陌生人来到店里,李嘉诚也能凭客人的言谈举止把他的身份、地位、喜好和性情猜个八九不离十。李嘉诚真诚待人,顾客感到特别贴心,他因此很快成了一个十分出色的堂倌,并迅速了解了各种人情世故。后来,他这种本领派上了大用场,成为他了解客户的真实需要、驾驭客户心理的绝招。

李嘉诚后来又到一家塑胶厂当推销员。李嘉诚对"打工"的看法是:"对自己的分内工作,我绝对全情投入。从不把它视为赚钱糊口的工具,向老板交差了事,而是将之当作是自己的事业。"他有一次来到一个公司推销塑料壶,结果他看到值班经理在这指挥浇花工人浇水,他就走到那个工人身边,说我来帮你浇水,他随身不就是带了塑料壶嘛,于是就用塑料壶装上水来浇,这个工人用起来觉得,哦,塑料壶比铁壶要轻很多、价格又便宜,李嘉诚人又好,于是在吃饭的时候跟经理说,他这塑料壶好,这多省事,而且这个东西成本比铁壶成本低多了。所以李嘉诚在这里以"诚"字为先,诚心诚意地对待你,他想到我能帮你干什么。总想是从人家这挣钱,你总想算计人家谁傻,这不是推销之本,其实会做生意,你得想先让对方挣钱,或者先让对方得到好处,让他看得见好处了,他才能跟你合作。

故事 4-5　洛克菲勒:在枯燥中找出不平凡

约翰·D. 洛克菲勒最初在美国莱石油公司工作,他所做的工作连小孩都能胜任;就是巡视并确认石油罐有没有自动焊接好。石油罐在输送带上移动至旋转台上;焊接剂便自动滴下,沿着盖子回转一周,作业就算结束。他每天如此,反复好几百次地注视着这种作业,枯燥无味,厌烦极了。他想创业,可又无其他本事。但是他却能很认真地做这样一项无聊的工作,他发现罐子旋转一次,焊接滴落 39 滴,焊接工作便结束了。他想,在这一连串的工作中,有没有什么可以改善的地方呢? 有一天,他突然想到:如果能将焊接剂减少一两滴,是不是能节省点成本? 于是,他经过一番研究,终于制造出"37 滴型"焊接机。但是,利用这种机器焊接出来的石油罐,偶尔会漏油,并不理想。但他不灰心,又研制出"38 滴型"焊接机。这次的发明非常完美,公司对他的评价很高。不久便生产出这种机器,改用新的焊接方式。虽然节省的只是一滴焊接剂,但"1 滴"却给公司带来了每年 5 亿美元的新利润。

这些小故事可以给我们启迪和激励,前人的经历和经验会鼓励我们前行,他们遇到的失败和挫折会帮助我们成长。篇幅所限,详细请参见附录 3 *Link39*。

四、去国企还是去外企

国企和外企具有不同的文化属性,因此,选择去中国公司还是外国公司有这样一本书分享给大家,叫《重新定义分享》[①],书中的一些观点也许可以给大家带来一些启发。

(1)美国的社会规则非常完善,每个人很遵守契约精神,当所有人都按照规则做事的时候,系统能够达成最大效率,而个体不需要自己动很多脑子,可以笨而快乐地工作着。

(2)文化属性的差异呈现到产品上只是一个表象,我们常常说国外的东西进入中国,总觉得会不接地气,事实的确如此。很多国外的产品和体系本土化的过程,不只是简单招几个中国人就能接上地气的。找工作时也应该考虑到这一点,即便是你选择在国企工作,在中国的公司工作,你也必须考虑到这种文化上的差异,因为这种文化差异会体现在你的产品设计理念当中,会影响你未来的市场,影响你将来产品的全球营销战略。

你找不到其他像中国这样一个国家,能够如此开放地支持创新创业,如此包容地给予创新创业成长孕育的空间。这里边举几个例子,淘宝互补商店、微信支付互补信用卡、微信互补短信和电话、用将来的新能源汽车取代传统燃油车,这些都必须要有政府部门足够的政策支持才可以办得到,也只有在中国才能办到。纵观未来工作层面,新一轮创业必将是技术驱动、底层驱动的,新一代 00、90 后人才的入场、海外人才的净流入有了更多的想象空间和存在空间,分享、双赢、多边主义是未来的趋势。

那么,哪一种文化属性更优越呢? 其实这是鞋和脚的关系,萝卜白菜各有所爱,不能说哪一种更好。而作为研究生呢,就是要知道你是适合中国的文化方式,还是适合美国的契约精神。你可以试着观察自己,喜欢用哪一种 APP,喜欢用哪一种方式与人沟通交流,你是一个遵循规则喜欢简单的人,还是一个善于在规则中找机会的人,这也是观察、认识自己的一个方法。目前,职场上充满了从小不愁吃穿、拥有很多选择的 90 后 00 后们,他们在市场经济的环境下出生、长大,基因里流淌着市场经济和等价交换的基本编码,他们有更多的选择权利、不会勉强自己。一方面这是社会的进步,但是另外一方面也带来了其他问题,也就是责任感的缺失。

---

① 　重新定义分享:UBER 中国的分享实践,作者谈婧,中国友谊出版公司,2016。

五、舒适与挑战

是选择舒适顺畅、还是选择挑战刺激？（Excitement or comfortness）从找工作的角度上说，找一个稳定的工作，这就是 comfort；而找一个有挑战性的工作，这就是 exciting。虽然这个问题和人生取向有关，不过对于 90 后、00 后的年轻人，这个选择冲突就更加明显。从兵法上说，应该是以静制动：从毕业转到工作是一个过渡，是在动的阶段，应该是先稳下来，先找一个稳定的工作，体验一下工作的状态，让自己站稳了，站起来开始四面观望，再寻求合适的机会进行创业。也就是说，当你在两个状态的过渡期间，你是处在"动"的状态，要把自己先"静"下来，以逸待劳、以静制动①，要把握好短期目标和长期目标的中庸平衡。

要熬得住寂寞，要做好普通的工作。黄昆先生曾经在给杨振宁的信中这样描述科研工作，做研究和"做 Routine"②。

最和你感想相同的是，我也发现做研究多半的时间是做 routine（普通的日常工作）。我在有一天似乎突然觉悟，理论物理和实验物理原来如此之平行。以前总以为做实验的，自然许多时间都是在安这样、装那样，但是理论物理则全倚绝顶聪明。那天才突然体会做理论工作一样得把大半时间用在 work out detail 上。许多思想还是靠在一面 work out detail 时慢慢 ripen 起来。

科学史表明，大多数科学上的重大突破，是整天泡在实验室里和整天在研究第一线苦思冥想的研究人员依靠科学直觉和洞察力而"偶然"发现的，是苦干加上一点机遇干出来的，很少是靠事先规划而实现的。信中反映出黄昆的很多基本特点，如理想主义与平常心的统一，做人低调，幽默感等，却历经 50 年不变。黄昆信中提到的知识分子的使命感以及科学研究工作者大部分工作都得在第一线做普通的日常工作，这正是当前中国科学向前发展亟待解决的关键问题。

埃隆·马斯克③（Elon Musk）也讲过：

一般来说，在任何工作中，你都要做些"家务"：既要做令人愉快的事，也要做艰苦的事；既要做有趣的事，也要做无趣的事。就像做饭比洗碗更有趣，但是你必须也得洗碗，两样都得要做。如果你不做家务，不如意的事就会发生；如果人们拒绝做他们不喜欢做的事，公司也会陷入困境。

---

① 《孙子兵法·军争篇》："以近待远，以逸待劳。"凡是先到战场等待敌人的，就从容、主动，后到达战场的只能仓促应战，一定会疲劳、被动。

② 秦国刚，甘子钊，夏建白，朱邦芬，李树深（编）. 黄昆文集. 北京：北京大学出版社，2004.

③ 2015 年 10 月 22 日，清华经管学院院长钱颖一与特斯拉首席执行官埃隆·马斯克（Elon Musk）在 2015 清华管理全球论坛上对话。

第四节　简历、面试和实习

前面的内容讲的是进入职场的必要性，这一节主要讲一下可行性，即如何找到工作、如何干好工作。找工作有三部分主要内容：写简历、做面试、实习期。做好本职工作就要知道职场规则，要了解职场 ABC、要看到在老板眼中的你、要了解如何让老板喜欢你。

一、推荐自己

简历＝具体＋精确＋真实

我们经常会发现有些同学发了很多简历，但是没有接到面试的回音和通知，有些同学则收到了很多公司面试的通知，最后拿到 offer（录用聘书）。投简历，或是网上提交，或是送给招聘会的人力资源处，公司的经理和技术人员并没有亲自看到学生、没有面对面的沟通印象，所以基本上是简历决定面试机会的多寡，所以简历的写法，对于能否下一轮面试的机会是很重要的。

毕业后做不做本专业并不重要，因为你的研究素质已经建立，做什么事情都没有问题了。有的学生找工作不顺利，这不一定是因为他们没有素质，有些时候是方法的问题、表达的问题。研究生工作做得不错，但拿不出漂亮的履历，说不出我做过什么，也没有证据证明我做得有多好，无法让只有一面印象的用人单位认为你是个难得的人才。

本书附录 3 Link40，比较了两个简历，我们可以看一看它们的差别，从中甄别一二，主要的区别在于：是否具体、精确和真实。

1. 具体

比较这两个简历，重点在于"具体"二字：不太理想的简历像一具骷髅，只有骨架没有血肉，看不出这个学生做了什么；而理想的简历内容就很充实，结构清晰，重点突出，身材丰满。

2. 精确

有的研究生常常会讲这种话：你问他，"昨天做的结果怎么样？"他们会经常回答"结果不错"或是"实验结果不满意"，然后就没有内容了。讲套话、粗略语大线条、缺乏具体信息和内容，给聘用方的印象是，研究生读研不合格，没有受过研究生的正规训练。讲完了做的结果不错之后，应该添加具体内容，好在什么地方，亮点在哪里？当讲到实验结果不尽如人意时，后面应该接续应对措施是什么，如何提高实验结果的满意度。这样做才专业。

3. 真实

真实地对自己、真实地对别人。这里边的重点在于，一句谎话可以顶九句实话，也就是说你讲了 10 件事情，9 件事情都是真的，1 个是假的，一旦假的被识别出来，人们就会质疑那 9 句实话是不是真的。这就是人对负面新闻的心理效应。在面试的过程当中，对于不熟悉你的面试官会根据简历发问，一旦他们对真实性产生质疑，他们也无从考证其他事件的真实性，这种将信将疑的态度对面试不利，因为对于一个大企业而言，所招聘员工的可靠性、稳定性与真实性至关重要。

二、展示自己

面试＝智商＋情商

1. 面试的基本原理

面试的基本原理是：

你有什么＝他要什么

这个"＝"号是最重要的，你有什么和他要什么必须要合起来，不够好和太好都不合适。不够格被淘汰容易被理解，而太高了、太好了也不会被录取，因为公司也不想委屈你，委曲求全，你待不长，你不快乐，大家也不快乐。

通常在面试当中，做自我介绍的时候犯的毛病是：①把自己介绍得非常好，甚至太好；②这个"好"不具体、夸夸其谈；③这个"好"不相关。总之缺乏最主要的一条：你的"好"和公司需要的"好"是不是吻合？是不是公司需要你多好，你就有多好，这个是面试的关键。

面试通常有这么几个过程，第一就是用 1～3 分钟介绍一下自己，第二就是考官根据你的讲解和简历资料来提一些问题，最后，考官也许会让你讲一下未来想法。

研究生毕业找工作，首先是投递简历，如果用人单位觉得比较满意，就会安排一个面试，面试一般都是这样开始的，首先是用一分钟或者三分钟自我介绍一下，这三分钟的介绍很重要，因为之后的提问很多都是针对这三分钟的内容进行的。下面是一个三分钟自我介绍的范例，一共分为三个部分，每个部分大概讲一分钟。

（很多刚刚毕业的学生没有经验，没有充分利用好这一分钟或者三分钟的时间，他们一般都只讲了第一部分，并且这个第一部分讲解也不够具体、不够生动，可能还不够真切，希望研究生能够看一看这三部分的内容，体会一下要怎么讲，祝你成功！）

首先是 3 分钟（1 分钟）的自我介绍，应该这样分配内容：

首：感谢、开场白。

第一个 1/3 介绍自己：姓名、年龄、学历与经历、专业特长、实践经历等；

第二个 1/3 应聘职位：对本行业、本公司的要求和了解；

第三个 1/3 结合：个人经历、研究生过程与应聘职位的相关性；

尾：表决心、谈个人与公司的交合点，尽量实在，可以为公司带来什么。

大部分的同学往往只注重第一条、把自己的优点讲了很多，而忽略了第二条和第三条。自己的专业和能力固然很重要，但是必须要和单位与岗位的情况合拍。要了解谁来雇用你，要知己知彼。要向面试官表达出对公司、对要应聘的岗位有充分了解，这体现了你对公司的一种兴趣和激情，所以在面试前首先要调研一下公司和岗位的情况。然后根据调查结果构思一下：自己去了干什么？这个公司需要的岗位职责①有哪些？介绍自己特长和优点的时候，一定要注意相关性，有足够的论据来论证你很适合这个工作岗位。

介绍自己要有条有理有层次，还有就是要具体，"具体具体再具体"，如果你能有具体的实证，能够讲得头头是道，就更有说服力，有真实感、接地气，就占了优势。另外就是真实可信，诚信为要，撒谎最难，因为要编造的伪证太多，一旦漏出，其他的优点几乎一律勾销。自我介绍时要"投其所好"，摆成绩必须与现在应聘公司的业务性质有关。在面试中不仅要告诉考官你是多么优秀的人，更要告诉考官，你如何地适合这个工作岗位。那些与面试无关的内容，即使是你引以为荣的优点和长处也要忍痛舍弃。

一般面试结束的时候，面试官都会问你：你有什么问题吗？这样的开放性环节特别重要，你要抓住这个环节表达出对这个公司的认可和关注，比如，你可以问：咱们公司对这个部门的发展方向是什么？发展计划是什么呢？

2. 面试心理

面试的时候要自信，图 4-3 很有意思，它把面试官比喻为五个带着鲨鱼面具的人，但是你要记得，他们只是带了鲨鱼的面具，他们不是鲨鱼，他们是人，所以你不需要怕他们。面试看上去是严厉的，因为它就是一场考试，考试的目的就是要为难人、就是要分出优劣，其本身并无恶意。这场考试有时候很刁难，有时候甚至会触及你所谓的"尊严"，它的重点在于通过你对这些问题的反应看你的应对能力及应对态度。面试官对你个人没有恶意，他们要看的是你的 EQ 和 IQ，IQ 是智商，反映了你的专业水平；EQ 是情商，是你的价值观和人生态度。

---

① 比如说我要找一个航空工程学的工作，我要去中航商飞，首先在百度上搜到它们的网站是 http://www.comac.cc/，然后找到找工作的地方（zhaopin.comac.cc），在中国商飞公司招聘平台按要求完成注册后，招聘具体岗位信息可在个人中心——岗位搜索查询，就可以找到类似上边的相关的信息，应聘岗位、应聘条件、岗位职责等等。

图 4-3　你面对的面试官

3. 面试,如何知道你做还是没做?

在最近出版的习近平总书记成长历程采访实录①一书中,曾经讲过这么一段有趣的经历:

习近平总书记走基层有几个特点,第一是到每个县调研肯定都要先听各县领导班子的工作汇报,但他不提倡念稿子,他对县里的同志说,你们不要念稿子,了解多少就说多少,记住多少就讲多少,你念稿子上的东西我很难一下子记住,不如咱们这样脱稿交流效果好,你们放心地讲,讲不下去了,可以看一下稿子,讲得下去就讲出来,他后来跟我讲这就是考核干部的一种方法,看他的精力有没有用在工作上,如果是自己做的事情自己肯定讲得出来,不需要念稿子,如果是别人做的事情,而且又是秘书写出来的,他就离不开稿子。

习近平总书记采用的是一种很聪明的方法:如果一个人很熟悉一件事情,如果一个人充满激情,就可以有一种倒背如流的感觉,会才华横溢(满的要流出来),而不会半瓶子水晃荡的倒不出来,或是像挤牙膏,挤一下、出一点。

4. 面试微故事

有一个公司的重要部门的经理要离职了,董事长决定要找一位才德兼备的人来接替这个位置,但连续来应征的几个人都没有通过董事长的"考试"。

这天,一个三十多岁的留美博士前来应征,董事长却通知他凌晨三点去他家考试,这位青年于是凌晨三点就去按董事长家的铃,却未见人来应门,一直到八点钟,董事长才让他进门。考的题目由董事长口述,董事长问他:"你会写字吗?"年轻人说:"会。"董事长拿出一张白纸说:"请你写一个白饭的'白'字。"他写完了,却等不到下一题,疑惑地问:"就这样吗?"董事长静静地看着他,回答:"对! 考完了!"

年轻人觉得很奇怪,这是哪门子的考试啊? 第二天,董事长去董事会宣布,该

① 中央党校采访实录编辑室.《习近平在正定》,中共中央党校出版社,2019.

名年轻人通过了考试,而且是一项严格的考试!

他说明:"一个这么年轻的博士,他的聪明与学问一定不是问题,所以我考其他更难的。首先,我考他牺牲的精神,我要他牺牲睡眠,半夜三点钟来参加公司的应考,他做到了;我又考他的忍耐,要他空等五个小时,他也做到了;我又考他的脾气,看他是否能够不发飙,他也做到了;最后,我考他的谦虚,我只考堂堂一个博士五岁小孩都会写的字,他也肯写。

一个人已有了博士学位,又有牺牲的精神、忍耐、好脾气、谦虚,这样才德兼备的人,我还有什么好挑剔的呢?我决定任用他!"

这位董事长看人的角度非常独到且正确。气度,决定了一个人的高度,一个有气度的人才有成功的本钱,否则他未来的成就势必会受到局限。在谨记"知识就是力量"的同时,不妨也提醒自己"气度决定高度"。这是一个知识爆炸的时代,在我们追求知识、升学、才艺的同时,千万不要忽略了所谓的"内在",除了充实知识、才艺外,还包括了充实修养、品格。

有许多值得参考的面试微故事(详细请参见附录 3 Link41),我们可以进一步地体会。

三、实习期

研究生面试之后就是实习期,也称为试用期。这是在正式聘用前企业设立的临时岗位,其目的在于:前面的简历与面试都不是真正的"体验",长期团队工作是每天八小时的朝夕相处。试用期就是这个长期关系的"初体验"。我们知道,正规的企业劝离和解雇一个员工都不是一个简单的过程,而研究生的实习期作为聘用的前奏曲,企业保留将来的聘用权而避免了解雇的尴尬。所以,试用期不可或缺。而事实上,很多个人的弱点、与团队的合拍与否在几周共事当中就可见端倪,这就是试用期的合理性。此外,大企业往往利用试用期给自己提供"多选项",在几个候选人中挑选一二个,规避将来都不合格的风险。只有通过了试用期,才算真正加入职场行列了。

四、职场评价——九宫格

在前面我们讲解了从研究生本人的角度,对自我职业发展与人格提升的期望值。下面我们从老板和上级的角度去审视你的职场表现。客观地说,他们的看法决定了你的职场命运,不管你的自我感觉多好,他们的看法决定了你的去留与职场升降,所以不得不察:在他们的眼中你是怎样的。在每年对员工考核时,老板都要给员工打一个定量的分数,这也是他们的职责之一。老板在评价下属、公司在评估一个人的时候常常用到九宫格(9-box),如图 4-4 所示。

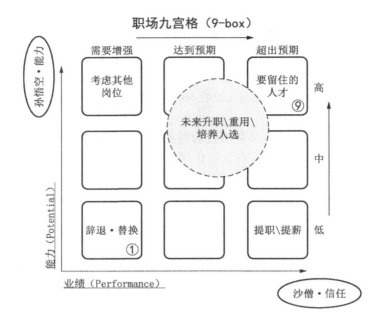

图 4-4 职场九宫格

职场九宫格是一个 3×3＝9 的格子，左下方是 1，右上方是 9。横坐标是绩效即 performance，纵坐标是潜力即 potential。绩效比较容易理解，就是在规定的时间内有没有完成任务、完成指标，有没有做足工作量、有没有按时打卡。而潜力则是一些内在能力，比如某些特有的本领（能说会道、大国工匠等），做事情的效率、完成的态度。绩效代表一种用功、努力、信任，它相当于沙僧，能力则是一种本领，可以把某件事情做得更好，更快，它相当于孙悟空。

在这个九宫格当中，最好的是 9，能力又强，又值得信任。这种人不仅工作做得好，而且情商也非常高，一定要照顾好，因为他们很容易被别人挖角、跳槽。相反，另一种人是工作成绩不好，又不求上进，这种人在公司是不能久留的。了解这个九宫格，可以帮助自己了解在老板心目中的位置以及如何摆对自己的位置。

（一）拿 3 000 元工资与 3 元万工资究竟有什么区别

有人会问，同在一个公司，凭什么别人可以拿 3 万，而我只能拿 3 000 呢，我们对比一下小 a 和大 A。

小 a

小 a：老板，我有迟到、早退或违章乱纪的现象吗？

老板：没有。

小 a：那是公司对我有偏见吗？

老板：当然没有。

小 a：那为什么比我资历浅的人都可以得到重用，而我却一直在微不足道的岗位上呢？

老板：你的事咱们等会儿再说，我手头上有个急事，要不你先帮我处理一下。

小 a：好的。

老板：我们有一个客户准备到咱们公司来考察产品状况，你先帮我联系一下，问问何时过来，联系方式在综合部陈经理那儿，你问他要一下。

小 a：好的。

过了一会儿，

老板问：联系到了吗？

小 a：联系到了，他们说可能下周过来。

老板：具体是下周几？

小 a：这个……我没问。

老板：他们一行多少人啊？

小 a：你没问我这个呀？

老板：那他们是坐火车还是飞机？

小 a：这个你也没叫我问呢……

大 A

同样的一件事情，大 A 的处理方式如下。

老板：下个星期有个客户来公司，你去联系一下，问问什么时候过来。

大 A：是下周五下午 3 点的飞机，大约晚上 6：00 到，他们一行 5 人，由采购部王经理带队，我跟他们说了，我公司会派人去机场迎接。

老板：好的。

大 A：另外他们计划考察两天时间，具体行程到了以后双方再商榷，为了方便工作，我建议把他们安置在附近的国际酒店，如果您同意，明天我就提前预订房间。

还有下周天气预报有雨，我会随时和他们保持联系，一旦情况有变，我将随时向您汇报……

这就是小 a 和大 A 之间的差距，其中体现出了很多细节。比如"过了一会儿，老板问……"这个细节，为什么是老板要问你呢？难道你不应该主动去和老板讲吗？为什么让老板去追着你跑呢？除了这些细微之处，还要善于从老板的角度去思考问题，老板关心的可能是哪些东西？读者可以去仔细解析这些差距具体体现在哪个点上，由此想出缩小差距的方法。普通员工和优秀员工的具体差别点，详细请参见附录 3 *Link42*。

（二）超出预期

我们去找一份工作，其实是跟公司做了一个交易，我们给公司提供的是价值，公司给我们提供的是工资，这个工资就是我们的价格，我们每一个人都是有价格的，当我们的所作所为让公司觉得物超所值的时候，就是很安全的时候。

第一种活就是你应该干的活，公司花了 6 000 块钱请你做行政，行政这个职位所要求的工作就是你应该干的工作，你必须把这个工作做好，你才等于 6 000 块钱。第二种工作就是老板让你干的活，有的时候老板让你干的工作已经超出了你的职位要求，这时候要不要干？要干！你这个时候去帮老板干这个活，就等于超出预期在工作了，如果你将来请假也好，或者偶尔有一次迟到也好，在他们心里面都是可原谅的。还有第三种活是什么呢？就是能力是超出预期的，比如改进你的工作方式，而且让很多其他人的工作效率也提高了，这是最好的"超出预期"，是特别棒的。

（三）为什么我做了这么多，老板似乎还是不喜欢我？

老板喜欢什么样的员工？给你一道选择题：
（1）第一个雇员能力非常强，但是工作态度一般，对工作的喜欢度一般。
（2）第二个雇员很喜欢这个工作，很用心思，但工作能力第二强。
你选哪一个？

有一部美国大片《穿普拉达的女魔头》(the devil wears Prada)，就是讲了这么一个道理：如果你在做"不喜欢的"，就不要期待有好的回报。你一定要喜欢你正在做的事，如果没有，老板就会觉察出来，这个时候如果不被老板所赏识，就不要抱怨。我们可以试着去爱它、享受它。试试看，改变了你的态度，你会发现你真的改变了自己！视频和解说，详细请参见附录 *Link43*。

其实这部电影讲的道理非常深刻，它揭示的是职场最高境界——知行合一。也就是说，一个人在做一件事情时，是否在全心全意（中国人使用的这 4 个字真的非常贴切）地投入，别人是可以感觉得到的，而这个感觉对于团队合作、对于上下级关系是非常重要的。当一个人在不情愿、没有感觉、无所谓地做一件事情的时候，整个的能量场是不美的，别人是可以感觉出来的，整个做事情的感觉都是不对的。这种事儿在任何工作当中都存在，这就是工作的意义。如果能够达成一种知行合一理想工作的意义，那劳动就变成了一种高尚。在这种状态下工作的人就不累，也就是有的人戏称的：

忙得都没有时间生病。

本章小结与思考

（1）你毕业以后想做什么？①读博；②出国；③去公司；④去国企；⑤公务员；⑥村官；⑦博士后；⑧创业开公司；⑨还有别的。

（2）你将来想成为什么样的人？①大学教授；②公司老板；③人民公仆；④公司职员；⑤大国工匠；⑥工作是一种修行；⑦工程师；⑧科学家；⑨还有别的。

（3）你有哪一类倾向？①不燃型，可燃型，自燃型；②唐僧，沙僧，孙悟空，猪八戒；③科学家，工程师，文学家，艺术家；④专一型、交叉型、领导型、依附型、自主型、合作型、社交型；⑤做人比做事重要；⑥做事比做人重要；⑦朝九晚五型、996型、利用暗时间型；⑧服从大局型、先结婚后恋爱型、固执己见型、只爱做自己喜欢做的；⑨还有别的。

（4）国企还是外企？他们有哪些差异？尤其是从文化的层面，你比较适合哪一类？

（5）职场评价的九宫格是什么？孙悟空在哪一格，沙僧在哪一格？看到了这九宫格之后，你有什么体会？

（6）写简历的三大要点是什么？根据你的个人经历，写一个关于你自己的简历。写的时候，有意识地做一些设想：面试官可能会针对哪一个地方提问，会怎样提问，提什么问题？除了本章关于写简历的一些建议之外，也谈一下你个人的看法。

（7）面试要考核的是你的是哪几项（可能、必须、不要）？①IQ；②EQ；③责任心；④诚实；⑤会打羽毛球；⑥简历上写的内容是不是真实的；⑦对于公司了解多少；⑧研究生期间有哪些具体的成绩；⑨还有别的。

（8）研究生暑期实习的意义在于：①公司录用的考核期；②增加一些实践经验；③挣一点工钱；④了解公司运作的方法；⑤职场初体验；⑥团队初体验；⑦和老板相处初体验；⑧试错法；⑨还有别的。

第五章　研究生的"内功"

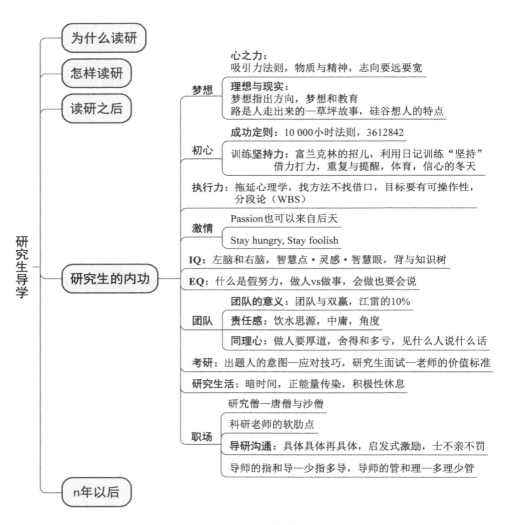

图 5-1　本章脉络

"内功",顾名思义,就是里边的功夫,这是武功里的一个词,我们读金庸武侠小说的时候,看到杨过用一根树枝、洪七公使用一只打狗棍就可以打赢,指的就是"内功"这个道理。与内功相对应的就是"花架子",即招式、套路,后者有打眼球的视觉功效,演武打电影不可或缺;内功,虽然眼睛看不见,但是会起决定性的作用。

一个不会游泳的人,老换游泳池是不能解决问题的。

我们以前听说过一句话,"就算我把所有的都告诉你,你还是做不出来",讲的就是"内功"的道理,尤其是完成一件事情时牵扯到背景知识、牵涉到团队合作。如果任务里有了人与人之间的互动,牵涉到了团队效应,复制起来就难了。中国人讲"天时地利与人和",人在这里边是主观的成分,而主观成分是不容易复制的。

研究生的内功,指的就是"人和"这一部分。研究生的内功就是:把你自己准备好,当机会(天时与地利)来临的时候,你可以充分地拥抱它。它包含了 IQ 和 EQ 两类内力,IQ 指学习的能力、会记忆的能力、抓重点的能力、有效提问的能力等等;EQ 是努力的能力,包含集中力、精力与耐力。

说到内功,我们可以探讨一个话题:为什么硅谷不可复制?有人曾经在美国做过这样的尝试,在德州开辟第二个硅谷,因为德州的运行成本比加州要低很多,另外一个原因就是基于硅谷对于国家的重要性,需要在另外一个区域有一个"备份"。但结果没有成功,为什么呢?把硅谷的技术细节通通传递过去不就可以了吗?这个原因就在于"人和",复制"天时与地利"可以,复制"人和"很难!一个硅谷公司,产品牵扯到所有的员工,一个集成电路的芯片牵涉到所有的模块与板块设计,缺少任何一个,这个集成电路的芯片都设计不出来,要把所有的工程师都搬到德州去才可以把整个芯片做出来。但即便如此,每个工程师还有自己的家庭,即便是他搬到德州去,那么他的家庭怎么办呢?硅谷的双职工比较多,他的夫人在其他公司工作,这家公司是不是也要搬到德州去呢?如果他搬了过去,夫人过不去怎么办?孩子怎么办?等等所有的问题。所以即便是在德州创业,国家、州政府、公司给了员工高出几倍的待遇,最后也不能把整个公司全盘复制到德州去。因为这牵扯到"人和"的问题。出于这样一种原因,硅谷即便在美国也不可复制,因为"人和"不可复制:为什么我要为这多出一点的待遇而放弃我其他的生活选项呢?毕竟,工作也不光是为了钱。

一件事情如果关乎主观和客观的磨合,关乎到"内功",就会存在这种不可复制的现象:

这件事情我能做出来,你就是做不出来。

第一节　梦想与钱无关

党的十八大之后,习近平总书记提出了"中国梦"的重要理念:"实现中华民族伟大复兴,就是中华民族近代以来最伟大的梦想。"此后,他在一系列重要讲话中多次阐述了"中国梦"的思想。其实,梦就是理想的同义词,把它叫做"梦",是因为这个词更浪漫。梦是在睡觉时发生的,似乎是不能实现的事情,那为什么还要把梦的力量放得这么大呢?因为梦是航标灯,梦带来目标、带来方向、带来兴趣,梦想带来热爱和激情,这就是梦想的作用。

一、梦想与心之力

梦是一个高且远的目标,它讲的是"志存高远",讲的是"心之力",一个人在此生不一定可以实现的。既然有可能无法实现,那梦想又有何用呢?当然有用,有很大用!古往圣贤,无不出于心地高远之人!为人就是要志存高远,就是要有梦,梦越宏远、心力越宏大!

(一)吸引力法则

梦会吸引心力,心之力会吸引正能量,引导我们心想事成,负能量则相反,这就是吸引力法则。美国有一本畅销书《财富吸引力法则》①,书中写道:

我们经常会看到这样的广告,去医院检查一下吧,检查是免费的。正是全社会对疾病的关注,才会避免疾病猖獗无比,你对你的衣食住行往往十分关心,对你的所思所想却无所用心,应该多关注思想与内心,多思索、多实践健康的方法。

读这本书的时候一定要注意,这里面的重点在于态度、在于你的想法,而不在于你的行动!比如上面的例子,身体不舒服当然要去看病,这就是行动;但是不要没病找病,这个就是态度;关注疾病是在找借口,而关注健康则是在找方法。

(二)方法而不要找借口

很多人关注财富,所以这本书拿财富来举例。关于财富有两个版本的想法:

旧版本:我想要车子房子,可我买不起,我赚的钱比以前多,可依然是月光族,现在寸步难行。

_____

① 希克斯.财富吸引力法则[M].北京:中国城市出版社,2010:73,112.

新版本：①努力工作：一分耕耘，一分收获，有舍才有得，在拿之前要先想到付出。②财富真的需要那么多吗？是我真的需要，还是为了奢侈，懂得满足是一种恩典。③金钱＝挣的－花的，所以花得少就等于挣得多，减少需求，简单生活，减少花销。

讲述新的版本没有定法，唯一的标准便是你要有意识地讲述积极的东西，这里边的重点在于找方法忽略借口。财富的积累当然不是想想就会有的，它可能要凭借时间和机缘，但是第 2 种想法显然更加优越，大家可以比较和体会这里边的奥妙，笔者整理了一些具体的要点，详细请参见附录 3 *Link44* 。

（三）梦想有精神的、有物质的

有一部美国电影叫《神鬼愿望》（Be Dazzled），一个人和一个鬼神做了一笔交易，用他的灵魂去交换几个愿望，比如金钱、名利、声望，换到最后他就不想干了，他不想用灵魂来交换了，然后魔鬼就不干了……这个电影讲这么一个道理：人最应该梦想的是什么？不是物质，而应该是精神。应该明白，生命中很多物质的获得都是要有代价的，都不是免费的，所谓天下没有免费的午餐，所有的"得"都是要有"舍"来陪伴，所以叫"舍得"，中国人的智慧和聪明之处，就是平衡"舍得"这一对中庸关系。

《滚雪球：巴菲特和他的财富人生》曾经提到外在的记分卡（The Outer Scorecard）与内在的记分卡（The Inner Scorecard）[1]，外在的记分卡就是外界给你打的分数，比如研究生的入学分数；内在的记分卡有点像是修身日记，是自己给自己打分。这两个记分卡，前者就是物质的，后者就是精神的。巴菲特之所以在自己一生的投资中都如此成功，成为"股神"，除了因缘之外，其根基就是内在的记分卡：他不会重视外部世界如何看待他、评价他，他也没有因为财富而去享受奢侈的生活，他还是住在 40 年之前的老房子里。

一位大三的法律系学生在考研时曾作此感慨：

我曾以为梦想就是成为一名科学家，成为一名大法官，成为一名企业家，成为一名作家，甚至是成为一名为民为国的官员。然而到了今天，我才明白，这些都不是梦想，梦想就是你白日梦里、夜深时想着的、梦着的、想着要做的那些事，或是庭前看花开花落，或是天边随云卷云舒；又或是一步一步走在想去的地方的路上，或是粗茶淡饭安贫乐道。

原来企业家、科学家、大法官这些只是响当当的名头，遮掩了梦想的本质，原来梦想竟是这么回事，我有一个梦想，无法用语言描述，但我知道该怎么去做，怎么追

---

① 艾丽斯·施罗德. 滚雪球：巴菲特和他的财富人生[M]. 北京：中信出版社，2009.

逐它。它似变得活了起来,原来它就在那里。

春天在哪里?梦想在哪里?

(四)志向要远要宽

大家通过下面的故事体会一下"志向"指的是什么。

上学不久的儿子问爸爸:爸爸,我为什么要上学呢?

爸爸:儿子,你知道吧?

一棵小树苗长 1 年的话,只能用来做篱笆,或当柴烧。

长 10 年的话可以做檩条。

长 20 年的话用处就大了,可以盖房子,可以做家具,还可以做玩具。

一个小孩子如果不上学,他 7 岁的时候就可以放羊了,长大了能放一大群羊,可是他除了放羊,其他的事情基本干不了。

如果上 6 年小学,毕业了,在农村他可以用新的技术来种地,在城里可以去打工,做保安,也可以当个小商贩,小学的知识就够用了。

如果上 9 年,初中毕业后,他就可以学习一些机械的操作了。

如果上 12 年,高中毕业后,他就可以学习很多机械的修理技术了。

如果大学毕业,他就可以设计高楼,铁路和桥梁。

如果他硕士博士毕业,他就可能发明出许多我们原来没有的东西。

知道了吗?

儿子:知道了。

爸爸问:那放羊、种地、当保安,丢人不?

儿子:丢人。

爸爸说:儿子,不丢人。他们不偷不抢,凭本事赚钱,养活自己的家,一点也不丢人。不是说不上学,或上学少就没用。就像一年的小树一样,有用,但用处不如大树多。对社会的贡献少,他们赚的钱就少。读书多,花的钱也多,用的时间也多,但是贡献大。

儿子:我明白了。

(五)心之力和中国梦

具体内容见附录 3 *Link45*。

二、梦想与可行性

梦想可不是"摘星星",成年人的梦想包含了"可行性"在里边。心理学家告诉我们,如果理想和我们可以达到的能力差太远,这个理想就会变成空想,我们也不会产生出足够的激情和动力,会有拖延症。所以要实现一个理想、要寻找一个梦想必须要充分考虑可行性,还要有分段论的策略。寻找梦想要考虑个人的擅长和特点,要先认识自己。有人说了这个故事:

一个 10 岁的小学生看到一幢大楼,他会马上考虑大楼是如何建造的,塔吊又是怎么一截一截接起来的,那么高的大楼外墙玻璃是如何安装的。这个孩子有工程师的思维,他的梦想可能是工程师;

另一个孩子会想工程师真伟大,可以建造这么高的高楼,这么雄伟的高楼,还会想到一些诗句来抒发内心的感受,这个孩子的梦想可能是文学家;

如果一个孩子会问这样的问题:为什么会这么高?怎么撑得住?那这个孩子可能会梦想成为一个科学家。

所以一个人在选择理想的时候要考虑到本人的兴趣与喜好,比如工程师就是那些关心"HOW"的人。这个 HOW 字,包含了"如何把它做出来"和"怎样使用和利用它"二种含义。必要性与可行性结合起来、才会美梦成真、才会意境相合,才会做出美好的诗篇来。

(一)梦想的作用在于它的方向感

梦的作用就是指向一个前行的方向,举个例子,我在大一阶段就想着要读研。读研就是梦想,是个物质性的理想。物质性的理想是一个阶段性的目标,比如考上了研究生后又怎样呢,还是需要后续的梦想——需要设立下一座航标灯,所以人生的梦想是一系列的航标灯。

如果理想是精神的,举个例子,我要培养"坚持和毅力"的素质,这个"毅力"就不是一个物质目标,而是一个人的内在素质(毅力和坚持对于成功很关键,毅力和坚持的培养方法请参见附录 3 *Link46*)。精神上的梦想会比较持久,是现在的自己和过去的自己相比,苟日新、日日新。

(二)硅谷的梦想人

1. 硅谷人逐梦的三个特点

(1)这些梦想源于既有技术的不完美。

(2)这些梦想本身并不宏大,从技术上可以实现。

(3)这些梦想在实现之前很少有人意识到,它们对世界的改变是如此之大。

2. 硅谷梦想家的共性

(1)理想超越名利、高度专注于某一行业。

(2)有多年相关领域的科研经历或背景。

(3)有志同道合的参与者团队。

梦想就是不忘初心的那个"心"字,而不忘初心当中的"不忘",就是坚持。在找到梦想之后、在确定了行动目标之后,下一步就是要坚持。

第二节　坚持力

"愚公移山",讲的就是一个"坚持"的故事①。

中国古代有个寓言,叫做"愚公移山"。说的是古代有一位老人,住在华北,名叫北山愚公。他的家门南面有两座大山挡住他家的出路,一座叫做太行山,一座叫做王屋山。愚公下决心率领他的儿子们要用锄头挖去这两座大山。有个老头子名叫智叟的看了发笑,说是你们这样干未免太愚蠢了,你们父子数人要挖掉这样两座大山是完全不可能的。愚公回答说:我死了以后有我的儿子,儿子死了,又有孙子,子子孙孙是没有穷尽的。这两座山虽然很高,却是不会再增高了,挖一点就会少一点,为什么挖不平呢? 愚公批驳了智叟的错误思想,毫不动摇,每天挖山不止。这件事感动了上帝,他就派了两个神仙下凡,把两座山背走了。

山是谁移走的呢? 是天公还是愚公? 还是两者之和? 这个山,指的是物质还是精神?

愚公就是我们的心。一个"愚"字,代表单纯、代表轴、代表执着、代表一颗赤子之心。把梦想当成一种感恩和接纳,当梦想在你心头的时候,接受它而不要拒绝它;把梦想当成行动的方向,而不是行动的目的,不要把你的心思放在梦想能否实现,不要经常给自己一个疑问,"这个理想可以实现吗?"单纯地一直往前走,不要往两边看,才能得到天公的惠顾。有恒心为成功之本,是跨越中外古今、亘古不变的成功密钥。这里的所谓成功,不是成名成家,也无关乎名与利,它是一种人生自我的成就——坚持的意义在于坚持本身,在改变自己、提升自己的路上坚持到底,就已经成功了。老子讲无为而无不为,也是讲的这个道理。

长风破浪会有时,直挂云帆济沧海。

谁无暴风劲雨时,守得云开见月明。

在这两句诗中,前面的坚持有一种乐观、有一种豪放;后面的一种坚持,有一种坚韧、有一份执着。坚持的过程是艰辛的,是不容易的;坚持的结果是"柳暗花明又一村"的。

---

① 《毛泽东选集》第三卷愚公移山 http://www.mzdbl.cn/maoxuan/maoxuan3/3-26.html,2021-3-10.

坚持是一种品质、一种内功，它可以来自先天，也可以通过后天训练获得。坚持的过程中都会遇到一个或几个"瓶颈"，在这些节点上很容易放弃"坚持"，但突破这些瓶颈，就会豁然开朗。美国有一部电影叫做《终极礼物》①，当中有一段对这个"瓶颈"这样描述：

Any process worth going through will get tougher before it gets easier

也就是说任何一个值得被追寻的过程（这里边强调的是"过程"，而不是目标），在走过了一段之后就会觉得越来越难，这个时候你要坚持住，一旦过了这个瓶颈就觉得天地变宽，有一种渐入佳境、柳暗花明的感觉，就进入了"蓦然回首，那人就在灯火阑珊处"的境界②。

一、10 000 小时法则

坚持多久才能达到成功呢？这就是所谓的"10 000 小时法则"③，如果一个人要达到世界水准，他（她）的练习时间通常需要超过 10 000 小时。10 000 小时是个什么概念呢，粗略估算一下，10 000 小时也就是 3 年（如果每天 8 小时），或者 6 年（每天 4 小时），或者 12 年（每天 2 小时）。1 万小时如果折算成天的话是 416 天 16 小时，当然我们不能 24 小时都在工作，所以就有了上面的估算，这个估算还包括了周末。这个法则应验在我们熟知的很多著名人士身上，比如郎朗（视频④：凡事儿都得重复到一定的量），又比如比尔·盖茨，他几乎把自己的青少年时光都用在了计算机程序开发上，从 1968 年他上七年级开始，到大二退学创办微软公司，这其间盖茨持续编程有 7 年时间，远远超过 10 000 小时，详细请参见附录 3 *Link47*。

二、训练坚持的方法

10 000 小时的中心含义就是坚持。那么怎么能做到坚持呢？有这么几个方法给大家推荐。

---

①　电影：终极礼物，也有译名"超级礼物"（The ultimate gift），故事讲的是一个亿万富翁留给他孙子一笔巨额遗产的过程，相关的片段参见云盘。

②　王国维说过，做学问有三重境界：第一重：昨夜西风凋碧树，独上高楼，望尽天涯路。第二重：衣带渐宽终不悔，为伊消得人憔悴。第三重：众里寻他千百度，蓦然回首，那人却在灯火阑珊处。

③　一万小时定律是马尔科姆·格拉德韦尔 2009 的作品《异类：一本成功的成功学著作》中提出的一条定律。

④　视频：《开讲了》，重复，10 000 小时定律，郎朗回答女生的提问 http://www.tudou.com/programs/view/uEiyoG4-SWQ/.

（1）富兰克林的方法，每天用一个表格来反省自己、提醒自己。

（2）记日记也是一种很好的训练方法。

（3）借力打力，利用外部资源激励自己。

（4）利用文字、实物和事实提醒自己。

（5）找激励伙伴借力打力、在图书馆自习室中用功读书。

（6）体育也是训练坚持的一个好方法。

具体和详细的训练坚持的方法，请参见附录 3 Link47，下面只举三个例子。

（一）利用日记训练"坚持"

记日记有几大好处：其一，它是一种学习的方法。日记不光是为了记录今天、记录行动的轨迹，也便于对未来行动做外推和导引。其二，它是一种自省方法，可以利用日记提醒自己每天要注意的关键点。其三，可以训练"坚持的精神"，培养坚持的功力和好习惯。图 5-2 是一个记日记的范例，具体的范例和过程请参见云盘（上面的链接）。

（二）借力打力

找一个伴儿互相激励、互相鼓励，这是一个双赢的过程，而不只是单方受益，这就是"借力打力"。佛教里边有一个"佛法僧"的概念，这三个字代表了三个意思：一个是修行必须要有一个导师就是"佛"，还需要一个方法就是"法"，另外就是需要有伴儿叫"僧"。修行的路是孤独的，光有前两个不够，需要有人陪伴，一来是不孤独，二来是互相鼓励。

（三）志同道合，结伴相行，长久相和

这里讲一段学霸情侣的故事：武汉大学有一对学霸情侣同时被美国知名大学录取。武大学子点赞称其为相互激励正能量。这对学霸情侣也被人羡慕地称为"神仙眷侣"。

身边的同学说，他们两个人非常合拍，互相监督，生活学习很有规律，两人只要没课就相约图书馆，在周末和期末考试周的时候，如果想找他们俩，去图书馆保准没错。真心很羡慕他们，一起努力、一起奋斗、一起向前……

他们都觉得彼此是对方进步的源动力，他们没有因为爱情而耽误学业，反而为共同的未来一起奋斗，正能量十足。武大校长在开学典礼上曾寄语学子：这种爱要是一种广义的爱，"它包括对同学的友爱，对父母的关爱，对兴趣特长、学术方向的热爱，还有对我们武大这个大家庭的珍爱，以及对于国家和民族的大爱"。

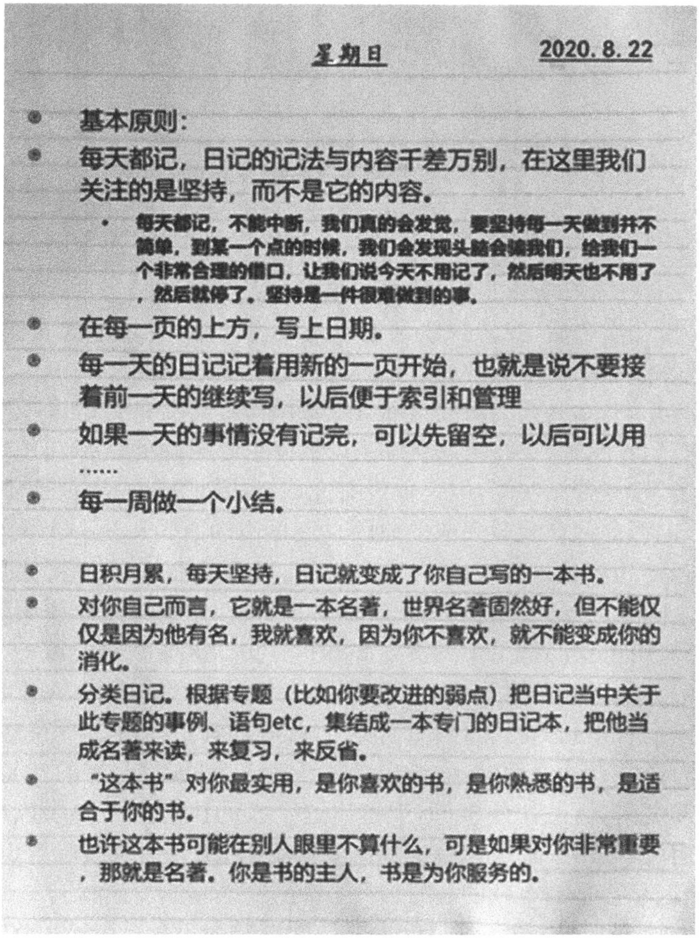

星期日　　　2020.8.22

- 基本原则:
- 每天都记，日记的记法与内容千差万别，在这里我们关注的是坚持，而不是它的内容。
  - 每天都记，不能中断，我们真的会发觉，要坚持每一天做到并不简单，到某一个点的时候，我们会发现头脑会骗我们，给我们一个非常合理的借口，让我们说今天不用记了，然后明天也不用了，然后就停了。坚持是一件很难做到的事。
- 在每一页的上方，写上日期。
- 每一天的日记记着用新的一页开始，也就是说不要接着前一天的继续写，以后便于索引和管理
- 如果一天的事情没有记完，可以先留空，以后可以用……
- 每一周做一个小结。

- 日积月累，每天坚持，日记就变成了你自己写的一本书。
- 对你自己而言，它就是一本名著，世界名著固然好，但不能仅仅是因为他有名，我就喜欢，因为你不喜欢，就不能变成你的消化。
- 分类日记。根据专题（比如你要改进的弱点）把日记当中关于此专题的事例、语句etc，集结成一本专门的日记本，把他当成名著来读，来复习，来反省。
- "这本书"对你最实用，是你喜欢的书，是你熟悉的书，是适合于你的书。
- 也许这本书可能在别人眼里不算什么，可是如果对你非常重要，那就是名著。你是书的主人，书是为你服务的。

图 5-2　记日记、工作笔记的格式，一些写作规则

（四）信心的冬天

在坚持的道路上，每个人都会出现"信心的冬天"，顺利的时候我们可以说是春天或是夏天，想放弃的时候，感觉到没意思、心里很苦闷却不晓得为什么，这就是"信心的冬天"来了。当我们遇到"冬天"的时候，会产生退心，会怀疑自己是否被"欺骗"了，就会感觉到很苦闷，就不想继续坚持下去了。这个时候我们就要想法子"补一补"，补足了能量我们就可以继续下去，一直到"春天"的到来。应对"信心的冬天"有三个法子：转移（比如去看电影）＋时间（相信明天都会好的）＋补药。如果

缺失信心的磁场,一是要想法转变,二是要耐心等待。具体的范例和过程,详细请参见附录 3 *Link48*。

第三节　执行力

我们发现有些人答应得很好,他说我来做、我一定完成,过些天我们问他,他说还没有做,经历几次之后,我们观察到他只是说说而已,并且每次我们都要去追问他,而不是他和你主动汇报和解释,这个就是执行力的问题。

这里边有几个原因:第一就是老板出题的漏洞,老板只是告诉他要做,却没有告诉他要提交的时间,这个是老板的责任,要有非常明确的目标和任务;第二个就是员工的问题,任务分派明晰,但是他没有完成,并且糟糕的是,他也不会主动汇报事情的进展,也不会解释没有完成的原因。这里边沟通固然是一个关键的环节,但最重要的是态度和习惯。员工执行力的欠缺,老板会很头痛,整个团队的效率也低。解决这个问题的思路,老板的责任是一个方面,分派的任务要明确清晰,并且有量化的指标,更重要的是员工的责任心和执行力。通常在企业或一个机构中,老板或是领导对于员工和下属执行力的判断不会只是一次形成的,在十次任务当中,发现有 5 次以上看不到执行力的话,那这个人基本就是执行力不及格。很多企业在招聘员工时通常有一个面试,面试后可能还有一个见习期,目的就是在一个月至半年的实习期之内,通过几件事例,观察出这个人的执行力。如果执行力不及格,可以免于录用,以免将来裁员和解雇的麻烦。所以,研究生应该有意识地培养这个执行力,不然迟早会是一个软肋。

执行力的缺失有两个主要原因:一个是做事情的方法,一个是做事者的态度。比如做事情拖延可能是因为目标太大,解决方案是用分段论来分解目标;经常找借口而懒得找方法,这个习惯也可以有办法克服。下面分别予以讲解。

一、拖延心理学

拖延症(Procrastinate)是一种普遍存在的现象,百度百科对"拖延症"是这样解释的:拖延症是指自我调节失败,在能够预料后果有害的情况下,仍然把计划要做的事情往后推迟的一种行为。一项调查显示大约 75% 的大学生认为自己有时拖延,50% 认为自己一直拖延。严重的拖延症会对个体的身心健康带来消极影响,如出现强烈的自责情绪、负罪感,严重会产生焦虑症、抑郁症等心理疾病,一旦出现这种状态,需要引起重视。

很多有拖延症的同学也很想纠正这个毛病,下面就介绍一二。

（一）拖延症是心理问题

基于过去的某些经历,对某项任务产生一些恐惧和畏惧感。比如学生在最开始写论文的时候,往往感觉都很糟糕,每每想到要写,就觉得"肝儿颤",就想往后再拖一拖。然后就"明日复明日,明日何其多",然后就"万事成蹉跎"了。解决心理问题的办法就是分段论,今天就写一段,就一段,多一点都不写;或者是就写半小时,多一分钟也不行,用计时器。这里边用的词很啰嗦,不过对于头脑有效,大脑看到这一些文字上的东西,就会大大缓解这个心理障碍。

（二）目标太大,觉得太难,就会想往后拖一拖、再拖一拖,这就要用分段论

分段论也称为任务分解法(work breakdown structure,WBS),就是把一个任务分解成若干项工作,把大目标分成小目标,把复杂抽象的任务分解成细化的、具体的、可执行、可操作的事项,然后依次各个击破,最后完成整个目标。比如,为什么很多孩子都没能成为他们父母所希望的"龙"？不可忽视的一点,恐怕就是给孩子所定的目标太大了,就像大山一样把孩子吓倒了、压垮了:非要孩子的每门功课每次考试都拿100不可,90分都不可以;非要考上北大,交大都不可以。如果孩子现在的功课成绩和目标值差得太远,他就会失去热情,从而产生很大的心理障碍,影响眼前的学习。如果分段给孩子制定目标,这个学期75分、下个学期80分,事情就会容易得多,孩子也会逐渐培育出成就感,保持学习的激情,这个过程就是分段论。关于用分段论、二八定律提升孩子高考能力的案例请参照《工程导学》①这本书中最后一章"二八定律"的内容。

（三）怕失败丢面子

曾经问过一些学生、做过一些调研,很多学生、研究生非常不想在老师面前丢面子,尤其是对自己非常尊敬、非常喜欢的老师,在他们眼中,老师喜欢他们、尊敬他们、看重他们,是非常高的荣耀。所以研究生的导师要时常鼓励、对于第一次的失败要宽容,要帮助学生分析整个实验过程,要示范多于指责。另外一点就是培育"硅谷精神","鼓励失败、失败不丢人",这里面谈到的是体制,要营造一个正确的氛围:失败不丢人、不参与不作为才有负罪感。建立"鼓励参与"的机制,而不是把重点都放在追究"失败"上。

---

① 段力. 工程导学[M]. 上海:上海交通大学出版社,2019.

（四）可执行性和可操作性

一个最显而易见的例子就是利用选择题来做试卷,选择题大大增加了题目的可执行性。关于可操作性,可以从下面一段讲话当中有所体会。这是奥巴马在一次中小学生开学典礼上的讲话①,他讲到身为学生应该尽的责任(注意黑体字的部分)。

（1）或许你能写出优美的文字,甚至有一天能让那些文字出现在书籍和报刊上,**但假如**不在英语课上经常练习写作,你不会发现自己有这样的天赋。

（2）或许你能成为一个发明家、创造家,甚至设计出像今天的 iPhone 一样流行的产品,或研制出新的药物与疫苗,**但假如**不在自然科学课程上做上几次实验,你不会知道自己有这样的天赋。

（3）或许你能成为一名议员或最高法院法官,但假如你不去加入什么学生会或参加几次辩论赛,你也不会发现自己的才能。

在这段话中,奥巴马就是把学生将来要成为的梦想变成了可操作性的具体练习。有了这些可操作性和可执行性,就会解决学生无所适从的问题,提高执行力。

二、找方法不要找借口

执行力里面有一个关键词就是"态度",这个态度就是"找方法不要找借口"。如果一个人想尽力把事情做好,他的态度是积极的,他是会想出办法的,他不会到处去找借口,这就是对待问题的基本态度和方式。这里举一个例子,杨元宁是王永庆的外孙女,也是哈佛的高材生,从小的内功培养非常好。她就是一个"找方法不找借口"的典范,比如有记者问杨元宁:"你人生遇过最大的困难是什么?"她认真地想了想(因为实在想不出来),回答:"没有,我一定尽力完成。"这个例子的关键点在于杨元宁的第一反应:她还要花时间想一下,即便如此也找不出借口来。

方法是主动的,找借口是被动的。关于方法还是借口,英文有两个对应的词,active thinking 和 defensive thinking,是主动还是被动? active thinking 是主动积极地思考,冲着目标而去,义无反顾、一往无前地找方法、没有时间去找借口。这种人生充满激情,而不是经常觉得无聊。defensive thinking 则倾向于一种自我保护,它是一种被动防守的思维方式,它源自于对自我的不自信与安全感的缺失。被动思维呈现的现象是,你最好什么都不做,这样就不会犯错误,把自己保护起来就好了,这就是一种找借口、不去找方法的做法。

这里分享一个"找方法,不要找借口"的小故事,讲的是美国一个退伍军人应征总经理的过程,详细请参见附录 3 *Link49*。

---

① 百度上搜寻:开学第一课:奥巴马谈我们为什么要上学。

第四节 激 情

激情就是"Passion",也可以译成"热爱",这种热爱发自内心、深入骨髓。Passion 现在是一个热词,就是俗语讲的要"提得起精神来",这也是很多当代人欠缺的东西,它的反义词是活着无聊、过得没劲。有了梦想与激情才会带来长久的努力、带来毅力与意志力,而所有的成功都是持之以恒的结果。在"激情"的驱动下才会产生不懈的坚持,然后才有所谓的成功。关于激情,乔布斯有句话讲得很好,他说:

人们常常强调做事情需要有激情,其原因在于完成事业的过程是如此艰辛,并且需要你坚持很长的时间,所以,如果你不喜欢它,如果你没有乐趣做它,如果你不真的爱它,在做的过程当中你就会选择放弃。你看看那些最终成功的人,都是在他们遇到最困难的时候可以坚持下去。而那些不是真正喜欢的人会选择退出。这是非常符合逻辑的:如果你不喜欢的话,为什么还要容忍下去呢? 工作这么辛苦,过程这样艰辛,前进的道路上充满了挣扎和忧虑,如果你不是真正喜欢,最终还是要放弃要失败的。所以,你必须爱它,你必须有激情。

激情来自先天、也会来自后天:有些人是先恋爱后结婚,而有些是先结婚后恋爱,两者都可以带来成功的婚姻。先天的激情如比尔·盖茨和乔布斯,这种十分少见,有点儿可遇而不可求之;但还有一个"第三方因素"会导致成功和热情,这种例证也不胜枚举,尤其在我们中国,如水稻之父袁隆平,如诺贝尔奖获得者屠呦呦。那么这个第三方因素是什么呢? 是你对自己职业或技能的精通和渐入佳境,"精读成精",可以培育出信心、虔诚与成就感,会培育出激情。

一、激情也可以来自后天

北京大学教师代表史蛟在 2018 年毕业演讲中为同学们讲解了"精通"与"激情"之间的因果关系。

"天赋热情论"说我们的热爱是命中注定,我们只能够接受安排、追随热情。但是如果热情是后天塑造的,那么,我们是自由的。我们可以根据自己的价值观去选择对我们有意义的工作,然后日复一日地保持专注和努力。也许这听起来很单调,缺乏天赋热情论的浪漫感。但是,专注和努力的能力是可以培养的,你的命运掌握在自己的手中! 你的命运掌握在自己的手中,这才是终极的自由。

激情可以来自先天,如比尔·盖茨和乔布斯;也可以是后天的努力。而后天的激情来自精通。如果激情来自先天,那么我们多少有些无奈;如果激情可以是后天塑造的,那么,我们是自由的。详细请参见附录 3 *Link50*。

二、激情有两类:事业和修行

有两种激情,一种是物质导向,另外一种是精神导向。这两种激情,一种是 IQ 型的,一种是 EQ 型的;一种决定了事业上的成功,另一种决定了人生质量。其共性是,这两种激情都提供了长时间的、持续努力的力量,后者也许可以伴随你的一生。第一类激情如比尔·盖茨,还有比如雅虎、谷歌、Facebook 这三家互联网公司的创立者,他们都是出于热情,出于对社会应用点的挖掘创立了这一类的创新型公司,他们都建立了事业上的成功;第二类激情的例子有曾国藩、本杰明·富兰克林,他们都有着一生坚持的修身、自我完善的激情。热爱读书和善于读书,这种激情在很多伟人身上都有,对于读书的热爱,注定了他们在人生的历程中不仅有实践,还有思想和品味。这是一项素质性的激情、内在导向型的激情,和某一项具体成功没有直接的因果关系,但提升了你人生的品质。详细请参见附录 3 *Link51*。

三、"Stay hungry,Stay foolish"的几种译法

乔布斯 2005 年受斯坦福邀请给毕业生演讲,在演讲的最后,乔布斯将"Stay hungry,Stay foolish"这句话送给所有在场的听众。从此,"Stay hungry,Stay foolish"被当成乔布斯的名言广为流传。这段话有好几种译法:

求知若饥,虚心若愚。

保持饥饿,保持愚蠢。

若饥若渴,大智若愚。

保持渴望,保持傻气。

你会喜欢哪一个?

我喜欢第二个,它用最"愚"的方式保留了这句话的原味。这个翻译很土,简单、直接,但是具有可操作性,接地气,不虚华、不浮夸。其他译法文学色彩多了一些,但失去了"Stay hungry,Stay foolish"的原味和内涵。"STAY"这个词很关键!它代表了"主动的"意思,这一层意思一定要翻译出来。Stay hungry,Stay foolish,就是要"主动地蠢,主动地饿",因为这两种状态带来美好的幸福感,有活力、有张力。有这样一个故事:

古时候有个皇帝问他的御厨,什么东西最好吃? 御厨回答皇上:"饿最好吃。" 皇上听了先是一愣,然后欣然领会,笑着赏赐了御厨。

饿最好吃,就是乔布斯所说的 stay hungry,有人说"宁可"与"胜过":

宁可有好的胃口,胜过美味佳肴;

宁可有好的睡眠,胜过高档大床。

讲的就是这层意思。

第五节 IQ

IQ 本来是指智商,这里面的"IQ"指的是"学习能力"。

一、背与知识树

用计算机做比喻,背就是内存,知识树就是硬盘,人的大脑中枢思考点就是 CPU。内存离 CPU 更近,相当于背的内容离大脑的思考中枢更近,更利于获得,思考速度越快。背是短期记忆,是快速思考创新所必需的,知识树是长期记忆,对于未来的再学习(活到老学到老),未来写论文、做总结是非常重要的。

(一)背是 SRAM①

我们在思考的时候,需要触类旁通,需要把很多数据联想起来,因为我们思考的速度很快,所以我们需要很快取用这些数据。这有点像计算机的操作原理,离中央处理器 CPU 最近的是内存,中央处理器和这些数据互动非常频繁,在 CPU 计算的时候需要很快拿到它们。而距离中央处理器比较远的就是硬盘了,其取用速度就要慢很多。在 CPU 进行高速处理的时候,需要在内存中有足够量的急需数据。类比过来,这些内存中的数据就是我们背的储量。

举一个比较容易理解的例子:我们小学和初中的时候,要求把九九表背下来做乘法,试想一下,如果每个位数相乘的时候都需要查九九表,速度会很慢,在实际操作中一来是时间不够(比如高考的场合),二来是人的专注度有限。类似于这样的操作,我们必须要用背的方式,我们在思考的时候一定要有足够的内存储量来提高思考的速度。为什么思考速度要快呢?因为人的专心能力、注意力集中的能力有限。有人统计,视频课程最佳长度为 6~10 分钟,超过这个时间,人的大脑的效率会降低,专注力也会变差,所以很多的视频教育者会在此做一个中断,换一种方式教学。此外,有些场合是有时间限制的,像高考。我们还都记得对付高考的一项策略就是刷题,因为有 60% 的题都是照抄记忆,这个抄写的过程越快,留给其他难题的思考时间就越长,否则可能会时间不够,做不完所有的题。

---

① SRAM 指的是内存,它们距离中央处理器 CPU 比较近,存取速度比硬盘(HD)要快,但容量有限。

（二）我们真的背下来了吗？

我们注意到，在阅读英文文章的时候，遇到某些英文单词，有时要想一下（>2～3秒）才能想到它的含义，严格地讲，不能说这个单词是背下来的，因为读的速度是在这些点上被耽误的，我们读中文可以一目十行，英文就达不到，为什么呢？就是因为这些貌似背下来的单词量太多。所以，频度1～3级的（2 000单词左右）单词，要多次地、反复地看、抄，才可以达到一看就知而不用想的境界，这样，阅读速度会大幅提高，这就是秘诀了。都觉得读中文比读英文快，为什么？就是这个道理：不用想！每个单词的含义变成了潜意识，这才是"背下来了"的真正含义。背的诀窍就是重复，眼耳手口并用地全息型重复，最后变成一种直觉。

（三）知识树是HD[①]

知识树是为了长期记忆，是长期记忆与索引的方法。长期的记忆是为了将来的查找，所谓"查"隐含了一部分"背"的含义，只不过不需要背的那么多而已：只需要背下来"去哪里查、查什么东西"就可以了，这个索引的过程就是知识树，就是整体性的学习方式。通过整体性学习能够很快地整合新知识，尤其重要的是，这样学到的知识很牢靠，因为它是一棵树，而不是一盘散沙，是真正地"获得"了知识，对知识的理解也更为深远，而不仅限于书本。详细请参见附示3 *Link52*。

二、格物致知

格物致知常常不太容易被理解，实际上就是指学习能力越强的人，越能辨析多个维度上的区别，就是能够用多维度、多层次来看待同样事物，是一种细致学习的能力。举个例子：你看了一段文字之后写了一个读后感，有这样两种写法：

（1）这段话阐明了失败是成功之母的道理，人生中会遭到很多挫折，人只要不被失败打垮，最后一定能迎来成功。

（2）在这一段中，作者分析了乔布斯人生中的两次失败，其中第二次——乔布斯在市场中遇到的挫折，给了他真正的学习感悟，所以要从失败中学习，必须充分尝试和应用反馈。

比较一下这两段话，你会觉得第二段写得辨析力强，可执行度、可遵循度高。所以就有格物致知与知行合一。

那么怎么得到格物致知的本领呢？我们知道，朱熹首推的是格物致知[②]，而王

---

① HD指的是硬盘，hard drive，计算机的主要存储工具，但是存取速度比内存要慢一些。

② 格物致知出自《礼记·大学》："致知在格物，物格而后知至。"

阳明提出了知行合一,两者看似不同,实质上都统一到最后这个"知"上,格物致知最终的目的是要达到"知",这是目的,而格物是实验手段;王阳明则说"知之真切笃实处便是行;行之明觉精察处便是知"[①],两者都有精读成精的意思,也就是要通过足够的重复,才能达到"成精"的境界,达到一种"道"的境界。成精的体会不太容易用直接的语言来定义,最好的方式是隐喻和故事,它是一种启发和启迪,格物致知、知行合一的例子和故事有:

科学(science)曾被译为格物之学

时间角的故事

探微力

见缝插针

简历要"格物致知"

详细请参见附录 3 *Link53*。

第六节　EQ

EQ本来指的是情商,这里的"EQ"的含义延伸为内力,比如努力、态度、做人……

一、假努力与真努力

我们也许会听人说,"为什么明明我已经很努力了,做了那么多,可是还没有得到好的结果?""为什么某某某平时也不是怎么努力学习,反而成绩更好,还玩得比我开心?"这里面的关键点在于:很多人只是假装很努力罢了。从努力的能量上看,努力是一种内功,它不是你随便做做就能达成的,真正的"努力"至少需要三点:

努力＝集中力＋精力＋耐力

多数人所认为的天赋多半指的就是学习东西上手的快慢。说实话,学东西上手的快与慢其实大部分人都差不多,但是想要精通某事,比拼的就是集中力、精力还有耐力了。

（一）集中力

集中力即专注力、就是集中注意力的能力。专注力就是专心,而专心是一种修

---

① 王阳明.传习录.张靖杰,译注.南京:江苏文艺出版社,2015:7.

行。这里讲一个小和尚与老和尚的禅机故事：

小和尚问老和尚："您得道前做什么？"

老和尚："砍柴、担水、做饭。"

小和尚："那得道后呢？"

老和尚："砍柴。担水。做饭。"

小和尚："那何谓得道？"

老和尚："得道前，砍柴时惦着挑水，挑水时惦着做饭；得道后，砍柴即砍柴，担水即担水，做饭即做饭。"

我们大多数人在做一件事的时候，心在另一件事上。我们坐公交车、手里在玩手机；我们在吃饭、眼睛在看电视……我们成年了之后心里杂念很多，很多牵挂放不下，时时放在心上而不能全身心地投入，所以我们做事情才会觉得累。我们看到小孩子玩儿了一天都不累，因为小孩子玩的时候是非常专心的。其实我们的日常工作、家务劳动本身不一定有多么累，是因为我们的心太散乱、没有用心在做，所以我们才会累。老和尚讲的，就是这个道理。所以我们看两个人外表在做同一件事，里面的内容可能是不同的。

（二）精 力

精力是一种持久的集中力，比如一堂课时间设定在 45 分钟，一段视频长短控制在六分钟。这是基于大多数人大脑能够集中的限度。精力大小虽然因人而异，但是精力也是激情所驱动的，激情是一个人对一种事物天生的喜欢和热情，有了这份激情，精力自然会提起来，这就是孔子所说的"好知者不如乐知者"的"乐"字，更多的内容请参见本书"激情"章节。

集中力和精力构成学习专注力，这才是"真努力"和"假努力"的区别所在！看上去一样，内容完全不同。提升专注力的方法有：利用特点、短期激励、借力打力。

1. 利用特点

专心固然有修行的味道，但专注力也分三种：王羲之型、毛泽东型、杨定一型，每个人可以根据自己的特质选用，以保证高效率的专注。

王羲之写字的时候很认真专注，不受身边事情的影响。

故事 5-1　王羲之吃墨水

有一天，王羲之聚精会神地在书房练字，连吃饭都忘了。丫环送来了他最爱吃的蒜泥和馍馍，催着他吃，他好像没有听见一样还是埋头写字。丫环没有办法，只好去告诉他的夫人。夫人和丫环来到书房的时候，看见王羲之正拿着一个沾满墨汁的馍馍往嘴里送，弄得满嘴乌黑。她们忍不住笑出了声。

原来，王羲之边吃边练字，眼睛还看着字的时候，错把墨汁当成蒜泥蘸了。

故事 5-2　王羲之型现代版——陈望道之粽子蘸墨汁

习近平总书记讲过一个陈望道吃粽子蘸墨汁故事,也讲的是专心的事儿:一天,一个小伙子在家里奋笔疾书,妈妈在外面喊着说:"你吃粽子,要加红糖水,吃了吗?"他说:"吃了吃了,甜极了。"老太太进门一看,这个小伙子埋头写书,嘴上全是黑墨水。原来是吃错了,他旁边一碗红糖水没喝,却把那个墨水给喝了,而他浑然不觉,还说,"可甜了可甜了"。这人是谁呢? 就是陈望道。他当时在浙江义乌的家里,就是在翻译《共产党宣言》。于是由此就说了一句话:真理的味道非常甜。这就是陈望道翻译《共产党宣言》的故事,习近平多次提及。《共产党宣言》直接催生了中国共产党的成立,滋养了一代又一代中国共产党人。墨汁的黑,如同近现代中国那段黑暗历史,底色沉沉,路在何方? 真理如甜,赋予了一代代共产党人勇气和力量,劈开黑色世界,让光明洒满大地,让中国从苦难走向辉煌。

故事 5-3　在高铁上集中注意力

我们也有一个发现,在乘坐公交、坐高铁的时候,在排队等着付账的时候,我们可能会更有精力集中去读一本书,去写(想)一个课题,效率往往很高。我们常常会问,这种嘈杂的环境难道不会影响自己的注意力和专心程度吗? 这让人想起毛泽东年轻时专心读书的故事,他有时选择在最嘈杂热闹的城门洞里聚精会神地看书[1],那个时候他最容易集中注意力。大多数人都会觉得他这样做是为了锻炼自己的意志,实际上,毛泽东可能在这些环境下更容易集中注意力。这个道理其实是:虽然市场上非常嘈杂,不过这些嘈杂的内容实际上和他无关,他只是听到而已,思想上对他没有任何的干扰。如果是父亲会随时喊他去干农活,或是在等一个电话,这个时候做事就不太容易集中。高铁上没有冰箱、没有随手可及的诱惑,虽然边上有一些噪音,没有那么安静,但是却可以容易集中你的注意力专注完成一项工作。

动与静实际上是中庸的两端,毛泽东将内在的集中和闹市的嘈杂构成一对中庸,达成一种平衡,而动静的平衡是最稳定的平衡。

故事 5-4　杨定一的读书方式

杨定一擅长用头脑交换刺激法,物理学一会,再换为化学,再换为语文、外语,大脑转换刺激方位,保持最佳效能。

杨定一读书的方式非常奇特,他同时阅读 6 本甚至更多的书籍,同时做数理化与文科的题和作业,他说这样有助于刺激记忆力:"读书时,你必须记住每本书读到什么地方、内容是什么,当你下次再读这本书时,才可能继续读下去,否则又要从头开始。"其实,在刺激大脑一个部位积极思考的时候,其他部位是休息的,这是一种积极的休息方式,比企图让所有的脑细胞都静止下来的睡眠方式更为有效,睡眠时

---

[1]　权延赤. 伟人的足迹[M]. 北京:中国少年儿童出版社,1991.

脑子是会活动的,梦与梦游就是。

凭借这种读书方式,到十岁时,杨定一的读书量就已达几千本,十一二岁时基本读完国学经典,开始看外国历史、哲学之类的典籍。杨定一仅 13 岁时就成为巴西大学有史以来最年轻的大学生,17 岁时从巴西大学毕业,在 19 岁时就取得第一个博士学位,又在 21 岁时获得第二个博士学位,27 岁的年龄升任洛克菲勒大学分子免疫及细胞生物学系主任,为有史以来最年轻的系主任,在美国科学界引起了极大的轰动。不仅如此,他还有一套优秀的教育方法,多年以后,他在子女身上的实验同样开花结果,他的三个儿女,杨元宁、杨元平、杨元培,不但先后考取哈佛与麻省理工学院,更主要的是,有记者采访时发现他们小小年纪,平均每六分钟就会提到一次帮助人,可见杨定一的教育已经内化成他们优秀的人格。

读书之外,杨定一的另一件要事,就是坐下来静坐思考。"这是一个重要过程,通过思考,可以好好理解记住的东西,把它们融会贯通。而且,注意力集中,学习会很快。"后来的事实证明,这种独特的阅读和思考形式对杨定一的学术生涯产生了非常大的影响。杨定一的这种转换头脑提高专注力的学习方法不一定适合每个人,不过可以作为选项试一试,也许对你是适合的。

为了便于记忆,这三种特点以三个人的名字来命名,个人客观条件和材质特性各有所异,应根据具体情况具体应用。

2. 短期头脑激励法

电子游戏容易上瘾,这是我们都知道的。上瘾是我们需要规避的,但是可以利用这个上瘾的机制提升我们学习的注意力。学习与打游戏的区别是两者目的和动机不同,学习是为了有效地造福人类,而打游戏并不是人生的"有效时间"。研究电子游戏为什么会上瘾会对我们有所启发:游戏体验中"多巴胺"的分泌,让大脑记住导致"愉悦"结果的活动,可以增强专注力。电子游戏的设计方式中,奖励系统的作用始终存在,导致成瘾。借鉴电子游戏的设计规则,建立简单的成就感与短期头脑奖励机制,刺激自己的多巴胺,就可以提高学习的注意力。把这个"成瘾"用在学习和工作上,用在造福人类上,"成瘾"就成为"激情",成瘾和激情就变成了某种意义上的同义词。所以要善于设计这个短期头脑奖励机制,做好注意力资源优化、注意力和感觉运动区域之间的整合。比如"分段论"(WBS),就是一种短期头脑奖励机制的设计,把长目标分成短目标,建立短期成就感,刺激自己的多巴胺。

番茄工作法也是一种头脑短期激励方法,它是帮你把每一天分成若干小段,专注工作 25 分钟,番茄钟响起,休息 5 分钟。如是循环,每 4 个番茄钟多休息 20 分钟。每天完成 8 个左右的番茄钟。这是对头脑的一种反向激励,番茄工作法给头脑一个信号是,25 分钟后就可以喝个茶了,这个"茶"就是给大脑 25 分钟集中的奖赏。

3. 借力打力

比如去图书馆学习,别人的专心就变成了你的专心,在家里放上书架、书桌、笔、书、纸张、本本等,眼睛里都是这些,就会和它们为伍。也可以找伙伴借力打力。找一个志同道合的伴儿互相激励、互相鼓励、互相双赢。佛教里边有一个"佛法僧"的概念,这儿讲的实际上是三件事:一个是修行必须要有一个师傅,这是"佛";还需要一个方法,就是"法";另外就是需要伴儿,叫"僧"。修行的路上是孤独的,光有前两个不够,还需要有人陪伴、彼此鼓励,一来不孤独,二来互相鼓励。

假努力与真努力有很多有趣的故事和细节,详细请参见附录 3 *Link54*。

4. 提升专注力的内功——冥想

每天保证 20 分钟"安静的时间",通过冥想可以提高我们的专注力[①],那些能够连续创造出价值的成功人士,大多拥有冥想的习惯。据说苹果公司的创始人史蒂夫·乔布斯,一定会在周六的早晨用坐禅来进行冥想。如果觉得冥想太难或者太麻烦,就尝试什么也不做,让自己的身体和心灵都安静下来,哪怕一天只有 10～15 分钟,也应该给自己创造一个"安静的时间"。在这个时间里请关掉手机,如果可能的话最好在一个什么都没有的地方安安静静地待着,或者闭目养神。只是这样简单的一个行动,就可以调整你的心理状态,使五感变得更加敏锐,身体和心灵十分放松,能够自然而然地使自己保持高度集中[②]。

(三)耐力——苦其心志,劳其筋骨

与上面的两种力相比,耐力则是一种持久的力,耐力隐含了忍受、承受和毅力。这固然可以通过人生逆境得以训练,之所谓时势造英雄也。但这种逆境是"可遇而不可求"的,我们也可以找一些主动的、可行的方式来培育"耐力",比如可以通过体育锻炼来获得耐力。爬山对耐力就有着训练的作用:在快要爬到玉皇顶的时候,已经达到了你的体力极限,爬泰山的十八盘又是非常陡峭,使爬山变得更加费力。那个时候脑中一片空空,只想尽快把任务完成;那个时候你也没有退路,因为下山的路更长,你只能往上爬。姚明在《开讲啦》节目中[③]有一篇很好的演讲,他提到了体

---

① 大岛祥誉,朱悦玮. 麦肯锡工作法:麦肯锡精英的 39 个工作习惯[M]. 北京:北京时代华文书局,2015.

② 冥想(Transidental Meditation)与教育相结合美国大学(Maharishi University Of Management),用超觉静坐(TM)等科学验证方式来开发学生大脑未被开发的潜能,启迪智慧,帮助学生身心健康,得到全面发展。

③ 姚明. 开讲啦:体育可以改变世界[EB/OL]. http:// tv. cntv. cn/video/C38955/4c13025afe854cb1a11fe196d133646e,2014-06-14.

育对意志力、耐力以及持之以恒的积极作用,体育不仅使身体强壮、健康,体育还使身体升华为精神、素质、意志力。

耐力的训练就是孟子所说的这段话:"……苦其心志,劳其筋骨,饿其体肤,空乏其身,行拂乱其所为……"它是一种身心的磨练,好的耐力是实实在在的磨练出来的。耐力包含了坚持力(关于"坚持力的培养"请参读前面相关的章节),坚持的过程往往会碰到"瓶颈",尤其是快要成功的时候,所以人们才会说"行百里者半九十"。在快要放弃的时候,往往最大的敌人不是在外边,而是在我们的自心。坚持真的太难了、诱惑太猛烈了,有时真的受不了,咋整? 我们要经常提醒自己:瓶颈这一段虽然非常狭窄,但是它毕竟不长,冲过去、熬过去,就豁然开朗、雨过天晴了,那感觉真好! 值得一试!《哈佛女孩刘亦婷》里面讲过通过握冰实验训练耐力,细节详细请参见附录 3 *Link55*。

小练习,辨析以下几个"力"——坚持力、努力、意志力、精力、耐力、专注力、集中力、注意力,并说说其作用、方法,以及它们的区别和联系是什么?

所以努力并不简单,真正的努力是一种内力、一种内功,达到"真正努力的质量"并不容易。而分辨真努力和假努力,光凭表面也是看不出来的,我们认为"某某某平时也不是怎么努力学习,反而成绩更好,还玩得比我开心",这是因为我们只看到了人家的表面,最好是自己做出判断,知道以上的真努力有没有真正做到。

二、做人与做事

这里边举一个例子。有两个销售员,他们问出这样的问题。

第一个销售员问:为什么总是没有好的业绩呢? 是我推销方式有问题吗?

第二个推销员问:为什么总是没有好的业绩呢? 对方期望得到什么呢?

这第一个销售员就是把重点放在了"事"上,也就是我如何把事做好;第二个销售员把重点放在"人"身上,我要从客户的角度思考问题,顾客的感觉对了,我做的事情也就对了。这两种思考模式都很积极主动,但是哪一个更优一些呢? 显然是第二个,未来的社会服务性行业变得越来越重要,用户第一的理念越来越突出,所以用户的体验、用户的想法才是一个做产品的人、一个销售员更需要侧重的点。第一个销售员出发点固然不错,要主动改进自己的做事方式,但是他还是把这个点放在了自我身上,而没有放在客户身上,相比改进自己而言,服务客户应该放在更前面。当然我们要把握好做人和做事的中庸关系,两者都是必要的,如果自己专业能力不强,事情做不好,服务客户也是无从谈起。只是目前我们大部分人在做人和做事这对关系上,做人的比重偏少,做事的比重偏多,应该调整一下"中庸点",多一些从对方考虑的同理心。

三、多亏与舍得

> 我们越藏东西给自己,我们越吃亏;
> 我们越大方、越付出,我们越富有;
> 宇宙的法律就是这样子。

不要怕别人追上你,而要这样想:等你追到我的时候,我又在前边了。注意力要放在你自己怎么往前走,一个人在本体素质非常强大的时候,不用担心找不到饭碗,不用担心没有饭吃。铁饭碗的意思不是说在一个地方你总能吃上饭,而是说把你放在任何一个地方你都能吃上饭。所以不要怕别人追上,要慷慨不要自私,我们越给我们就越富有,指的就是这样一层意思。这里边强调的是一种心态,而不是结果。这跟在企业要保留自己某些专利的情况是不同的,那是一种集体的利益与责任,那是结果不是心态。

本科生多以自我学习为主,合作与共赢的机会和体验不是非常直接,也不很多。我们不太能体会两个关键词:一个是多亏,一个是舍得。

我们只有多亏,才会有"多亏了我当初……"

我们只有先给出去(舍),然后才是拿回来(得)。

经常会听到:多亏我想到了这一点、才避免了这个损失;多亏了你,才有了我的今天。那为什么要用"多亏"这个词呢? 就是要多亏之后才不亏。汉字里充满了智慧,多亏了才不亏,多亏是福、多亏了……才幸好……"多亏""幸好"是同义词,多亏代表了一种幸运,这种幸运的来源是哪里呢? 就是因为多亏。"舍"与"得"的意思也差不多,也是一对中庸的关系,有舍才有得。更多的关于"中庸"的话题,请参见《工程导学》①中第 7 章的内容。

第七节 研究生的生活

一、研究生的两种心理问题:焦虑和躺平

这两种心态看似不同,其实它的源头是一样的,它们的根源都是"没有问题"。这个"没有问题"是焦虑与躺平的共同结果。即焦虑是"问错了问题",躺平是"不想

---

① 段力编著,工程导学[M].上海:上海交通大学出版社,2019.

问问题"。

（一）焦虑与躺平

1. 焦虑

近年来有相当一部分研究生或多或少地呈现焦虑和迷茫,担心毕不了业,担心找不到工作,担心论文做不出结果,还有一些莫名其妙的担心,由于焦虑睡不着觉,便得了心理疾病、得了抑郁,然后去看心理医生。这些都属于是问错了问题:与其天天想这些问题,倒不如专心把论文做好,不问西东,功到自然成。

2. 躺平

一开始考上了研究生很兴奋,入学了激情满满,慢慢变得开始要混日子了,尤其是看到别的同学无精打采,自己也就跟着学了。没有自己的事要做,也没有把老师的事情当成自己的事情做,觉得做了什么都没有结果,觉得做了什么都不出成绩,还不如不做,就躺平了。

对于这两种心态,治本的方法就是要增加自己的正能量、减少负能量。

（二）知行合一和天道酬勤

1. 知行要合一

就是把研究当成生活、把生活当成研究,两者合一才不会累。张一鸣创立了字节跳动公司,其特点就是工作与生活合一,从客观上让工作的人、劳动的人感觉不到生活和工作的差别,不会把工作当成一种苦力,这是与早期的谷歌非常类似的一种公司文化。应该在研究生阶段试图培养一种氛围:你的研究生阶段就是你的生活,你的生活就是你的论文。你要把做论文当成你的生活,这就叫知行合一。王阳明讲的知行合一,指的是当你的"身心灵"能够合一地做一件工作的时候,"想的＋说的＋做的"是统一的,知行合一了,干起活来就不会累。

我们大多数人在做一件事的时候,心在另一件事上。这就是不专心,这就不是知行合一。

当一个人不专心做的时候,第一是会影响这件事的质量;第二是这个人会容易累,我们经常讲打坐冥想是一种最好的休息,讲的就是这个道理,实际上当一个人在专心做一件事情的时候,就是一种打坐,宇宙的能量会加入进来,我们经常听到一个人废寝忘食,忘乎所以,讲的就是他知道累的道理。当然,不知道累并非不累,累了就需要休息,要劳逸相结合。

王阳明的知行合一是"身心灵"三者的合一,这样的人就是白岩松讲的"累并快乐地活着"。现在有很多八九十岁的院士(如交通大学的黄旭华、陶文铨、顾诵芬院士),还活跃在一线、活跃在讲堂上,就是因为他们的"知行合一"。你要热爱你做的事！不然的话，工作是非常辛苦的。如果把工作当成是混混饭碗，那么劳动就不是一个光荣，而成为一个苦差。

引入了西方文化之后，在我们中国才有了星期和周末的概念。其实，中国人自古都是工作和生活合一的。中国的日历里以前没有"星期"这个概念，后来引入了西方"星期"（week）的概念，一个星期 7 天，取自圣经里面上帝创造宇宙和人用了 6 天的时间，周日就休息，才把工作和休息分开了。中国的古代，工作就是生活的一部分，工作和生活是一体的，工作与休息之间的交替是在每个当天完成的，日出而作日落而息。劳动本身就是一种享受，劳动是一种光荣。中国人以天为单位，每天都是生活和工作，而没有把工作和生活分开对待。西方呢，工作就是工作，生活就是生活，前者是责任，后者是享受。实际上最理想的，还是把它们合二为一，比如说谷歌把办公室、工作场所做得非常生活化、人性化，工作和生活都成为一种享受，餐厅有高级的设施，同时可以把自己的宠物带到办公室，办公室也修饰成一个生活空间，有爱人孩子的照片、有骄傲片刻的纪念物，除了不能把孩子带到工作的地方影响别人的工作，很多生活都带入到了工作当中。我们刚才说的字节跳动公司，就是工作和生活合二为一，回归成中国的传统方式。这体现了一种态度。

2. 天道酬勤

做研究生要相信这样的规律：做了 100 个数据，最后毕业答辩可能只用到 10 个数据，就像一个好的老师教学生自己要有一桶水才能给学生一碗水。一个研究生一定要经历足够的失败，才能"柳暗花明又一村"。100％的经验都是告诉我们只要勤奋，就有结果，有时候会种瓜得豆，此处有惊喜，这就是天道酬勤的道理。蓦然回首，那人却在灯火阑珊处。（王国维的人生三种境界：古今之成大事业、大学问者，必经过三种之境界："昨夜西风凋碧树。独上高楼，望尽天涯路。"此第一境也；"衣带渐宽终不悔，为伊消得人憔悴。"此第二境也；"众里寻他千百度，蓦然回首，那人却在灯火阑珊处。"此第三境也。）这就是天道，只要勤奋、就能毕业。

（三）解决压力的几种方法

治标的办法，就是研究生自己要学会如何解压、如何解决焦虑。

第一就是把所面临的问题"明显化"。把感受的压力写下来，写得越详细越好。这跟研究生做论文一样：把问题摆到桌面上，让其比较清晰地呈现在自己面前，就比较容易看到解决的思路。另外用笔写字本身就是一种解压的方法。

第二就是用转移注意力的方法，用强烈激烈的运动，比如高注意力高强度的打羽毛球，把自己的注意力从焦虑当中移出来。

第三就是看心理医生。通过吃药的方法，这不是好方法，吃药治标不治本，又有副作用。

二、暗时间

这个"暗",一来是指暗淡无光,二来指视而不见。你没有用好时间,起不到应有的作用,这是第一层意思,比如你把时间浪费在打游戏上,这个时间的利用质量就不高;学霸们能高效利用点滴的时间,但你却看不到,这就是第二层意思,比如一个人走路、买菜排队、坐公交……你可以用来读书和背单词,在公交上、在高铁上读书的时间相对固定,活动单一、目标单一,成果却很显著。所有这些时间都可以成为"暗时间",要学会将日常生活中隐藏的暗时间点亮、显化,让你无形中多出一大块生命。

(一)三八理论

这三个八指的是 3 个 8 小时:8 小时工作,8 小时休息,8 小时自由支配。我们与真正优秀的人差距在最后的 8 个小时。8 小时的工作和休息是每个人都需要的,这 16 个小时,如果能工作和生活合一,那就是一种完美,就是比尔·盖茨和乔布斯达到的境界:热爱自己的工作,全心全意地投入。在这种境界当中,人是在享受,而不是在做责任。但现在很多人一时还达不到这样的境界,在工作当中都是在做责任,并没有完全喜欢,也并没有全心全意地投入,有时还会觉得无聊,这种情况下,他就要善用这 8 小时的自由支配时间做他喜欢的事。如果他足够有心和勤奋,如果他在后来做了一件可圈可点的成就,那就是这个业余时间拉开的。这第 3 个 8 小时的自由支配时间容易让我们放纵,比如说,很多人刷微博、微信、玩抖音,而相比那些每天坚持在学习、成长等方面至少投资 2 小时的人,这些人就会慢慢落后,三年五年之后就产生了显著差别。因此,从某种角度来说,一个人怎样利用下班后的时间决定了他的未来。

(二)运筹时间

运筹学(Operation Research,OR)的最著名例子就是田忌赛马的故事:没有改变赛马的数量和质量,只是改变了运营次序,就构成了赢局。运筹学里有一个著名的"减少排队现象问题",在二战中一个军官看到士兵在等待洗刷他们的餐具而不得不排长队,那里有 4 只盆,两个作为洗盆,两个作为涮盆,他观察到士兵洗餐具比刷餐具慢三倍,于是他提议将四个盆分为三个洗盆和一个刷盆,这样就大大缩减了士兵排队的时间。所以解决问题不一定非要增加设备,有时只要把服务设备重新配置一下就可以了。

时间的运筹学也是如此,这里举两个例子:

1. Staffan Noteberg 的心得

瑞典咨询顾问 Staffan Noteberg 关于通勤时间的利用有些心得:"我住在斯德

哥尔摩郊区。作为一名顾问,我通常要到客户的大办公室工作。大办公室位于市中心,而离我家 100 米就有一个公共汽车站。每天早晨的情景,都完全一样:我去车站等车,车来了,我上车,坐在习惯的座位上。到市中心的车程大约需要 25 分钟,我总是利用这段时间,读些和工作有关的实用书籍。在这 25 分钟里,想要同在家看书时那样,喝喝咖啡、看看电视、上上网,或者处理一两件突然想起的重要事情,都是不可能的。而且,一起乘车的人我大多不认识,偶尔我会对一张熟悉的面孔说'你好',但仅此而已,基本上没什么干扰。我在公交上读书的时间相对固定,活动单一,目标单一,成果却很惊人。早晨坐公交学到的东西,比其他时间都多。"

2. 向阿川讨教经验

有人向阿川讨教经验,如何平衡自己的生活和工作,阿川说:"工作上,比如说要去跟候选人见面,先打印出他的简历,你在地铁上看着简历,大概就想好了要和他谈哪些话题,提哪些问题,见了面直接开聊就好。再比如说,我自己运营公众号,因为我在上班或者下班的通勤路上,已经想好了今天这篇文章要怎么写,它的大体思路和整体框架是怎么样的。我只要把框架记在笔记上,回来打开电脑直接码字就好,现在又有了讯飞语音输入,准确率很高,念字比打字快,运营一个公众号也用不了太多时间。"

本章小结与思考

(1) 梦在前方,路在脚下,我在路上。利用一个实际生活中具体的事例来解释一下这 3 三个词的具体含义。

(2) 训练坚持力有哪几种方法? 哪一种方法会对你比较有效?

(3) 拖延症都有哪些原因? 如何就具体原因对症下药?

(4) 根据这一章的内容,也根据你个人的体验,谈一谈你对 stay hungry stay foolish 的想法。

(5) 什么是假努力? 这个"假"体现在哪些地方?

(6) 研究生的录取方式有哪三类?

(7) 尽早和导师建立联系的必要性和途径是什么?

(8) 什么是暗时间? 这个"暗"体现在哪些方面?

(9) 格物致知和知行合一是什么? 在读研的过程中体现在哪些方面? 谈一谈你的理解。

(10) 哪些知识是要背下来的? 哪些知识是要把它系统化成一棵树的? 以你具体从事的专业为例,哪些概念、数据、内容、理念是需要背的? 你的知识树是什么样子的? 可以采用思维导图的方式把它画出来。

第六章　多年以后

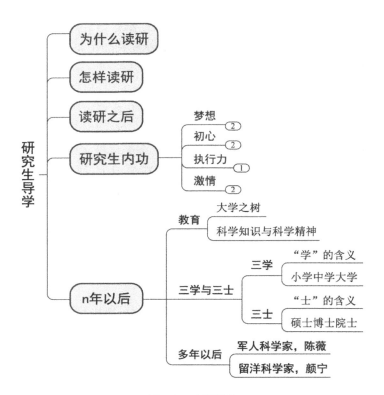

图 6-1　本章脉络

这一章的内容与教育的目的有关,教育的目标就是要达成下面这三句话,梦在前方,路在脚下,我在路上。

梦在前方,引导前行的方向;

路在脚下,可执行性、可操作性;

我在路上,行动力、活在当下。

教育的目的就是让一个人进入到这个状态之中。在本书的最后一章中,我们探讨一下教育的终极目标,从大学、硕士到博士直至院士,它们的境界是怎样的?如果说大学及之前的教育侧重于知识、而研究生则是侧重能力。最后举两个实际的例子,陈薇和颜宁,用他们亲身的体验来帮助大家体会"梦在前方,路在脚下,我在路上"的感觉,来体会一下教育的目的所在、研究生需要培育的内功是什么。

第一节　教育的目的

浙大校长竺可桢曾引用英国大文豪的话说,

大学,不仅要学会如何得到面包,而且要学会如何使面包更好吃[①]。

前者指的是"鱼",后者指的是"渔",高等教育和研究生教育,不仅要授人以鱼也要授人以渔。不仅要学到知识,而且要学到获得知识和创造知识的能力;不仅要能找到一份工作,还要有能力把工作做好。竺可桢校长非常形象地把鱼和渔比喻成面包和好吃的面包,它隐藏的含义是,毕业之后不仅要找到一份工作,而且要找到一份像样的工作,而这个"像样"的含义,是工作的意义、工作的激情、工作的质量。如何得到面包可以类比为毕业之后可以找一份工作糊口,而如何使面包变得更好吃,则包含了:①创造力,比如说给面包抹一层果酱;②内功,比如说珍惜与感恩,在经历了饥饿之后,面包会变得更美味,所以说"饿最好吃",所以才有了"珍珠翡翠白玉汤"。

一、大学之树

如果把大学教育画成一棵树的话,那么它有两个主要枝干:一个是鱼,另外一个是渔(图 6-2);左边的是知识,右边的是能力;左边是 what,右边是 how。师者应鱼渔双授,学者当渔鱼双收,此为道也。当前的大学教育,鱼有余而渔不足,这是不行的。大学不仅是为了传授知识,更要培养能力。图 6-2 这棵大学之"树",诠释了教育的多层含义。研究生教育之树是大学之树的延伸,确切的说,它更是大学之树中一部分"渔"的内容,研究生教育之树"渔"的部分也包含了两部分,一个是"能毕业和找工作",另外一个就是"修内功",一个是外在的成就,一个是里面的功夫,就像本书第一章讲过的,研究生要渔与鱼双丰收,而相比本科而言,研究生的"渔"应该更多一些,研究生的能力和内在功夫,更加"行以致远"。

---

①　1936 年 9 月,浙江大学校长竺可桢在开学典礼上的演讲,《大学毕业后要做什么样的人》。

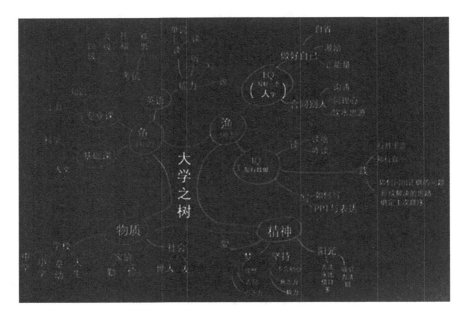

图 6-2　大学之树

二、科学精神与科学知识

科学知识,指的是一些需要死记硬背的专业术语与一些科学的结果,它是"十万个为什么";科学精神,讲的是科学研究的过程、科学家的传记,科学发展的前因后果,它具有可拓展性和延伸性,通过回顾历史可以展望未来。下面是欧阳自远先生为龚钴尔写的序,关于科学精神的传播①。

科普文章的主旨如果是科学精神的传播优先于科学知识的传播,也许会有一个美妙的收获。现代科学源于西方,科学的故事往往表现在科学家的身上,其背后彰显的是浓郁的科学人文精神,而科学知识是科学家们的研究成果,虽然很重要却不免苦涩,正所谓授人以鱼不如授之以渔,面对社会大众,我们要侧重于哪一个似乎是已经不言自明。对科学精神的着力传播,能使我们的科普文章更具人文内涵,而讲解科学知识的文章,除非这知识本身易于理解或者跟人们生活息息相关,否则写出来只怕是"供人遗忘"的,在缺乏科学精神的情况下,单纯传播科学知识,无异于无源之水,无根之木。

---

① 龚钴尔.别逗了,美国宇航局[M].北京:科学出版社,2012.

第二节 三学与三士

三学指的是，小学中学与大学，三士指的是，硕士博士和院士。前者的重点在于学，学习知识；后者的重点在于创造，从研究生开始就要学会创造知识。

从三学到三士不一定完全遵循常规教育的轨迹，它靠的是内力。高会军，从一个 1993 年的中专学生到 2021 年的院士，经历了近 40 个年轮达成了三学到三士的华丽转身。他是 1995 年陕西第一工业学校中专毕业，2001 年沈阳工业大学获硕士学位，2005 年哈尔滨工业大学获博士学位，2021 年欧洲人文和自然科学院 Academia Europaea 入选院士。高会军的履历表是中专、自考本科、硕士和博士最终成为院士。这个例子诠释了"学"与"士"的辩证关系，"士"是学习和研究出来的。当今，30 岁的博士已不稀奇，而 20 年后达成硕士、博士到院士的升华，这一路的点点滴滴对年轻的逐梦人会是一番不错的启迪故事（更多，百度：高会军）。

一、小学、中学与大学

（一）"学"的含义

小学中学与大学，这个重点词在"学"字上、学习知识。从幼儿园到大学，学习知识都是为了创造和贡献做准备，研究生就是"创造知识"的开始。研究生造就了三"士"：硕士博士和院士。下面回顾一下我们从小学到研究生的学习历程，美国犹他大学的助理教授 Matt Might 用了一组图（如表 6-1 所示）来解释目前的博士学位到底是什么意思。

这一组图的重点在于，读完了博士之后，似乎又跟什么都没有学一样了，事实当然不是这样，这里面强调的是，博士要"博"，除了能够精通自己专业之外，必须要有全局的观念，可以触类旁通，可以举一反三，这才是博士这个词"博"的含义。

表 6-1　小学、中学、大学，硕士、博士的教育历程

| 1. 假设人类所有的知识，就是一个圆 | 2. 读完小学，你有了一些最基本的知识 | 3. 读完中学，你的知识又多了一点 | 4. 读完本科，你还有了一个专业方向 | 5. 读完硕士，你在专业上又前进了一大步 |

（续表）

6. 进入博士生阶段，你接触到本专业的最前沿	7. 你选择边界上的一个点，作为自己的主攻方向	8. 终于有一天，你突破了这个点，你就成为博士了	9. 这一个点上，现在你就是最前沿，其他人都在你身后	10. 但是，不要陶醉在这个点上，不要把整张图的样子忘了，博士要博

（二）研究生"研究"什么

研究生的"研究"本意是科学研究，简称"科研"，这是一条通往"深度"的路，让人联想到爱因斯坦、陈景润，他们埋头在自己的办公室里"闭门造车"，运筹帷幄行千里之外，而现今的研究生，其"研究"一词不仅仅涵盖研究的深度，而且扩展到研究的广度。

对于当天的研究生而言其"研究"二字，"广度"和"过程"是两个关键词。"研究"不一定是一条走向"深度"的路，而更多的是一条向"广度"走的路，因为很多研究生的未来是创业与创新。研究生的这个"研究"一词也更是注重"过程"，在读研过程的亲身体验中培育"内功"，无论是硕士生还是博士生，都要经历发现问题、提出问题、分析问题、解决问题、成果表达的过程，在此过程当中，培育出不忘初心、牢记使命、找方法不找借口、同理心和团队精神的"内功"，这就是"研究"。

二、硕士、博士与院士

（一）"士"的含义

不同于教授处长厂长这些有时限的职务，硕士博士和院士是一种终身的荣誉。硕士博士和院士，重点词是"士"。士代表了一种地位，在中国象棋中，士是离帅最近的、两个士守护在左右，在国际象棋当中，士是能力最强的那一员。总之，士代表了一种地位与阶层，中国有一句古话，叫"学而优则仕"，这个"仕"字加了一个人字偏旁，它代表了一种侍奉精神，仕的本意代表官位，而官本身的意义是为了人民、为了侍奉。士不仅代表位，也代表了谦卑，"士"和"土"两个字很接近，土代表土地、代表联系群众。所以中国人用"士"这个字来表达这些含义非常地道。而在西方，院士这个词是"the member of academy"，翻译过来，院士就是学术当中的一分子，是一个普通人，和中国字的"士和土"这两个字的关系很接近：院士虽然是"士"但也是普通人，过着普通人的生活，像清华的老院士潘际銮、张光斗，80 高龄还是每天骑着自行车去准时上班。院士与名人明星不同、有狗仔队跟踪、经常会被人注意，相比之下，院士们的生活更加自由和自在，院士可能会被"打假团队"关注，但是如果贡献大、底气足，打假团队倒也打不到什么。

（二）院士是研究生的奋斗目标

院士应该是研究生、就是硕士与博士要奋斗的目标。两者的共性在于都有学术和科学的成分。研究生的内功与将来成为院士有着直接的因果关系。杨振宁说过，能够被选中院士是 70% 学术（IQ）＋30% 人缘（EQ），因为院士是被大家评选出来的，所以不光要学会做事、还要学会做人。而 IQ 和 EQ 都是研究生要学习和培养的两项内功。

院士与诺贝尔奖的获得者有比较相似的含义，都是奖励给做出突出贡献和伟大成就的人。我们国家的科学院院士和工程院院士有荣誉型和学术型两类。前者是嘉奖给对国家作出重大贡献的人。比如钱学森（为两弹一星作出杰出贡献），刘大响（为航空发动机做出杰出贡献），潘际銮（对高铁技术做出杰出贡献）；后者是嘉奖给对社会做出贡献的人，比如钟南山（非典时期）、陈薇（新冠疫情）。这些院士的获得者不仅要有以上这些贡献，还必须要有学术上成就，需要有丰厚的群众基础，才可以成为院士。大国工匠是一项很高的荣誉，大国工匠对国家有突出的贡献，但是往往并不具备"学术成就"这个特点，所以可能大国工匠不会成为院士。学术型的院士指的是学术上有突出成就的科技人士，比如黄昆、郑厚植等，大多数的两院院士都是这一类，这是对学术成就的一种公认和奖励，而这种公认和认可不仅在于学术成就本身，也在于学术圈中专家对你的印象和看法，也就是不光要学会做事、也要学会做人。相比于国内的两院院士而言，国外的院士更加偏重于学术型，比如颜宁最近被评为美国的"两院"院士，即美国艺术、科学院院士与美国国家科学院外籍院士，这些都是表彰她在原创研究中的杰出成就。

相比院士而言，诺贝尔奖的获得者，一是那些在科学上有突出成绩的人（比如杨振宁，李政道），二是对世界做出杰出贡献的人（比如屠呦呦）。对于诺奖的评定，做事的比例可能要比做人还要大一些。

第三节　n 年以后的两个例子

这里举两个 n 年后的例子，一个是陈薇、一个是颜宁；一个是军人科学家、一个是留洋科学家。两个人在不惑之年都成了院士，一个是中国工程院院士，一个是美国工程院院士。这样的例子应该有很多,选这两个是因为她们比较有典型意义,也比较接地气,没有那么高大上,比较实在,也比较容易让我们效仿。

一、陈薇

2020 年党中央在人民大会堂为钟南山、陈薇等授予"共和国勋章""人民英雄"称号。陈薇[①]是一个 60 后,浙江兰溪人,1991 年在大学化工系获得硕士学位。毕业 n 年后,经历不懈的努力,在 2020 年新冠疫情战役当中做出了杰出的贡献。下面是陈薇在大学 2012 年夏季研究生毕业典礼上的发言[②],在发言中,她讲了研究生毕业以后个人体验经历的 4 个关键词:选择、坚持、淡然、家庭。

尊敬的陈吉宁校长,尊敬的各位老师,亲爱的同学们:

大家好!

我特别高兴今天有机会和你们分享这个最重要的时刻。因为我觉得,今天是你们人生中值得骄傲和自豪的一天,我很有幸,能够成为第一时间祝贺你们毕业的人。刚才同学们的热情感染了我,让我也很激动,感谢学校给了我今天这个机会,能够让我对我们的老师再说一声:谢谢!

触景生情,让我回忆起自己毕业的时候。1991 年 4 月,我清晰地记得,一个春雨绵绵的早晨,一辆军车把我从清华园载到军事医学科学院,我开始了携笔从戎的军旅生涯。弹指一挥间,21 年过去了,这 21 年间我经历了很多事情,增长了很多见识,在今天这个结束与开始并存的特殊日子里,我很想和同学们分享这些年的所见、所闻、所感、所悟,我想用 4 个词与大家一起分享。

第 1 个词是:选择

我硕士就读于化学工程系,全系仅有 3 个女生,我学的是生物化工专业,当时很热门,毕业前夕很多企业的负责人甚至就守在我们研究生公寓门口。那时,同学们都把出国留学或者进大公司作为第一选择,我也不例外,选择了深圳一家著名生物公司,记得那家公司特高兴,请我和导师丛进阳老师在香格里拉饭店签了约,那是我第一次进 5 星级饭店。签约后不久,1990 年 12 月,一个偶然的机会,导师派我去军事医学科学院取回实验需要的抗体,我才知道有这么一个特殊单位存在,进一步了解到,军事医学科学院成立于 1951 年,当时就是因为美军在朝鲜战场使用了细菌武器,周恩来总理亲自签署命令,从全国抽调最优秀的科学家迅速成立的,担

---

① 2020 年 8 月 11 日主席令,授予钟南山"共和国勋章",授予张伯礼、张定宇、陈薇(女)"人民英雄"国家荣誉称号。

② 大学新闻中心:http://www.tsinghua.org.cn/publish/alumni/index.html2012-07-04,大学 2012 年夏季研究生毕业典礼暨学位授予仪式。

负着我们国家防御核武器、化学武器和生物武器的特殊使命。我热血沸腾,心中产生了一种投身其中、贡献才智的强烈愿望。

没有想到,我参军的想法招来了一片反对声。我出生在浙江,父母一直希望我毕业后能够干实业,我的好友也劝我说:"清华人到部队去等于是埋没了自己,入伍就意味着落伍。"的的确确,我周围的同学,没有一个是选择到部队去的。我要特别感谢丛进阳,曹竹安和沈忠耀老师,他们都非常支持我的选择,作为补偿,导师还动员了我两个师弟丁宝玉、何询与深圳那家公司签了约。如果说我今天做出了一点成绩,这是与当初的选择密不可分的,我始终认为,一个人的职业选择如果能与国家重大需求相结合,结合得越紧密,得到的支持越大,发展的空间越大,个人才华就能充分得以展示,个人价值才能被高倍放大。

第2个词是:坚持

读研究生时的我是一个很活跃的人,喜欢文字工作,做了两年《清华研究生通讯》的副主编;喜欢跳舞,几乎每周末都光顾学生食堂舞会,而且还举办舞会;喜欢有挑战性的工作,是清华学生服务社咖啡厅的第一批"女服务员"。同学们当时都觉得以我的性格,将来不太可能从事纯粹的科研工作。

刚到军事医学科学院时,理想与现实存在很大的距离。我所在的单位地处丰台镇,1991年那时很荒凉,部队的生活很单调,也很清苦,与我同期特招入伍的很多同学陆陆续续都离开了部队,唯有我坚持了下来,即使1993年在庐山的一次全国学术会议上与师弟何询不期而遇,得知双方收入差距在百倍以上,也没有动摇军心。这一切都源于我对生物防御研究的兴趣和热爱,源于对这身军装的自豪和责任,也源于我有一个坚强可靠的家庭后方。1995年,我跨学科考取了微生物学的博士研究生,攻读基因工程专业。三年后,我从工学硕士变成了医学博士,而且被选入军事医学A类人才库。那一年我也赶上了很好的机遇,正逢我院军事医学人才断层,青黄不接之际,我被委以重任,开始领衔重大科研任务并崭露头角。2002年,在我36岁时,被破格晋升为研究员,遴选为博士生导师。

经常有人问起我出成果的诀窍,我回答说,成功的人,往往是目标不变,方法在变;而目标在变,方法不变的人容易受挫折。如果一个人20多年坚持一个研究方向,专注做一件事,只要方向正确,方法得当,换了谁都一样会成功。

第3个词是:淡然

2003年早春,全国上空弥漫着非典阴霾。我们团队率先推出了预防SARS新药——"重组人ω干扰素",4月20日,我们清华的校友,胡锦涛总书记亲临我们实验室,高度评价"为党分忧,为民解难,拼搏奉献"。汇报工作后我跟胡主席说,我们是清华校友,他非常高兴,说清华每年校庆都邀请他回学校,他工作太忙没回去,还说,清华人在部队里干得很有出息嘛。不知不觉,我和胡主席并肩走出了实验大楼,留下了我人生中的珍贵镜头。那一年,我与杨利伟等人一起获得了"中国十大杰出青年"殊荣,被评为总政、总参、总装、总后四总部非典防治工作先进个人,全军优秀地方大学生干部,中国十大科技新闻人物等一系列的荣誉,在《新闻联播》《东方之子》《焦点访谈》及几乎所有主流媒体出现,仿佛顷刻之间,所有荣誉接踵而至,各大媒体纷至沓来。长年累月默默钻研在实验室的我,一下子走到了台前,突现公众视野,笼罩在各种耀眼的光环之下。

光环固然美丽,聚光灯的光芒也常会给人带来很多的幻觉。但面对这一切,我的心态并没有太大的改变,我一直认为自己只是替我们团队上台领奖的一个代表而已。多年来,在清华"行胜于言"的校风熏陶下,在军事医学科学院老一辈科学家的潜移默化下,对荣誉的淡泊已经成为人生的一种习惯。我一直在默默地继续做自己该做的事。可以和同学们讲的几件我觉得自豪的事情,2008年我作为我国抗震救灾防疫小组的组长,赴汶川一线为我们国家大灾之后无大疫做出了我自己的贡献。汶川回来后,直接投入到了奥运安保中,我是包括鸟巢、水立方在内的20个场馆的现场安保队长,为我们平安奥运贡献了我的才智。2009年获"求是"杰出青年奖,2010年获国家杰出青年科学基金,2011年获"中国青年女科学家奖"。同年5月,我们团队历时10多年聚焦的某A类生物恐怖剂防控研究取得了突破性进展,达到了国际领先水平。尽管对荣誉坦然处之,但我非常珍惜荣誉给我、给我的科研团队,乃至整个单位带来的崭新机遇和广阔发展空间。我现在是总后勤部唯一的全国青联常委,在青联这个群星灿烂,精英云集的温暖大家庭里,我更加感悟了"淡泊明志,宁静致远"的人生境界。

第4个词是:家庭

在清华读书时,五一节与山东同学相约去泰山,火车上邂逅了我现在的丈夫,一见倾心定终生。我现在是军事医学科学院唯一的正师级女性研究所所长,但我觉得我的另一个身份更令我骄傲,我是一个快乐的母亲,幸福的妻子,孝顺的女儿和儿媳。我在儿子周岁的时候和他说:"你这辈子做好两件事就行了,第一是娶自己爱的人,第二个是干自己喜欢干的事。"我对孩子说"我从来不奢求你是最优秀的,但是我希望你是快乐的、健康的、富有爱心的"。直到现在,每年春节我们都是穿梭于我的老家浙江和我爱人的老家山东之间,都是带着浓浓的亲情开始新的一年。我始终认为,一个女人,事业再出色,如果家庭不幸福,那她的人生是有缺憾的。"在工作中淡化你的性别,在生活中突出你的性别,睿智与亲和并存,执着与从容合一,出色工作,享受生活。"这是我对幸福女人的定义。

在我和丈夫相识十年时,我写过随笔,其中一段与大家分享:十年前,我与"一见钟情"的丈夫常常情不自禁地牵手相视而笑。十年后,十指相扣的默契依旧,笑嫣依然,只是相牵的手多了一双小手,而儿子灿烂的笑,更是我前进的源。

祝福在座的师妹师弟们拥有幸福的人生。

谢谢大家！

陈薇

2012-07-04

二、颜宁

前面举的这个例子是一个"土"博士成为院士的例子，下面举一个"洋"博士成为"洋"院士的例子，如果描述陈薇的关键词是一往无前，义无反顾，那么在洋博士颜宁的演讲中，关键有这么三句话：第1个就是不要迷失自己，第2个就是不要怕失败、不要放弃，第3个就是懂得珍惜、懂得感恩。

颜宁毕业典礼即兴演讲（那时她39岁）：勇敢做独一无二的你

首先向在座的所有毕业生们致以最衷心的祝贺！今天可能是你们每个人一生中最重要的时刻之一，因为它不仅代表一分收获，更是一个新的起点。有些人马上走出校园，有些人还会留在园子里，但是无论何去何从，这都是你人生新篇章的开始。相比于等一下要去领毕业证、去被拨穗，这个未知的明天更加激动人心。

站在这里，我非常感慨。两年前我曾经感谢陈吉宁校长说，在本科生毕业典礼上演讲是作为清华毕业生最光荣的时刻；而今天则是我作为清华毕业生最温暖的时刻，因为在座的有教过我的老师、有我的师兄师弟、有我指导过的学生，还有二十年前迎接我入校的辅导员，以及相交19年的闺蜜，更重要的是，到今天依旧是好闺蜜。这一刻让我非常感动，谢谢生命学院和王导给我这个机会。看着同学们好像在看昨天的自己，站在这里又在感受着今天的自己，同时又和大家一起畅想着未来，这是一种很奇妙的温暖和开心。

尽管早就打算即兴发言，但是脑子里还是忍不住想了很久要对我的师弟师妹们、我的学生们说什么。想说的实在太多，反而语无伦次。再说，大家也已经听过了各种各样或励志或段子手的发言。好像毕业典礼发言现在已经成为一个时尚，看谁能够在毕业典礼上妙语连珠语出惊人，比如你短短多少字可以赢得多少的转发和掌声……我是没有这个奢望的。何况，不论别人和你说了什么，其实未来的路是难以预测的、终归是靠你自己去走，去体验。

我们生活在一个瞬息万变的时代，一个信息爆炸的时代，可能今天我和你说的话明天你就抛之于脑后了。所以我一直感慨"计划跟不上变化"。给大家举一个例子，我和一诺都是在诺和诺德做的本科毕设。经过了一年，当时我们的导师陈克勤博士，Kevin，预言说颜宁是不适合做科研的，而一诺将来会是一位杰出的科学家。现实如何呢？不过，我相信如果我和一诺两个人现在位置互换，我们的工作成绩应该也差不多，只不过换了个名字而已，在这种意义上说，我和我的挚友一诺也拓宽了彼此的人生。讲这段小插曲是想说，很多时候不过机缘巧合做了一个选择，选择本身也许并不那么重要，更重要的是你做了选择之后怎么走。

我曾经在准备《赛先生》主编发言稿的时候写了很长一段，后来删掉了。大意是说现在这个时代，当网络如此畅通的时候，我们社会就变成了一个有机体，而我们每个人都如同一个细胞。那么你是变成了那个被神经元来支配的细胞，还是自己努力去做这个神经元呢？这其实是一个挺严肃的问题。大家想一想，你每天都获得如此多的资讯，也在拼命地处理各种资讯，可是你准备好用自己的大脑真正去辨别对错、去辨别是非、去努力保持自我、做自己的主人了吗？其实越是在这样一个信息爆炸的时代，我越惶恐，很害怕自己会迷失。尽管我现在已经快不惑之年了，比你们大出很多岁，但是我特别怕自己迷失。亲爱的同学们，当你走出校园，你会面临各种各样在园子里想不到的挑战，会面临各种各样从未经历过的诱惑，甚至各种各样的陷阱，那么这个时候你是否准备好了？

但我想跟大家说的是，其实没关系，尽管前途未卜，可是我们每个人来到这个世界上也不过是一个过程、一段经历，就是来体验的。因为我是教生化的，整天想的都是 metabolism（新陈代谢）；我是做结构生物学的，整天看的都是生物大分子，所以我几乎有点儿走火入魔地整天想，到底人是什么？人和其他的生物一样，不过就是一个集成的化学反应器，你每天摄入各种各样的物质和能量，那么在新陈代谢之后我们留下了什么？

每个人白驹过隙在世上最多不过百年，百年之后你留下什么？你在这个世界上走一圈，最终留下什么？现在你刚刚毕业，一个新的篇章即将开始，那么当你像我这个年龄的时候或者再过二十年、再过四十年，甚至再过六十年，我们会留下什么？可能这是每个人都值得抽出一点时间去想一想的问题。屈原、李白、杜甫留下了伟大的篇章，爱因斯坦、牛顿留下了伟大的理论，达·芬奇留下了蒙娜丽莎的微笑，乔布斯留下了苹果，甚至周星驰留下了周星星、至尊宝，周润发留下了小马哥等等，那么你将会留下什么？我请大家思考一下，你到底想要追求的是什么？

刚才一诺说过现在很多人追求成功，那么这个成功又是谁来定义的？我们清华毕业生每个人毫无疑问都是优秀的，但是一定要去做别人眼中那个优秀的你吗？我们是不是一不小心就变得随波逐流、人云亦云了？在这个微时代，希望大家保持勇气，勇敢地去做独一无二的你自己！不要惧怕失败。失败不可怕，放弃才可怕。

最后送给大家几句话，就是希望大家能够收获爱情、享受友情、珍惜亲情。说到亲情，可能我们越独立越强大反而会慢慢淡忘父母对我们的恩情，所以希望大家任何时候不要 take it for granted（认为这是理所当然的），要珍惜亲情。此外，请不要吝惜温情。我有些时候在实验室熬夜看到打扫卫生的物业大姐们、保安们不论寒暑，天不亮就开始工作，可他们只是拿着非常微薄的工资。你要想一想有这么多的人用自己的辛苦劳作来支持着我们。他们的收入与付出并不成比例。每当看到他们，我都发自内心的感激，会觉得自己有欠于他们。有个朋友给我留言说，能力越大责任越大。所以请大家不要吝惜温情、不忘给这些默默支持着你的人们一份微笑、给他们多一些尊重，更要在你有机会、有能力的时候去帮助那些真正需要帮助的人。最后，希望清华的毕业生莫忘豪情，因为这是我们，清华的毕业生们，对于时代的责任。这一点是老生常谈，今天不再赘言。但我还是要说，作为清华的毕业生，我们应该致力于成为各行各业的领袖，完成我们对于往小处说对民族、对社会、对国家的责任，往大处说是对人类、对人类文明的贡献！

最后，祝愿大家谱写独一无二的美丽人生，与所有人共勉。谢谢！

颜宁

2016 年 7 月 1 日（那年她 39 岁）

无论是军人科学家还是留洋博士科学家都可以做出好的成绩，条条大路通罗马，两个科学家的成功都凸显了"内功"的意义。正如颜宁所说"选择本身也许并不那么重要，更重要的是你做了选择之后怎么走"。她举了她和闺蜜的故事，为什么大家起初都认为闺蜜是做科学家的材料，而颜宁不是，但最后的结果是相反的呢？这就是内功的重要性，这个内功指的就是"关键不是在于选择了什么，而是在于选择了以后怎么走"，比如说颜宁通过记日记培养"坚持"的内功，这就是一种"轴"劲儿。陈院士身为一个女生也喜欢美、喜欢潮流，她也是一个好妻子、好母亲，她也热爱自己的家庭，但这并不妨碍她做科研，成为一个优秀的科学家、做出杰出的贡献。陈薇以不忘初心的内功，一直留在军事研究院，"部队的生活很单调，也很清苦，与我同期特招入伍的很多同学陆陆续续都离开了部队，唯有我坚持了下来"。

有了内功才有了她们后来的成功！

限于本书的篇幅所限，不能够详解这些细节，读者可以通过网盘了解更多，更多内容请参见附示 3 Link57。她们的经历可以给研究生起到启迪与激励作用，现在，很多 90 后的研究生都会觉得迷茫，不知道未来要做什么，而这些心路历程，这两位 70 后、80 后的院士也都经历过，她们一路走过来，坚持和认真是他们的共同的内功。这两个例子都是讲清这样一个道理，"路是人走出来的，不要轻言放弃"。在本专业多年辛勤耕耘，经历挫折而不动摇、不忘初心而牢记使命，就是她们的内功。

本章小结与思考

（1）根据本章的阅读所得，谈一谈你对于小学中学大学的教育目的以及研究生教育的目的，比较一下他们之间的差异。

（2）乔布斯曾经讲过 stay hungry,stay foolish,阐述一下这句话与"饿最好吃"这句话的内在联系。

（3）根据你个人的理解,画一棵你自己本人想画的大学之树,谈一谈你为什么要这样画?

（4）比较一下研究生这个词的中文和英文的含义,分析一下中国和西方研究生教育的共性与差异,分析一下在中国高等教育体系当中,研究生一词的特殊含义;比较一下"研究生"这个词以前的含义和现在的新意,尤其是在现在、21 世纪新的历史时期,研究生"研究"了什么? 阐述一下研究生教育在我国教育体系当中的必要性和重要性。

（5）试着比较一下院士与诺贝尔奖获得者、中国院士和外国院士、中国科学院院士与中国工程院院士的历史渊源、区别和共性、各自的特点等等,分析一下院士与研究生内功的关系。可以采用第 2 章关于网络与图书调研相结合的方法来回答这道题。

（6）练习一下第二章中"研究生入题与开题"的方法:"格物致知"地分析一下高会军从中专生到院士华丽转身的成功之道,分析一下他成功要素的占比,是天道酬勤的成分多一些,还是更加聪明过人,是天道酬勤还是聪明过人,在网络上调研他发表的论文、学术成就,文章引用率高的因素是什么? 是内容过硬还是写作质量突出?

附录 1　考研秘籍

录取研究生主要有三个途径:暑期夏令营、保研和考研。暑期的夏令营以及保研指的是那些在大学前三年学习和科研活动中表现突出的学生,也就是各项成绩排名靠前的(通常是 15％的)那些优秀生,可以获得所在学校的推荐,取得研究生入学的豁免权,当然这只是第 1 关,他们还要亲自前往所要报考的学校进行笔试和面试等一系列活动。下面首先讲一下考研,也就是研究生的入学考试,通常在每年的 12 月份举行,然后再谈一下面试问题,面试在录取研究生的这三个途径当中都是必要的环节,也都是重要的环节,面试对研究生录取和选导师非常关键。

一、应对技巧:弄清出题人的意图

(一)考试的目的

钱学森曾经讲过一个故事,他在北京师范小学的时候,老师曾经这样考小学生:

在黑板上画了个苹果问小米,孩子说这是一个苹果;她又加了一个苹果再问小明,孩子回答是两个苹果;然后再画一个,孩子回答是三个苹果。之后在三个苹果下面加了一个盘子,问这是什么,有的孩子就发愣了,有聪明的就叫了一声,这是一盘苹果,"对了!"老师点赞说。

这个故事讲述的就是 60 分、80 分、100 分的道理,能够回答这是一只苹果得 60 分,两只苹果或三只苹果就是 80 分,一盘苹果就是 100 分。"一只苹果"就是了解基本的知识、即基本的背诵,能拿 60 分;80 分呢,就是有一定的推理、推演、应用的能力,比如加法;100 分呢,就是要有创造力,从量变到了质变。这个 100 分在实际操作层面是介于 90～100 分之间,那 90 跟 100 的差别又在哪里呢? 大家可以想一想(先思考一下,然后再参阅脚注①的内容)。

这个例子就是简单地隐喻一下评分的标准,让大家有一个概念,老师会如何给

---

① 　90 分和 100 分的区别可能是这样的:回答"这是一盘苹果",可以拿 90 分,如果老师用不同的颜色画了这三只苹果,底下加了一个盘子,而你回答的结果是,"这是一盘苹果,盘子里面有三个,分别是红、黄、蓝三种颜色",这样似乎就几近完美了,应该给他 100 分。总之,90 分到 100 分的具体评分标准,里面还会有基本评分点和细化评分点。这应该就是老师评分的思路。

你打分。考试目的主要有两大项：知识和能力，要了解老师设计题目的心思是什么？要考知识还是要考能力？后者更重视解题过程，写字是否工整、思维逻辑是否清晰。如果老师是注重知识，希望你能"多背一些"，那就满足他的意图，花时间用思维导图和知识树，对知识进行梳理和有效记忆。

（二）由下到上和由上到下

这是教学上的两种方法，教一门课和做菜类似，一门课是一桌菜，每一堂课是一道菜。从下到上的教法就是教知识，这种教学方式由点到面，特点是知识性偏强、能力项偏弱；而"从上到下"这种方法则以目的为主线，是从面到点，优点是可以培养学生综合运用知识点的能力，"把这一桌菜配好"，其缺点是会忽略掉一些知识的"点"。作为考研复习，在复习一门课的时候，要同时考虑这两种角度，践行"由下到上"和"由上至下"这两种能力。对于研究生考试而言，由上到下的考题的比例会更大，也就是综合运用知识点的能力，在有些考研论的述题目当中，标准答案不一定那么重要，甚至都不一定有标准答案，但是推理过程分析过程必须要足够严谨，公说公有理，婆说婆有理，但是必须要说出道理。应对考试，需要的是要有这种意识和从历届考题中体会老师出题的用心，把研考好。

（三）用选择题考知识也考能力

有很多老师质疑利用选择题大概只能考知识而不能考出能力，其实未必尽然。在 2020 年新冠疫情期间，考试必须通过网络进行，笔者尝试过一种新颖的选择题考试方式，既考知识又考能力，具体的操作请参见附录 3 Link58。选择题简化了评分流程、减少了主观上的争议，但是不太有利于研究生培育的理念。老师出题学生答题，选择题包括答案都是老师想好的。而研究生就要训练自己开题的能力，这个问题是要由研究生来提出，有没有解还不一定，预期的结果也不确定，有可能是 a，也有可能是 b。考研的目的也在于此：培养学生思考答案的能力、提问题的能力。

（四）考试技巧

考研一般是 4 门课：政治 100，外语 100，数学 150，专业 150（文科生略有不同）。从硕士研究生的录取分数线上看，根据工学类 2005 年的数据，清华大学是345 分，上海交通大学是 310 分。考研有点类似高考，只不过在考题中论述题偏多，选择题偏少，因为毕竟是在考研而不是在考大学，在考量学生知识的同时也要考量学生综合素质与能力。但是不能不承认，这个考试与高考的确是非常类似。所以高考的考试技能与考试技巧依然有用，比如先答简单题再答难题，分数多的题优先解答等等，具体思路是：

（1）首先全局地看一下所有的题，然后再往下做题，这个花不了半分钟的时间。

（2）碰到根本不会做的题、觉得很难的题，就画一个记号，做到那儿的时候先绕过去，继续答下面的题，等到你有时间再回来做这些难题，不要被它挡住，而忽略了会做的、能拿分的题。

（3）必要时，先用草纸写大纲、做初算，再誊写，注意手写的工整性、做题过程的逻辑性。

如果把考试作为研究生的一项课题，其目的就是在有限的时间内多答题、答对题，这个"初心"不能忘，所以就要按照以上最优路径，绕过难题、砥砺前行。在考试复习方面有一些具体的案例，详细请参见附录 3 $Link59$，以下是一些要点。

"考试不等于学习和做学问"，考和学不完全是一回事。在学习这一方面，真理是上帝；而在考试这方面，老师是上帝。不要对考试的问题和解法过于质疑，考试就是考试，考试不是学习。举个例子，x＋3＝9，问 x＝？可以有两种解法，一种是两边都减 3，另外一种就是移项，这两种解法都可以，但是如果有老师强调第 1 种方法对、第 2 种不对（这是在一个小学里面发生的真实故事，可能是老师要强调大家要学会第 1 种解法），也不要和他争辩，不用这个方法就可以了。

对于 80 分和 100 分的难题，要有一些应对的策略，比如在复习的过程中可以做这三件事：

（1）把这道题从头到尾抄下来，抄完了之后把这道题里边的关键词、尤其是从知识点角度考虑的关键词标注出来；

（2）找到教科书那一（或那几个）章节讲这些知识点、这些关键词是什么，名称与对应的页数；

（3）阅读这个章节，把这些知识点重新学习一下、仔细研读一下。

知识点必须要具体到"点"上，这里面举一个例子，什么叫知识点？比如"今天我学了如何演讲"，这就不是一个知识点，这是一个知识面。再比如："今天我学到了上台演讲时候身体不要随意晃动"。这就是一个知识点。知识点有两个标准：①让别人看完能理解②通过练习我能掌握。只要符合其中一个就是一个标准的知识点，知识点也叫"考点"，知识点必须具备可操作性。

云盘当中的案例都保留了它原始的字迹，因为老师看见的就是这些"原迹"，答卷不光内容要合理正确，而且卷面要工整，这除了要多练习，还可以先用打草稿的方式构思卷面，然后再工整地书写到答卷纸上。虽然没有标准答案来验证我们回答是否正确和完整，但在这个解模拟题的过程中，从完全不会和不确定，到最后形成了一个解决的方案以及一个答案，这就是一项成果。

（五）暑期夏令营和研究生的推免

大学三年平时成绩总排名靠前（比如前 5%）的学生可以获得研究生推免资格、不必参加笔试就可以被录取为研究生。这些学生可以利用暑期夏令营的机会参加要报考学校的面试，顺利的话可以提前被录取。推免研究生有它内在合理性，简单地说，平时成绩比一次考试成绩更让人信服，更能够体现学习态度和能力积累的过程，而读研这几年就是一个导师和研究生长期相处的过程，这些素质就更为重要。所以，如果决意读研，就要早做准备，在大学努力学习，争取有一个好的成绩，让各科的学习成绩高一些、做一些预研课题等等，以期达到保研的资格。总之，保研也好、考研也罢，都是要早做准备，等到大三的时候"临时抱佛脚"，就已经比较晚了。

（六）早和导师建立联系

不管是推免和考研，和导师早期建立联系都非常重要，有时会达到事半功倍的功效，和导师的初见就相当于研究生面试。读研的过程是研究生在 2～5 年间要和导师朝夕相处，和导师共同合作完成课题和写论文答辩，你和导师是否"合得来"，是否能够互相融洽、互相欣赏，喜欢在一起做事情，这一点无论对于导师还是对学生而言，个人感觉和体验体验是非常重要的因素，这就是面试的必要性。在可行性方面，作为导师应该了解怎么面试，作为考生也要了解怎么应对面试。面试的过程最容易暴露一个人的真实素质，是一个比较客观的评价与评审方式。和导师建立联系的案例详细请参见附录 3 *Link*60，这些来往信件的书写过程也很关键，有几个要点是"具体的、看得见的、和老师相关的"，这里有好的案例和不太好案例的对比。

二、哪些人不必读研究生

（一）已经具有了 new idea 的创业者

比如比尔·盖茨和乔布斯，他们在上大学的时候就已经有了自己创业的想法，并且有了创新的创意，也具备了熟知的技术手段。并且有了熟知的技术手段，硅谷很多创业者都具有这个特点，他们在读研的时候就"不务正业"，雅虎的创始人杨致远、谷歌的创始人拉里佩奇与谢尔盖布林、Facebook 的创始人扎克伯格都是这样开始创业的。当自己有了想法，有了 new idea 之后，就不一定马上读研了，重要的是不要错过机会。

（二）大国工匠

匠人的思维比较专一，对某项技能的专注力极强，在他们的人生历程中也没有什么复杂的团队成分。大国工匠、纯科学家、艺术家,这些对团队、对与人沟通这两种能力依赖性不强的人不一定需要读研,还有就是,读研跟读博不同,比如像爱因斯坦、陈景润这样真正深入研究的人还是需要读博,但是他们和我们普遍意义上的"读研"还是有所区别的,我们这里读研的含义包含三个特质,那就是:有目的、有实现、需要沟通。

(三)先工作再重回学校

有些大学毕业的同学希望能够先工作一段,希望能够尽快体验社会、体验生活,然后再判断自己的走向。在工作了一段之后再来决定是否重回研究生的行列,或是考虑出国去读研,或是考虑读在职研究生。这种选择就比较成熟,因为他们已经有了一些工作与人生的经验。安徽省阜阳市有一个书香家庭,爸爸名叫王健,女儿名叫王睿,但是这个家庭里爸爸王健和女儿王睿的关系却并不止父女那么简单,2017 年爸爸送女儿去厦大读研后,回家后也决定重入校门,仅半年后父亲就成为了女儿的同学。尘埃落定那天,她在 QQ 留下签名"恭喜爸爸成了我的学弟,未来日子一起努力吧!",这样的一家真的是相互影响、相互进步的一家。

(四)师徒制

师徒制则是一种缘分,上一个世纪,师徒制多少会有一些"包办婚姻"的味道。相比于前边几代人,生于这个时代的年轻人自由选择的权利更多了,这是上天赋予他们的一种心灵自由权,所以师徒制也变少了。在这个年代,师傅和徒弟的缘分都是出于自愿的、有欢喜心的,两者都发自内心地承诺为彼此为师徒关系,自然也承诺了中间要承受的一些磨难。记得朗朗练琴的时候,他的父亲陪着他离开熟悉的家乡环境到外地拜师学艺,天天催着他、监督他练钢琴,最后成就了一代非常了不起的年轻钢琴家,但是很难说在这个培养与督促的过程当中,朗朗总是一路幸福感地走过来的,这一点做过父母和老师的人都会有所体会,孩子肯定会有一些抵触的情绪,家长要有很多诱导和说服的工作,并且,整个教育的过程里会存在"冬季",冬季的时候不能播种,只能"冬眠",但是不能停止,如果督促的过于强烈,就会适得其反,必须要耐心等待,等冬天过去,春天来了就好了。又比如,著名的衡水一中高考管理方式高效而严厉,很早起床跑步、严格按时起居,老师和学生都很辛苦,是否要经历这些难熬的过程,首先需要通过学生、家长、老师的承诺链才行,这种方式就类似于师徒制管理方式。相比而言,如果师徒制包含亲属关系,实行起来更容易,父亲又有技术、孩子又要喜欢,更属于万里挑一。师徒关系有很多传帮带、需要一对一的帮扶,有很多的师徒制最后成就了不起的大国工匠,因为这个里边包含了很多"默会知识"的成分,尽管师徒制的训练可能是一种很辛苦的过程。

附录 2　研究生导师之要

怎样才是一个称职的导师呢？施一公回忆起自己在国外求学的经历。

那时候我的导师每周都要和我认认真真谈一次，了解我目前的研究状况，取得了哪些突破，遇到了哪些问题？导师对于学生的第一责任是教会学生选择课题，教会他们如何判断课题方向、研究价值，而不是让学生瞎摸索什么，这才是合格的导师。

在施一公看来，科研能力合格是做导师的基本条件，但与此同时还有一个重要的条件是：老师对研究生的指导要有足够的投入。目前高校许多教师忙于自己的课题和项目申请，没有真正将精力和心思花在学生培养上，美其名曰给学生更多主动权，实则也许是一种不尽责的表现。施一公认为好的导师要能真正影响学生，将自己对科学研究的态度、视角、方法传承下去，把科学的风格、修养、研究成果传递下去。

一、研导关系

（一）"研究僧"＝沙僧＋唐僧

有人戏称研究生为"研究僧"，这个词隐含了"研究生是给导师干活的"，即"沙僧"，只会挑水担柴，不会抬头看路。但实际上呢，研究生的这个"僧"也是唐僧。确实，研究生是帮助导师干了"活"，做了沙僧的工作，但是研究生不仅是沙僧，同时也是唐僧。那么唐僧有什么特点呢？第一，唐僧有坚定的信念，有他的"不忘初心"。这代表了研究生正确的选题及其一心一意、专心致志的坚持，不忘初心、克服万难把它做下去。第二，研究僧本人也收获了很多，首先是毕了业、拿了学位，修成了"正果"。第三，在这个过程中得到了很多"内功"。如果仅仅就认同"研究生是给导师干活的"这句话，它实际等同于我除了为导师干活之外自我没任何收获，这不仅不客观、对自己也是不负责。它对自己有一种负能量的心理暗示：不对个人进步提出任何要求，不充分利用研究生过程提升自己的"内功"。研究生的过程"麻雀虽小五脏俱全"，它是未来工作的一个缩影。从研究生做起，学习把一件事情从头到尾地完成好，从画好一系列的"逗号"到最后画成一个"句号"。

> "研究僧"，不光包含了沙僧也包含了唐僧！

（二）导师和研究生：合作、契合、缘分

他们既是学术上、需求上的对接，也是理想、理念上的一种契合，是价值观与共同目标的契合，它同时也是一种缘分，老师和学生之间能够脾性相和、互相欣赏、互相喜欢，如果增加了这样一种情分，就会增加老师和学生之间的友谊，也会使研究生整个生涯变得更有趣、更有意境、更加和睦。研究生与导师要多互动，研究生要多主动一些，多和老师主动进行沟通，有些研究生在初期和老师不熟的时候，还是有一种本科阶段"老鼠和猫"的感觉。其实在研究生阶段，研究生和导师是 1 对 1，老师非常希望和研究生建立非常坦诚的关系，这样干活才不累，身心也不会疲惫。我有几位研究生在大学本科最后一年进行毕业设计的时候就已经开始与未来的研究生导师合作，在未来做研究生的课题范围内选题目做毕业论文，结合所在学校的可行性展开与未来研究生相关的课题进行研究，在一年的毕业设计结束之后，将毕业设计的结果整理成一篇科技论文并且在期刊上发表了。其实这样做下来，硕士研究生从原本的两年半就延长到了三年半，这样的师生关系才是主动的、积极的、有激情的。研究生与导师的轶事有很多，如江雷、施一公、饶毅、颜宁、郑强、王树国等等。详细请参见附录 3 *Link61*。

（三）导学互选

曾经有这么一则故事，电子××大学的一位研究生就公开征集舍友，在学院群中介绍了自己的个人情况：本科期间以均分 92.2 的成绩，推免进入电子××科技大学；两次以一作发表 SCI 一区、四区文章各一篇；2019 年获得电赛全国二等奖，挑战杯省金奖，互联网＋省银奖，还有发明专利、软件著作权、国家级大创等。他在群里边的征集室友的告示里提出的对舍友要求是：

- 有崇高的科研热情，能一起扎根实验室。
- 有强烈的读博意愿。
- 本科期间均绩 90 分以上，最好是保研而来。
- 本科阶段要有全国二等及以上竞赛奖项。
- 本科阶段以第一作者、通讯作者发表过论文。

这件事曾经引起众议，有些人认为这个研究生有点矫情。其实很多研究生可能也都多多少少有过这样的想法，只是要不要这样公开说出来，在于把握分寸之间，比如：

- 同为一个课题组的成员，更倾向于和会做实验的同学一起合作发论文？

- 同样是舍友推荐的学习方法,更乐于采用成绩好同学的建议?
- 同去图书馆学习,更想坐在专注、安静的同学身边?……

研究生萌生这些想法的原因有可能是源于导师和学生之间双向要求的常规操作。在招研究生计划的当中,导师都会在招收条件中明确指出如发表论文的情况、学业的成绩,本科期间有没有一些科研的经历等一些客观性指标,以确保想要报考的学生事先对自己的情况有一个评估,从而决定够不够资格能够报考某个导师的研究生。此外,对于研究生入学以后也会有一些规则性的要求,事先说好事后不恼,比如承诺乐意和老师多多交流,每周和老师讨论课题进展至少一次,愿意学习新方法、愿意做工作等等,这都是一个尽责任的研究生导师的常规操作。另一方面,导师对学生有要求,研究生也在暗自地比较不同的导师,比如老师的科研水平,为人态度,前期研究生的状况,以便选择一位良师作为自己的研究生导师,从而能够学到更多的东西,培养更高的能力,为未来的自己争取更好的发展机会。他们或是从学术履历、学院的网站,或是从往届师哥师姐处打听到相关的信息,也因此出现了"导师评价网""小木虫"等这类社交平台,用来分享导师品行或日常科研水平。研究生之初,他们会通过这些了解构建未来的导学关系,也就萌生了上面的研究生招募室友的广告,这些要求无可厚非,他们只是想以"借力打力"的方式维持自己的"初心"罢了。从老师的角度上看,只要学生有心想学习想上进,老师就会觉得很高兴,学生在萌生这种想法的时候,如果能够注意培养一些同理心,学会婉转,学会变通那就更好了。

(四)导师们都其实很喜欢帮扶有困难的研究生

举一个例子体会一下导师帮助研究生的层次或级别,比如导师帮研究生找工作,这个帮助会有两种:一种就是研究生要求老师写一封推荐信,另一种是老师看到有一个好的机会,马上推荐这个学生去参与。这两种情况是不同的,一个是被动的,一个是主动的。老师和学生的关系如果相处很好的话,就会是后一种,是导师主动想去做。而不是前面一种,随便在推荐信上签个名。一个人主动地去做和被动地被推着做,效果是没有可比性的。

再举一个具体的例子,也是关于给学生推荐工作的。在很多重大的国际性会议上,都有一个专门给研究生开设的学生与公司互动的平台,在国外对研究生择业是一个非常难得的机缘,如果导师非常乐意的话,他会非常乐意给学生提供这个机会,让学生参加这样的聚会并给与推荐,这就是老师的主动行为。通常在美国,你的 PPT 讲得好,又有导师力荐,基本是一锤定音,这在美国是一个很普遍的事情,如果导师喜欢这个研究生的话,他就会主动地跟熟知的公司利用开会的机会向他们推荐。但是如果这个导师对这个研究生不满意的话,他就不会这么做,这就是在美国推荐信非常重要的原因,用人单位选人就是认准导师的这个推荐信,因为他相信这个导师,相信一个知名的教授不会随便推荐一个不合格的人去砸他自己的牌子,这就是导师主动帮研究生的一个例子。

大部分的导师都是非常乐意帮助研究生的,这是基于他们的一种深厚情谊。

二、导师怎么当

(一)学会具体地沟通

下边是微信群里边一个有趣的例子,可能有些"夸张",但是也确实存在这样的研导沟通问题。导师如何避免这样的状况发生呢?解决方案就是"具体具体再具体",汇报沟通交流时拿数据说话。从某种程度上说这不是学生的问题,而是老师的问题,是老师还没有学会做导师。这个故事是这样的:

巧用三十六计——向导师委婉表达"这周科研没什么进展"

第一周:三十六计之无中生有

导师,我这周已经把模型的框架构想好了(其实没想),代码也写得差不多了(其实一个字也没写),只是程序还没来得及跑,估计下周应该可以了。

(应对:①老师要求看到数据,要看到具体内容;②这个时候老师就要提出要求,下次汇报的时候必须要有具体内容,成功了要看具体结果,失败了要看解决方案和思路)

第二周:三十六计之空城计

导师,Python 已经开始跑了,可是遇到了几处报错卡住了,这部分 Debug(调试)没完全解决,再用一周时间应该可以解决。

(应对:叫学生带着电脑当场演示一下,看一看这个 bug(错误))

第三周:三十六计之借尸还魂

导师,上周的 Debug 已经解决,但模型结果没有达到预期效果,所以证明此法不通。不过,我已经从文献中又找到了新的想法(同上)。

第四周:三十六计之金蝉脱壳

导师,很不幸,python 跑的结果又把我的新想法推翻了(同上)。

第五周:三十六计之围魏救赵

导师,上周六晚上 12 点,python 代码终于编写完成了,可由于太兴奋,把咖啡杯碰倒了,咖啡把电脑弄短路了,已送维修店修理,不知数据还能不能找回来(同上)!

第六周:三十六计之欲擒故纵

导师,这个模型的难度实在太大,我也说不准还要多久才能得出理想的结果。

（这几周的应对基本对策都是：要具体，要采用 GROW 模型（建议采用 GROW 模型进行沟通与交流。GROW 是 Goal，Reality，Options，Will 四个词的头一个英文字母，GROW 模型是一个员工与老板、学生与导师之间互动沟通的有效方式：G 目标，也就是初心。常见的问题往往是：①这个目标并不清晰，要有具体的时间点、具体的指标；②做着做着初心可能会偏失，要找回来；R 现状，发展到哪一步了？有什么问题，要足够"格物致知"；O 选项，计划是什么？有哪些方案？W 意愿，行胜于言，从我开始，从现在开始。这个礼拜计划？你今天回去以后要做什么？））

故事到了这儿应该就是终结了，交不了差下面怎么办呢？有这么几个对策。

学生的对策

对策 1：三十六计之反客为主（最好的防守就是进攻，还没等导师开口询问，就主动出击）

导师，关于这个课题的 AA 教授、BB 教授和 CC 教授的文献，相信您一定看过，我有几处不懂的地方，还要请教您一下！

导师，关于这个课题，我有几点新的想法……

对策 2：三十六计之声东击西：聊生活、聊新闻、聊天气，无所不聊，聊得导师心花怒放，十分钟后就忘记主题，直接走人。

老师，听说学校下学期分房，您排第几位，有希望吗？

老师，上周六的 CBA 半决赛，广东省 vs 北京，您看了没？易建联还是那么牛B！

老师，……

以上的计谋供大家乐一乐，但是这种研导沟通，在现实的导研工作当中是确实存在的，研究生与导师都必须要正确面对。否则到了后期要写大论文与答辩的时候，研究生没有工作内容写不出大论文，不能预期答辩，这是研究生和导师都不愿意看到的，时间也来不及了，研究生没有拿到学位，这个结果对于导师也是一种毁坏名誉的事，就像饶毅曾经开玩笑说过的，"学生不能按期毕业，说不清楚这是学生的责任还是老师的责任，所以就是逼鸭子上架，也要让他毕业"。

（二）管和理-多理少管

导师在对研究生进行"指"和"导"的过程当中，应该注意"多理少管"。"管理"包含"管"和"理"两个字。管，更多的是限制、批评、否定；而理，更多是关心、理解、帮忙。"理"是"管"的基础，只管不理，逆反心理，缺乏信任，学生听不进去，接受不了，这种管法适得其反。多理而少管，就是积极回应需求，多帮助、多表扬、多认同，具体性地启发，从而引导学生的主观能动性，激发他们的激情和积极性。

（三）指和导-具体性启发

导师的指导能力主要体现在指导研究生的方法和技巧上，所谓"指"是要指出研究生的思路和想法是否可行，前景如何？所谓"导"就是要引导研究生继续深入拓展思路，走在学科的前沿。

"欲擒故纵"还是"和盘托出"是做导师的学问。要善于多使用启发式激励：作为研究生导师一个重要的作用就是帮助研究生问出正确的问题。这里面要注意：老师的作用是帮助、而不是替代，要启发他自己提出来，即使你已经知道，也不要先讲出来。

我们做科研的老师一般来讲比较喜欢"和盘托出"，有什么说什么，因为没有做过教学的老师，不太了解教育心理和方法，可能也不太懂得如何激发学生激情来做科研。善于使用启发的方式来启动学生主观能动性，让学生主动地去做，而不是让他感觉都是在为老师做。"欲擒故纵"而不要和盘托出与爱心并不矛盾，关键在于你的初心，目的都是要学生通过研究过程培育内功，高效快捷做出结果。要知道，学生主动往前走和教师推着往前走，无论是从科研的效果和感觉，还是从研究生读研的收获程度，其效益都是大大不一样的、是没有可比性的。要掌握好这一对中庸是做研究生导师的一个技巧，详细请参见附录 3 *Link62*。

（四）士不亲不罚

这是兵书上说的话，这里边的意思是，对那些已经熟悉的学生才"罚"，也就是说对他们有时会比较严厉，这也是为了他们成长的需要；而对刚招收进来、对实验室情况还不太了解的那些学生，则更多地是表现出一种温情和关心，"亲其师才能信其道"，"亲"是第一步。

（五）度

要按部就班、根据学生的能力安排进度。也就是说要对学生工作的强度有一个把握、要量体裁衣，不要把所有的信息、要做的工作一股脑地端给学生，如果学生把握不好它们的优先度，会产生一种不知所措的感觉，而成就感的缺失、对行动的迷失会影响他们做工作的主观能动性。

（六）文武之道，一张一弛

研究生整个的研究生涯应该是"团结紧张，严肃活泼①"的，也就是文武之道、

---

①　百度百科，毛泽东为中国人民抗日军政大学制定的校训。

一张一弛。研究生必须文武双全：既会做又能说，既要工作也会玩儿，把科研工作做出玩儿的感觉（详细请参见附录 3 Link63）。江雷曾这样说：

> 对学生我是"无为而治"，我在面试和招收研究生时线条很粗，因为我一向认为，只有无能的导师，没有差劲的学生，也可以说是"强将手下无弱兵"。实际上，我现在带的几位研究生都写出了比较好的论文，他们过去也不是从名牌高校毕业的，那些没考成"托福"出国留学的学生中，潜在科技创新能力的也大有人在。

> 什么叫"文武之道，一张一弛"？弓上弦叫张，卸下弦叫弛，打仗用兵是如此，带领和指导学生也是如此。我安排的研究生的学习和工作，就是要让他们感到有紧也有松，能够真正体验到科研的乐趣。

（七）怎么问学生问题

大部分研究生的导师都不是师范学校科班出身，对于教育学、教育心理方面的知识和能力是比较欠缺的。导师应该给研究生创造一个安全、私人、舒适且能引发思考的氛围，能够真正地分享导师的思考过程，并能在交流中传递知识。如果方法不对头，在老师看来，他们是在帮助学生，但从学生的角度看，如果老师不改变对待学生的方式，学生就很难体会到老师的用心。比如老师向学生提出问题，他们希望学生能立刻给出答案，而这一过程无疑给学生带来压力。因为学生不想让老师失望，他们会害怕导师对他们做出负面的评判，有的学生甚至觉得和老师交流是一件难为情的事，这个师生信任的建立需要一个磨合的过程。可汗学院的创始人 Salman Khan 讲过这样一个例子很值得我们思考[1]：

... that the very first time you are trying to get your brain around a new concept, the very last thing you need is another human being saying, "Do you understand this?" And that's what was happening with the interaction with my cousin before.

（译文）……当你让学生第一次让大脑接受一个全新的概念时，她最不希望老师总是这样追问他，"你搞明白吗？"这就是之前我在和我的侄女进行教学互动的时候发生过的事情。

---

[1] 可汗学院的创始人 Salman Khan 和他的侄女建立教育学信任的过程，《翻转课堂的可汗学院：互联时代的教育革命》，2014 年 6 月 1 日，Salman，Khan，著，浙江人民出版社，湛庐文化出品。

Khan：Salman Khan：视频重塑教育 | TED Talk—TED Talks.

　　这一段文字讲的是我们大部分老师有一个习惯，就是问学生，"你听懂了吗?" 其实这是一个非常不科学的问法，你让学生怎么回答才好呢? 如果学生 100％的确定听懂了，这个问题好答，但是很多情况下他们都还不确定，如果回答听懂了，是没有对老师说实话;如果回答没有听懂,他们会觉得丢脸;如果说没有听懂、请老师再讲一遍,他们会觉得不好意思,开不了口。所以可汗老师才会说,这是学生最不想听到的提问。

附录3 视频/模板/案例网盘资源

本书中在很多处提到了"引用",比如"详细请参见附录2,Link13"等字样,其原因是详细内容比较多、比较繁杂,比较好的表述方法是通过相关的网页予以详细的说明,相关的网页和网盘下载的地址是:

(1) 进入网站:thttp://km2000.us/howG/.

(2) 就是下载打包好的云盘。

读者也可以用微信扫描下面的二维码进入到"研究生导学"公众号,获取到相关的内容,同时也可以浏览最新的、研究生写的关于读研心得的分享。研究生教育和学习是一种与时代共呼吸的过程,需要用与时俱进的步伐跟上时代的进程。

索　引

跋

作为结语想给读者讲两点：

第一，如果你是一个本科生，我建议你去读研，为什么呢？因为研究生更接近于"社会责任人"。如果我们把研究生当作一个"职业"的话，如果我们以"读做写"为外在能力、把"内功"当做内在素养的话，那么研究生就涵盖了大部分当今的职场行为，除了一些专门的行业，比如科学家、大国工匠、出家人，这些人的工作性质和人生特点相对独立，不需要团队合作，闭门造车即可。而一个"研究生"需要培育的品质，就是一个"社会责任人"的品质，为社会造福祉，以社会为团队。相比大部分本科生，研究生的状态离职场更近、工作素质和质量也更高。

第二，如果成了一名研究生，那么我应该如何度过这 n 年的读研时光呢？我应该得到哪些本领呢？我怎么才能毕业呢？毕业之后我想干什么、我能干些什么呢？怎样找到一个理想的工作（职场、读博、出国等）呢？希望本书内容会在这些方面对你有所裨益，尤其是在具体的操作层面上。

祝你成功！

作　者
2021 年 12 月 1 日